本书由
中央高校建设世界一流大学（学科）
和特色发展引导专项资金
资助

中南财经政法大学"双一流"建设文库

全│球│治│理│系│列│

非经济因素对国际贸易及贸易政策（协定）的影响研究

闫文收 著

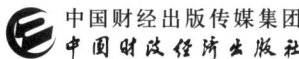

中国财经出版传媒集团
中国财政经济出版社

图书在版编目（CIP）数据

非经济因素对国际贸易及贸易政策（协定）的影响研究／闫文收著．――北京：中国财政经济出版社，2019.12

（中南财经政法大学"双一流"建设文库．全球治理系列）

ISBN 978-7-5095-9419-3

Ⅰ．①非… Ⅱ．①闫… Ⅲ．①国际贸易政策－研究 Ⅳ．①F741

中国版本图书馆CIP数据核字（2019）第246082号

责任编辑：高　波　　　　责任校对：徐艳丽
封面设计：陈宇琰

非经济因素对国际贸易及贸易政策（协定）的影响研究
FEIJINGJI YINSU DUI GUOJI MAOYI JI MAOYI ZHENGCE
（XIEDING） DE YINGXIANG YANJIU

中国财政经济出版社 出版

URL：http://www.cfeph.cn
E-mail：cfeph@cfemg.cn
（版权所有　翻印必究）

社址：北京市海淀区阜成路甲28号　邮政编码：100142
营销中心电话：010-88191537
北京财经印刷厂印装　各地新华书店经销
787×1092毫米　16开　19印张　306 000字
2019年12月第1版　2019年12月北京第1次印刷
定价：79.00元
ISBN 978-7-5095-9419-3
（图书出现印装问题，本社负责调换）
本社质量投诉电话：010-88190744
打击盗版举报热线：010-88191661　QQ：2242791300

总　序

"中南财经政法大学'双一流'建设文库"是中南财经政法大学组织出版的系列学术丛书，是学校"双一流"建设的特色项目和重要学术成果的展现。

中南财经政法大学源起于1948年以邓小平为第一书记的中共中央中原局在挺进中原、解放全中国的革命烽烟中创建的中原大学。1953年，以中原大学财经学院、政法学院为基础，荟萃中南地区多所高等院校的财经、政法系科与学术精英，成立中南财经学院和中南政法学院。之后学校历经湖北大学、湖北财经专科学校、湖北财经学院、复建中南政法学院、中南财经大学的发展时期。2000年5月26日，同根同源的中南财经大学与中南政法学院合并组建"中南财经政法大学"，成为一所财经、政法"强强联合"的人文社科类高校。2005年，学校入选国家"211工程"重点建设高校；2011年，学校入选国家"985工程优势学科创新平台"项目重点建设高校；2017年，学校入选世界一流大学和一流学科（简称"双一流"）建设高校。70年来，中南财经政法大学与新中国同呼吸、共命运，奋勇投身于中华民族从自强独立走向民主富强的复兴征程，参与缔造了新中国高等财经、政法教育从创立到繁荣的学科历史。

"板凳要坐十年冷，文章不写一句空"，作为一所传承红色基因的人文社科大学，中南财经政法大学将范文澜和潘梓年等前贤们坚守的马克思主义革命学风和严谨务实的学术品格内化为学术文化基因。学校继承优良学术传统，深入推进师德师风建设，改革完善人才引育机制，营造风清气正的学术氛围，为人才辈出提供良好的学术环境。入选"双一流"建设高校，是党和国家对学校70年办学历史、办学成就和办学特色的充分认可。"中南大"人不忘初心，牢记使命，以立德树人为根本，以"中国特色、世界一流"为核心，坚持内涵发展，"双一流"建设取得显著进步：学科体系不断健全，人才体系初步成型，师资队伍不断壮大，研究水平和创新能力不断提高，现代大学治理体系不断完善，国际交流合作优化升级，综合实力和核心竞争力显著提升，为在 2048 年建校百年时，实现主干学科跻身世界一流学科行列的发展愿景打下了坚实根基。

"当代中国正经历着我国历史上最为广泛而深刻的社会变革，也正在进行着人类历史上最为宏大而独特的实践创新"，"这是一个需要理论而且一定能够产生理论的时代，这是一个需要思想而且一定能够产生思想的时代"[①]。坚持和发展中国特色社会主义，统筹推进"五位一体"总体布局和协调推进"四个全面"战略布局，实现"两个一百年"奋斗目标、实现中华民族伟大复兴的中国梦，需要构建中国特色哲学社会科学体系。市场经济就是法治经济，法学和经济学是哲学社会科学的重要支撑学科，是新时代构建中国特色哲学社会科学体系的着力点、着重点。法学与经济学交叉融合成为哲学社会科学创新发展的重要动力，也为塑造中国学术自主性提供了重大机遇。学校坚持财经政法融通的办学定位和学科学术发展战略，"双一流"建设以来，以"法与经济学科群"为引领，以构建中国特色法学和经济学学科、学术、话语体系为己任，立足新时代中国特色社会主义伟大实践，发掘中国传统经济思想、法律文化智慧，提炼中国经济发展与法治实践经验，推动马克思主义法学和经济学中国化、现代化、国际化，产出了一批高质量的研究成果，"中南财经政法大学'双一流'建设文库"即为其中部分学术成果的展现。

文库首批遴选、出版二百余册专著，以区域发展、长江经济带、"一带一路"、创新治理、中国经济发展、贸易冲突、全球治理、数字经济、文化传承、生态文明等十个主题系列呈现，通过问题导向、概念共享，探寻中华文明生生不息的内在复杂性与合理性，阐释新时代中国经济、法治成就与自信，展望人类命运共同体构建过程中所呈现的新生态体系，为解决全球经济、法治问题提供创新性思路和方案，进一步促进财经政法融合发展、范式更新。本文库的著者有德高望重的学科开拓者、奠基人，有风华正茂的学术带头人和领军人物，亦有崭露头角的青年一代，老中青学者秉持家国情怀，述学立论、建言献策，彰显"中南大"经世济民的学术底蕴和薪火相传的人才体系。放眼未来、走向世界，我们以习近平新时代中国特色社会主义思想为指导，砥砺前行，凝心聚

[①] 习近平：《在哲学社会科学工作座谈会上的讲话》，2016 年 5 月 17 日。

力推进"双一流"加快建设、特色建设、高质量建设,开创"中南学派",以中国理论、中国实践引领法学和经济学研究的国际前沿,为世界经济发展、法治建设做出卓越贡献。为此,我们将积极回应社会发展出现的新问题、新趋势,不断推出新的主题系列,以增强文库的开放性和丰富性。

"中南财经政法大学'双一流'建设文库"的出版工作是一个系统工程,它的推进得到相关学院和出版单位的鼎力支持,学者们精益求精、数易其稿,付出极大辛劳。在此,我们向所有作者以及参与编纂工作的同志们致以诚挚的谢意!

因时间所囿,不妥之处还恳请广大读者和同行包涵、指正!

中南财经政法大学校长

目 录

第 1 章 引言   1

第 2 章 非经济因素与国际贸易（文献综述）   8
    2.1 引言   8
    2.2 国家关系对国际贸易的影响   9
    2.3 国家内部因素   12
    2.4 其他非经济因素   13
    2.5 文献评述   14

第 3 章 建交周年对国际贸易的影响研究
       ——基于中非双边贸易的实证分析   16
    3.1 引言   17
    3.2 国内外文献综述   18
    3.3 中非贸易发展历程和现状   21
    3.4 模型设定   22
    3.5 引力模型的实证分析及结果   24
    3.6 安慰剂检验   29
    3.7 结语   30
    附录   30

第 4 章 政治周期对国际贸易的影响
       ——基于中非双边贸易的实证分析   37
    4.1 引言   38
    4.2 文献综述   39

4.3	数据来源和实证模型	40
4.4	实证分析结果	42
4.5	稳健性检验	45
4.6	机制分析	47
4.7	结语	53

第 5 章　历史事件对中非贸易的影响分析　　55

5.1	引言	55
5.2	国内外研究文献综述	56
5.3	历史事件影响国际贸易的理论分析	58
5.4	计量模型与数据来源	63
5.5	实证分析结果	65
5.6	结论	66

第 6 章　国家制度相似性对国际贸易影响研究
——以中非为例　　68

6.1	引言	69
6.2	制度与国际贸易研究现状	70
6.3	制度、引力模型理论背景	73
6.4	中非贸易发展	76
6.5	中非贸易实证分析	80
6.6	结论	85

第 7 章　制度质量对出口多样化的影响研究　　86

7.1	引言	87
7.2	文献综述	89
7.3	模型构建及说明	90
7.4	实证结果分析	94
7.5	进一步研究	99

7.6　结论与研究不足　　　　　　　　　　　　　　100

第 8 章　制度波动对贸易的影响研究　　　　　　　103
　　8.1　引言　　　　　　　　　　　　　　　　　　104
　　8.2　文献综述　　　　　　　　　　　　　　　　105
　　8.3　变量选取与模型构建　　　　　　　　　　　108
　　8.4　实证分析　　　　　　　　　　　　　　　　111
　　8.5　机制分析　　　　　　　　　　　　　　　　116
　　8.6　结论和政策建议　　　　　　　　　　　　　117

第 9 章　制度转型对贸易的影响研究　　　　　　　120
　　9.1　引言　　　　　　　　　　　　　　　　　　121
　　9.2　国内外研究进展　　　　　　　　　　　　　123
　　9.3　模型、数据和变量　　　　　　　　　　　　125
　　9.4　计量结果和分析　　　　　　　　　　　　　128
　　9.5　机制检验　　　　　　　　　　　　　　　　134
　　9.6　结论　　　　　　　　　　　　　　　　　　135

第 10 章　海盗对贸易的影响研究
　　　　　　——基于中国企业行为的视角　　　　**137**
　　10.1　引言　　　　　　　　　　　　　　　　　137
　　10.2　国内外研究进展　　　　　　　　　　　　142
　　10.3　模型数据与变量　　　　　　　　　　　　144
　　10.4　结论　　　　　　　　　　　　　　　　　151

第 11 章　领导人特征对国际贸易的影响研究
　　　　　　——基于 OECD 国家的经验证据　　　**154**
　　11.1　引言　　　　　　　　　　　　　　　　　155
　　11.2　文献综述　　　　　　　　　　　　　　　156

11.3	数据来源及数据描述	159
11.4	计量模型与计量方法	161
11.5	领导人特征对国际贸易影响的实证结果分析	164
11.6	稳健性检验	172
11.7	结论	173
11.8	结语	174

第12章 国际贸易政策政治经济学（文献综述） **182**

12.1	贸易政策政治经济学模型	182
12.2	短期农业贸易政策应对国际价格波动及影响	185
12.3	贸易协定理论研究	186
12.4	文献评述	188

第13章 价格稳定偏好对国际贸易政策的影响研究 **190**

13.1	引论	191
13.2	研究的理论基础与文献综述	192
13.3	农产品价格波动与政府贸易政策	195
13.4	政府目标函数模型构建	198
13.5	结论与政策建议	205

第14章 不平等对自由贸易协定的影响研究
——基于行为经济学的分析视角 **207**

14.1	引言	208
14.2	文献综述	209
14.3	数据来源及处理	212
14.4	模型设定与回归结果	214
14.5	内生性检验与处理	216
14.6	稳健性检验	220
14.7	影响机制	223

  14.8 结语 224

第15章 不平等厌恶对国际贸易政策的影响研究 226
  15.1 引言 227
  15.2 文献综述 228
  15.3 模型构建及说明 231
  15.4 实证结果分析 233
  15.5 结论和对策建议 240

第16章 政治制度相似性对双边自由贸易协定的影响研究 243
  16.1 绪论 244
  16.2 文献综述 245
  16.3 模型、变量及数据 248
  16.4 实证分析 251
  16.5 结论与启示 259

参考文献 261
后记 286

第 1 章 引 言

从古典贸易理论到新古典贸易理论再到新贸易理论，传统的福利经济学一直在宣扬自由贸易在创造贸易利益的同时提高了贸易参加国整体福利水平。但在当前国际社会一方面出现了以英国脱欧、强调美国利益优先的特朗普当选等为代表的重大政治"黑天鹅"事件，另一方面在全球不同地区日益兴起反全球化浪潮与民族主义，以及由此导致的贸易保护主义。这些与宣扬自由贸易的传统理论相悖的事件说明，影响国际贸易政策制定的因素不仅仅包括经济福利。随着单边主义、保护主义、逆全球化思潮抬头，特别是美国单方面挑起贸易摩擦并不断升级，各国经济景气的不均衡性、区域贸易集团的排他性、贸易分配利益的两极化等都是造成贸易保护主义层出不穷的重要原因。贸易发展受阻和贸易保护主义抬头将严重拖累全球经济的发展。联合国《世界经济形势和展望》（WESP）2019 年中期的报告显示，继 2018 年全球经济增长 3% 之后，2019 年和 2020 年全球 GDP 增速目前预计要将放缓至 2.7% 和 2.9%，较 2019 年 1 月的预测有所下调。

展望未来，全球经济可能面临以下风险：一是全球贸易摩擦升级与政策不确定性增加；二是在国际贸易体系重构、国际贸易和金融体系不兼容环境下，新兴市场将继续承压。正如英国前首相特雷莎·梅所表述的：唯一可以确定的是持续不断的不确定性。贸易政策的不确定性极大地影响了全球经济和全球贸易。根据 WTO 有关贸易发展的最新年中报告，2018 年 10 月中旬至 2019 年 5 月中旬，WTO 成员采用了 38 项新的贸易限制措施，主要是通过提高关税、进口禁令、特别保障、进口税和出口关税的方式。这期间，进口限制影响了 3395 亿美元的贸易，较 2012 年 10 月有统计数据以来增长 44%。

许多经济学家试图对当今全球贸易发展、贸易政策和贸易协议制定、全球贸易体系重构和全球治理从不同方面给出自己的药方。有效解释和挖掘影响国际贸易和国际贸易政策（协定）背后的深层原因，对经济学家和政治家提出有效的对策建议是大有裨益的。诚如斯蒂格利茨（1975）所说，"在我们尚未理解社会为什么要采纳这样的政策之前，我们是很难对关于如何改变这些政策提出有用的建议"。政治、行为等非经济因素与国际贸易和贸易政策（协定）是相互交织在一起的。作为一名经济学学者，更要把握影响国际贸易和国际贸易政策的非经济因素，对理解国际贸易和国际贸易政策的形成过程及实施效果具有重要意义。

基于此，本书主要分为两部分，第一部分梳理非经济因素对国际贸易的影响，然后实证分析不同非经济因素对国际贸易流量的影响；第二部分梳理非经济因素对国际贸易政策的影响，然后实证分析行为等非经济因素对国际贸易政策（协定）的影响。

第2章通过总结国内外有关影响贸易非经济因素的研究，将影响因素大致分为国际关系因素、一国内部问题和恐怖主义因素三个方面，对现有文献的研究思路、研究方法和主要结论进行梳理，并在此基础上总结了目前学者们相对一致的观点，并对研究前景进行了展望。

第3章基于1990—2010年中非双边贸易数据和中华人民共和国外交部网站所公布的中国与52个非洲国家的建交时间，运用扩展的引力模型考察中国与非洲国家的建交周年对中非进出口贸易的影响。本章中所构建中非贸易引力模型是文章的主体和基础，同时也是本章的创新之处。本章从中国与非洲国家的建交周年这一独特视角对贸易引力模型进行拓展，使得中非贸易引力模型更符合现实情况和研究需要，拓展后的模型引入了双向固定效应和时间趋势变量，以排除变量潜在的内生性问题。实证结果表明，中国与非洲国家的建交周年能够显著促进中非双边贸易，并且对中国政府在举办中非建交周年活动时有一定的启示作用。

第4章统计了中国和50个非洲国家在1990—2012年的双边总贸易额和分类贸易额，随后收集在这期间各国选举事件的发生情况，并利用一定的方法统计为虚拟变量，然后将该虚拟变量作为文章主体部分的解释变量引入贸易的引力模型进行回归。在实证过程中本章利用部分调整模型来考虑滞后效应的影响，并选用能够更好解决零贸易问题的PPML模型进行回归。实证结果表明中国政治周期对中非双边贸易均有显著的促进作用。具体来说，在中国选举的影响下，中国各产业部门的对非出口均得到了促进，来自非洲国家的除矿物燃料、润滑油及有关原料和未分类商品之外的进口也显著增加。在机制分析中，本章试图证明中国对外援助、领导人访问和签订双边协议能够起到传导机制的作用。该部分实证结果表明：中国的选举活动可以通过增加中国对非洲国家的官方援助来促进中国出口，也可以通过促进中国总理访问非洲国家来增加中国对非洲国家的出口。而中国与非洲国家签订双边协议不能在选举促进贸易的过程中起到促进机制的作用。机制分析部分的研究对中国选举和贸易之间的联系提供了合理解释。

第 5 章主要研究历史事件对当前的中非贸易有何影响。通过采用非洲各国对 1971 年中国恢复联合国合法席位的投票态度，及取得 1990—2012 年中国与非洲各国双边贸易数据后利用引力模型进行实证研究。研究发现：在 1971 年中国恢复联合国合法席位的历史事件中投赞成票的非洲国家多年来与中国的双边贸易密切，贸易增长明显，而投反对票的非洲国家与中国的贸易仍受到 1971 年投票历史事件的影响。

第 6 章首先阐述了制度定义、中非贸易发展现状、贸易引力模型使用等相关知识背景，再利用 1990—2012 年中国与非洲各国的进出口贸易数据作为样本，引入制度维度，建立中国对非洲贸易的面板数据模型，研究国家制度相似性对国际贸易的影响。本章的创新主要体现在运用中非贸易数据作为例证，对国家制度与贸易来往的关系进行研究，不仅获得了制度机制对总贸易的影响（深度边际），也分析了对贸易品种的影响（广延边际），总体采用贸易引力模型进行分析。本章不足之处在于处理内生性问题仍需进一步处理，实证分析过于简单。

第 7 章从制度角度，分析其对一国出口多样化的影响。基于联合国贸易和发展会议数据库的出口多样化数据和 INSCR 数据库的 Polity IV 数据，选择全球 160 个国家 2000—2017 年的大型面板数据集，实证分析制度对出口多样化的影响。通过参考现有文献构建模型，解决模型中的异方差和自相关问题后进行回归分析，并通过替换变量和增加控制变量等方法进行相关的稳健性检验，效果仍具有经济和统计意义，且具有有效性和稳健性。数据显示：发达国家的制度指数和出口多样化的水平具均普遍高于发展中国家的制度指数，通过回归分析表明：制度指数越高，即越民主化的国家，出口多样化产品数量越高，即制度的民主化对出口多样化水平具有促进作用。

第 8 章基于 1948—2013 年世界贸易数据与制度数据，从全球的角度，研究了制度波动如何影响世界各国的贸易量。本章采用规范分析和实证研究相结合的方法，对收集的数据进行回归分析。运用面板数据回归技术，采用固定效应模型，处理内生性问题，经过了稳健性检验，最终得出可信度较高的结论。笔者研究表明：制度波动幅度对贸易量有负面影响，无论是出口国还是进口国，制度波动越大，会使得其贸易额越小。因此，制度的波动减弱了国家之间的贸易流量，弱化了制度作为国家贸易的比较优势。

第 9 章选用多期双重差分法实证研究民主转型对贸易的影响程度。在实证的过程中，本章发现：民主转型并不能对国际贸易产生显著影响，而且一些相关的估计系数也并不符合经济理论，但其控制变量的回归结果则表明了一国的 GDP 能对该国的贸易进出口产生显著的正向影响，同时，固定资产也有利于一国的贸易进口。为了更好地解释模型中可能存在的问题，本章对模型进行了平行趋势假定检验、国家的异质性检验以及机制检验。但平行假定趋势检验仅能表明在政策实施前期，民主转型并不能显著影响一国的国际贸易，但无法证明在政策实施后期，民主转型会对贸易产生影响。在考虑到国家间存在的异质性问题后，模型的回归结果仍然表明民主转型对贸易并不存在显著的影响机制，但在对控制变量进行回归分析时，我们发现一国的 GDP 能明显促进该国的贸易进出口；而一国的固定资产增长则会明显抑制中上等收入以及高收入国家的贸易出口，本章认为这是因为中高收入国家固定资产的增长可能会造成该国的资产设施等过剩的后果，从而影响到一国的生产能力以及贸易出口。考虑到民主转型可能会通过 GDP、资产等中间指标对一国的贸易产生影响，本章将对民主转型与 GDP、固定资产的相关关系进行机制检验，检验结果表明民主转型并不是通过 GDP、固定资产这两个指标影响贸易的。本章的实证结果似乎表明了民主转型并不能显著地影响一国贸易，即间接地证明了制度变迁对一国的贸易并未产生显著的影响。

第 10 章使用 2000—2006 年受索马里海盗攻击的次数来估计海盗强度，发现 2004 年海盗攻击次数大幅增长。并通过分析中国所有工业企业 2000—2006 年的出口的月度数据，使用双重差分法（DID），将出口路线通过亚丁湾的国家即受到索马里海盗影响的出口国设为实验组，而将出口路线不经过亚丁湾的国家设为对照组，而政策冲击时点设为 2004 年 1 月。结果发现索马里海盗的猖獗降低了贸易的绝对量，但是相对贸易额却仍然上涨了约 16%。继续分析其原因我们发现一个可能的解释是：外商独资企业、中外合作企业和中外合资企业在海盗增加时仍然倾向于增加出口相对量，而国有企业、集体企业、私营企业等出口量均降低。

第 11 章实证分析了领导人个人特征对国际贸易和国际贸易质量的影响。首先，文章围绕 23 个 OECD 国家的 310 名外交领导人数据实证分析了领导人性别、年龄、政治意识形态、教育背景等潜在特征对国际贸易规模和国际贸易质量的影响，并给出一定的政策建议。运用实证研究方法进行分析了非经济因素与国际贸易的关系，以及领导人个人特征和贸易之间的潜在联系。其次，描述了本章的数据来源，并对领导人特征的相关数据进行了描述统计；然后，阐述了国际贸易规模和国际贸易质量的衡量，并介绍本章使用的计量模型及方法；接着，分别针对国际贸易规模和国际贸易质量两个方面的回归结果进行分析；之后，以汇报国家之间民主程度不同为依据，分为两组并分别检验，考察回归结果是否具有稳健性。最后，得出本章的研究结论。研究结果表明尽管贸易规模的不断扩大在极大程度上依赖于本国的经济增长，领导人的个人特征也对贸易规模产生不可忽视的影响，这种影响可能集中于进口、出口或对进出口贸易均产生影响。领导人特征对国际贸易质量的影响有促进也有阻碍。领导人趋于保守阻碍贸易发展，在法律和经济管理方面的高学识会阻碍贸易竞争力的提升。当考察不同国家的民主程度不同时，领导人特征对国际贸易规模的影响是不稳健的，对国际贸易质量的影响具有稳健性。

第 12 章基于贸易政策干预水平是经济的内生变量，贸易政策是不同经济个体、集体决策者等异质利益集团在既定偏好和社会制度共同作用下的均衡结果。本章将详细梳理长期分析贸易政策政治经济的理论模型并进行详细比较，在短期内国家农业贸易政策也进行了大幅度和频繁调整，进一步农业贸易政策应对国际价格波动的短期调整及影响。在分析贸易政策政治经济学基础上，对贸易协定的制定影响因素也进一步进行了梳理，并对近 50 年的研究文献进行了深入评述和研究展望。

第 13 章以国际农业市场为例，建立政府目标函数模型，将消费者剩余、生产者剩余、国家税收、储存者利益，以及政府的损失厌恶纳入到其中，围绕政府的目标函数探讨政府所考虑的利益集团，根据政府目标函数的最大化求解结果，分析政府对不同利益集团做出的相应政策，以及施行政策所受到的影响因素，并分析政府政策对国际市场价格的再次冲击，就函数模型的结果提出个人的看法，得出相应的政策结论，并就本章模型的结论提出相关的政策建议。本章通过建立函数理论模型对该专题进行研究，全文分四个部分：第一部分是本章的研究理论基础与文献综述，梳理了近些年来针对这一问题的国内外学者的观点;第二部分介绍全球农产品价格波动的内涵以及与政府行为政策的相关性;第三部分构建政府目标函数模型,对模型求解并分析结果,得出结论;第四部分就结果提出相应的政策建议。

第 14 章基于行为经济学的角度研究一国不平等程度对其自由贸易协定签订的影响。通过采用 217 个国家或地区 1960—2018 年间的基尼系数、自由贸易协定、人口总数、国内生产总值等数据,构成面板数据后用 OLS 进行实证研究,回归结果显示:不平等程度会对自由贸易协定产生消极影响,即一国不平等程度的增加,会减少其自由贸易协定的签订,当一国不平等程度增加一个单位时,就会减少 0.024496 个单位自由贸易协定的签订。与此同时本章运用 two-step GMM 处理了内生性问题,并用多种方法进行了稳健性检验,结果与 OLS 的回归结果保持一致。

第 15 章基于 1970—2018 年世界发展指标数据库,实证检验一国不平等厌恶对贸易保护的影响,以探寻一国贸易政策偏好的行为根源。研究表明,从行为经济学角度来看一国的贸易保护源于国内的不平等厌恶,不平等厌恶指数越高,则该国实行贸易保护程度越大。并且一国贸易保护的程度与其客观经济发展水平呈现负相关关系,经济发展水平较低的国家实行贸易保护的程度也就越大,这一结论在一定程度上解释了经济欠发达国家通过加征高额关税来保护国内市场以及增加财政收入这一行为。此外,一国国民受教育水平、人口总量、社会贫困率以及社会平等指数越高,则该国对国内市场和产品的保护率也会提高。

第 16 章采用面板 probit 模型,实证检验政治制度相似性是否更利于两国之间签订自由贸易协定。研究结果表明,经济规模越大且越相似、地理距离越相近、政治越稳定、政治制度越相似的两个国家,越有可能达成自由贸易协定。另外,存在过殖民关系的两国更容易达成自由贸易协定(FTA)。本章重点关注政治制度相似性的作用,结果显示政治制度相似性每增加 1 单位,双边自由贸易协定达成的概率就增加 0.05%。在模型的预测准确率方面,在 165280 个观测样本中,正确预测了 8840 个双边自由贸易协定中的 8601 个,预测准确率为 97.30%。此外,在没有 FTA 的 156440 对中,有 90656 对预测正确,占 57.95%。其重要启示是中国要积极拓展与他国自由贸易协定的签订,高度重视与周边国家、地区的自贸区建设。

不懂国际贸易,很难理解中国经济发展和运行的机制规律。不理解国际贸易政策便不能认识世界政治经济秩序。不理解国际贸易和国际贸易政策,则难以理解世界风云的更迭变幻。本书对国际贸易和贸易政策(协定)背后的原因进行深入挖掘和分析,以期对理解国际贸易、国际经济和全球格局起到重要的启示作用。

第2章 非经济因素与国际贸易（文献综述）

摘 要

在以往的研究中，我们已经知道经济因素会对贸易产生各种正面或负面的影响，这种影响是很直接的，而非经济因素对贸易的影响则是间接的。近年来，随着国际政治关系愈加错综复杂，各种影响贸易的非经济因素也逐渐浮出水面，与此相关的问题也逐渐成为学者们的关注焦点。本章通过总结国内外有关影响贸易非经济因素的研究，将影响因素大致分为国际关系因素、一国内部问题和恐怖主义因素三个方面。对现有文献的研究思路、研究方法和主要结论进行梳理，并在此基础上总结了目前学者们相对一致的观点，并据此分析今后的研究方向。

2.1 引 言

目前，尽管有一些不和谐的因素，但全球化仍然是目前世界发展的主要趋势，一国与世界其他国家的政治互动愈加频繁，经贸关系也更加密切。而学者们已经就经济因素对一国贸易量的影响做了诸多研究，而非经济因素对贸易量的影响逐渐开始成为学者与媒体的关注焦点。但是，非经济因素相较于经济因素来说更为宽泛，缺乏一个固定的衡量标准，影响方式也更为间接，因此目前尚未有对此内容较为全面的整理与述评，本章将对影响贸易的非经济因素做一个初步的整理。

传统理论认为,国际贸易的发展较大程度上受到国家经济发展水平、地理位置资源等因素的影响。近年来,学者越来越多地关注非经济因素和国际贸易之间的联系,制度、外交、军事、腐败、科技、政治影响力等非经济因素潜在地影响着国际贸易流量、国际贸易结构,反之国际贸易也会影响军事等非经济因素。我们对现有的影响贸易的非经济因素的文献进行评述,以期为后续研究提供参考。

2.2 国家关系对国际贸易的影响

2.2.1 外交

外交决策对贸易产生巨大的影响。早在 1989 年,Pollins 就指出:国家间关系友好或关系敌对对贸易流动有显著影响,各国可调整贸易关系以满足安全和经济福利目标。1990 年,Pollins 采用公共选择方法建立双边贸易流动模型,利用国际冲突与合作以及收入来预测进口水平,提出外交对商业的影响是显著的,并且在任何情况下都符合模型预测。Davis 和 Meunier 从两个案例出发,却得出相反的结论。首先,负面政治事件并没有损害美国和日本的贸易及投资流动;其次,在 21 世纪初的 10 年中,美法、美日之间总体经济流动以及葡萄酒和汽车等代表性行业未受政治关系恶化的影响(Davis and Meunier,2011)。

外交实践同样在贸易发展中发挥重要作用。Head 和 Ries(2007)利用双边贸易数据来评估加拿大从 1994 年开始定期派遣贸易特派团的作用,结果发现这些特派团似乎并没有造成贸易的增加。同年,Nitsch 使用了大量的数据集,涵盖了 1948—2003 年期间法国、德国和美国元首的旅行活动。他的结果却表明,国家和官方访问确实与出口呈正相关关系。一次典型的国事访问可以使双边出口增长约 8%—10%。Andrew 也在 2007 年使用包含 2002—2003 年的 22 个重要国家的出口额与 200 个出口目的国的年度平均数据,并运用引力方程进行研究,发现外国使团的存在确实与出口正相关。而每增加一个领事馆,出口就会略微增加6%—10%。并且第一个外国特派团对出口的影响大于连续的特派团,外交部门在边际上促进了出口。而在对于中国的研究中,Lin 和 Yan(2017)等发现,国事访问大大增加了中国对非洲国家的官方援助和国有企业对非洲国家的出口,这些援助和出口促进了国事访问后的贸易增长。同时,外国援助促进经济增长。Markus 在增长回归中调整人均国内生产总值(GDP)增长的负因果关系,发现外国援助对实际人均国内生产总值增长具有显著的正平均效应(Markus,2011)。

2.2.2 政治冲突

国家间的政治冲突是否会损害经贸往来,这一问题长久以来就是国际政治经济学领域众多学者争论的焦点。Michaels 和 Zhi(2010)研究发现 2002—2003 年美国和法国关系恶化后,日益恶化的态度使双边贸易额减少了大约 10%—12%,其原因很大程度上是由于企业购买法国(或美国)商品的平均意愿下降而导致企业间进行的贸易量减少。Davis 和 Meunier(2011)却发现负面事件数量的变化并没有改变美国或日本与 152 个国家的双边经济交流。在法、美和中、日的案例研究中,政治紧张对短期经济影响不大。Berger 等人(2013)发现由于美国中央情报局(CIA)在冷战期间的干预,其政治影响力不断增强,以此来为美国产品创造一个更大的海外市场。而进口量激增是集中在美国处于相对劣势、而非相对优势的行业。Mityakov 等人(2013)则探讨了在没有帝国或战争的情况下,国际政治是如何影响贸易的。他们发现美国与另一个国家关系的恶化(以联合国大会投票模式的分歧衡量),减少了美国在 1962—2000 年期间从该国的进口量,而实际上除了石油和一些化学产品,美国的进口不受国际政治的影响。并且他们还表明当租金合适时,产品贸易更有可能受到国际政治的影响。

对于中国的民族情绪研究中,学者们也得出了许多结论。在 2014 年,Fisman 等人通过分析 2005 年和 2010 年中日关系受到不利冲击时的市场反应,研究民族主义和国家间摩擦对国际经济关系的影响。在华风险敞口较高的日本企业在每一个(反日情绪爆发时)事件窗口期都会出现市场份额相对下降的情形,在中国国有企业占主导地位的行业中对日本企业的影响更为明显。Yi Che 等人在 2015 年通过研究 20 世纪最重要的冲突之一，1937—1945 年日本侵华，来探讨国家间冲突对跨境贸易和投资的长期影响。他们发现日本跨国公司不太可能在日本侵华期间平民伤亡较大的中国地区投资，这些地区与日本的贸易也较少。此外他们的研究表明，尽管世界日益全球化，历史仇恨仍然影响着国际贸易和投资。然而 Heilmann（2016）的研究却表明，中国明确的抵制情绪而导致日本企业的价值降低的情况只是暂时的。当然，Heilmann 认为对于研究的所有国家抵制对贸易的影响都只是暂时的。同样，Du 等人（2017）利用 1990—2013 年中国月度数据，通过 VAR 模型显示，尽管政治冲击影响了对中国的出口，但其影响在两个月内基本消失。因此得出政治冲击是短暂的结论。

此外，Lin，Hu 和 Fuchs（2017）进行了微观分析，他们发现企业在应对政治紧张局势的反应背后的动力，与政治紧张关系对中国进口商的贸易决策的影响有关。这一发现突出表明，经济外交是联系各国政治气候和经济交流的重要渠道。

2.2.3　军事冲突

军事行动深刻影响国际贸易。恐怖主义行动减少了贸易的数量，恐怖主义事件的数目增加大约 4% 时，双边贸易量会减少（Nitsch and Schumacher，2004）。恐怖主义对贸易的影响有时滞，国际恐怖主义仅在中期（袭击/事件发生后 1 年半以上）才对双边和多边贸易产生影响，国际恐怖活动对贸易的短期影响似乎很小（Egger and Gassebner，2015）。主要体现在军事化的影响上，国内政治平衡的变化可能会限制全球化进程。经历更大军事化的国家和邻国贸易伙伴之间的军事化程度较高的国家的贸易增长量相对较小，由于两国联合军事化程度的提高，致使两国的双边贸易出现了相对下降（Acemoglu and Yared，2010）。索马里海盗使每年通过亚丁湾的大宗商品贸易量减少 4.1%，贸易总额下降幅度较小（Alfredo et al.，2015）。

贸易也能反过来影响国家之间的军事行动。Martin 等人研究发现，多边开放增加了发生局部战争的可能性，但能阻止全球冲突。贸易促进和平的传统观点只有部分正确，即使在贸易有益于经济、军事冲突减少贸易、领导人理性的模式下也是如此，重要的是贸易的地理结构及其在双边和多边开放之间的平衡（Martin et al.，2008）。

2.3　国家内部因素

2.3.1　制度因素

政治体制影响国家参与国际贸易。首先，贸易壁垒水平和制度息息相关。民主国家之间的贸易壁垒低于民主国家和专制国家之间的贸易壁垒；根据国家的相对贸易偏好，专制对、民主对或混合对之间的总贸易壁垒水平不同（Mansfield et al.，2000）。其次，制度确实对贸易量的变化产生影响。Mansfield et al. 发现专制对和民主对之间的贸易量没有显著差异，国内机构和决策者的偏好都有助于制定贸易政策（Mansfield et al.，2000）。Aidt 等人却发现，即使在官方贸易政策受到控制之后，专制国家的进口量也比民主国家少得多（Aidt and Gassebner，2010）。政治制度对贸易伙伴的选择的影响大于贸易量（Kim et al.，2017）。最后，体制框架的不同层面会对贸易品结构产生影响。制成品的出口受到制度质量的积极影响，非制成品出口与制度的质量呈负相关（Méon and Sekkat，2008）。政治制度对贸易的影响对制成品和差异化产品不同（Kim et al.，2017）。Toke S. Aidt 和 Martin Gassebner（2010）发现即使在控制了官方贸易政策后，独裁政府的进口量也远远少于民主政府。

而有关制度质量，Pierre-Guillaume 和 Khalid（2008）选定 1990—2000 年期间的一组国家，研究了制度框架的不同维度对出口总额、制成品出口和非制成品出口的影响程度。可以看到，制成品出口受到制度质量的积极影响，但出口总额和非制成品出口均未受到影响。Yan（2018）利用 1996—2013 年覆盖 192 个国家的大型面板数据集和标准引力模型调查了相对较好的制度质量（相对于其合作伙伴的制度质量）对出口的影响。其结果显示一个制度质量相对较好的国家能获得至少 4% 的出口溢价收益。

2.3.2　腐败

通常被认为会阻碍经济发展的腐败，却能在特定条件下对贸易产生积极影响。腐败阻碍了低关税环境下的贸易，但在名义关税较高的情况下，它可能会产生促进贸易的效果（Dutt and Traca，2007）。腐败一般会阻碍国际贸易，而向海关行贿则会增加进口。在海关效率低下的进口国，这种影响最为强烈（Jong and Bogmans，2011）。此外，Lan et al.（2018）对中国研究发现，中国对腐败交易商品——豪华手表的进口量受地方和国家领导层交接的推动。三次定期换届中，豪华手表的进口量都呈先上升后下降的山峰模式。不受腐败交易欢迎的其他奢侈品的进口在中国没有表现出相同的周期，在中国香港、新加坡和美国也没有出现同样规律（Lan and Li，2018）。

2.3.3 领导人对国际贸易的影响

领导人在塑造国家外交行为中发挥重要作用。领导人的更替影响国家间的贸易关系，专制政权的领导人换届会深刻地改变两国的关系，导致贸易的大幅度下降，而民主政权的领导变革对贸易几乎没有影响（McGillivray，2004）。Dreher 运用联合国大会的关键票代表国家在外交政策上的立场，探究了领导人在制定外交政策立场中的作用。拥有新领导人的国家在关键选票上的投票频率要比美国高得多，领导层的更迭更有可能导致一个国家和美国之间更紧密的联系，国内领导人有根据自己的喜好制定内外政策的余地（Dreher，2013）。

外交领导人的特点和能力在其政策选择方面发挥着重要作用。外交政策与国内政策一样，可能因领导人所代表的特定利益而有所不同。当一位更依赖不同社会团体支持的新领导人上台时，外交政策最有可能发生变化（Mattes et al.，2015）。

2.4 其他非经济因素

2.4.1 恐怖主义因素

目前，有关恐怖主义的研究越来越多。Nitscha 和 Schumacher（2004）调查了 1960—1993 年期间，200 多个国家之间的双边贸易流动。应用包括恐怖主义和大规模暴力行为的引力模型，其结果表明恐怖主义行动减少了贸易量；具体来说，恐怖主义事件增加一倍，双边贸易量减少约 4%。Eggera 和 Gassebner（2015）利用双边贸易的月度数据，结合恐怖主义事件和相关死亡人数的月度数据，来阐明恐怖主义对贸易的影响。他们发现国际恐怖主义对双边和多边贸易如果有影响的话，也只是在中期（袭击/事件发生后 1 年半以上）。单纯从短期来看，国际恐怖主义对贸易的影响非常小。Burlando 等人（2016）通过利用索马里海盗传播和强度的变化来量化索马里海盗的影响程度，并以此估计其对国际贸易量的影响，尽管与税收的定义不同，Burlando 等人将海盗行为称为"海盗税"，以此来具体衡量海盗对贸易量的影响。他们发现从 2000—2010 年，索马里海盗的行为加剧，使得每年通过亚丁湾的大宗商品贸易量减少了（即海盗税为）4.1%。

2.4.2 科技与国际贸易

Keller 研究了技术和制度在决定 5 个不同国家和德国 15 个不同州的市场规模方面的重要性，发现通过海关条约和货币统一，以及蒸汽列车的重大技术创新，重要的体制变革都在扩大市场规模方面发挥了作用（Keller and Shiue，2011）。Margarita 等人研究了互联网使用对双边贸易流量的影响，他们发现互联网与所有国家集团的双边出口之间存在着重要和积极的关系，根据发展水平，影响在 0.09%—0.28% 之间，对高收入国家的出口影响最大（Margarita et al.，2017）。

2.5 文献评述

有关影响贸易的非经济因素的研究日益丰富，对于国际关系因素为何会影响贸易，如何影响，已有文献提供了以下几方面解释：外交、国事访问、国际援助均可以促进贸易增长；政治关系恶化可以影响贸易量，但影响是短期的；军事化程度更高的国家贸易增长较慢。对于一国内部因素影响贸易的原因有：

民主程度和制度质量高的国家具有更开放的贸易关系，而由于腐败的双重作用，其对贸易量的影响方向实际上是不确定的。对于恐怖主义而言，恐怖主义的增加会减少贸易，但是已有研究也发现这种影响在短期内很小，只是在中期有些影响。

然而，现有文献与研究也有一些不足之处，主要体现在微观研究的缺乏。并且由于国际关系难以量化，数据及定量指标缺乏，对此类问题实证研究均较少。国内外学者在研究时倾向于使用国家内部或国家间的宏观数据，虽然处理微观数据相对而言比较复杂，但对于微观问题的研究的确略有不足。在政治环境变化中，企业的应对方式仍然是重要的研究方向，如在政治冲突加剧或恐怖主义盛行时企业如何应对等方面的研究相对匮乏。

第 3 章 建交周年对国际贸易的影响研究
——基于中非双边贸易的实证分析

摘 要

非洲是全球发展最快的大洲，中国是全球最大的发展中国家，中国现已成为非洲最大也是最重要的贸易伙伴。毫无疑问，中非双边贸易受到政治因素的影响，随着中非的外交关系的不断深化和双边政治活动的逐渐频繁，外交活动对于中非双边贸易也产生了不可磨灭的影响。

在此背景下，本章基于1990—2010年中非双边贸易数据和中华人民共和国外交部网站所公布的中国与52个非洲国家的建交时间，运用扩展的引力模型考察中国与非洲国家的建交周年对中非进出口贸易的影响。本章中所构建中非贸易引力模型是文章的主体和基础，同时也是本章的创新之处。本章从中国与非洲国家的建交周年这一独特视角对贸易引力模型进行拓展，使得中非贸易引力模型更符合现实实际情况和研究需要，拓展后的模型引入了双向固定效应和时间趋势变量以排除变量潜在的内生性问题。实证结果表明，中国与非洲国家的建交周年能够显著促进中非双边贸易，这一结论证实了我们的猜想，并且对中国政府在举办中非建交周年活动时有一定的启示作用。

本章主要从五个方面展开分析。首先是引言，该部分阐述了本章的研究背景和研究意义，并在总结和归纳国内外相关国际贸易的研究成果的基础上提出本章的研究内容和思路框架；第一部分介绍中非贸易的发展历程和现状；第二部分对本章使用的中非贸易引力模型进行简要阐述；第三部分是基于中非贸易引力模型对中非贸易额相关数据进行实证分析并得出结论；第四部分是安慰剂检验；第五部分是结语，总结全文。

3.1 引 言

  1978年中国实施改革开放政策以来，经济水平迅速增长，特别是在1999年实施"走出去"政策后，改革开放更是得到了进一步的深化，而中非经贸合作作为这一政策的重要组成部分在过去几十年间也获得了突飞猛进的发展。过去几十年来中国经济的成功为非洲经济的发展提供了一个新的模型。许多非洲国家的领导人和国际组织希望学习中国成功的经济发展经验并与中国建立合作关系。此外，中国在非洲的投资和贸易也成为当今世界热议的话题。截至2017年1月，非洲54个国家中有52个国家都与中国建立了双边外交关系。随着中非双边外交关系的不断建立和加深，中国与非洲国家的外交活动也越来越多。尽管外交活动的初衷是为了提高且不断深化双边政治关系，但是也往往伴随着经济上的合作。

  自2013年开始中国对近六成的非洲国家商品实施免关税的政策，免税的产品项目也由过去的400多个扩大到如今的近5000个税目。与此同时，中非经贸关系也发生了相应的转变，由过去单一仅限于政府间的援助转变为形式多样，合作互利共赢的经贸关系，中非贸易也呈现出蓬勃发展的趋势。[①]

  早在2015年初，中国外交部长王毅就在接受媒体采访时曾经表示："近年来，世界经济低迷不振，在此背景下，中国贸易逆势增长，充分说明中非合作有很大潜力和空间。我们已提出在2020年中非贸易总额突破4000亿美元的指标。"[②]

  本章研究的目标是通过利用扩展的引力模型进行实证分析，探究中非建交周年是否影响中非双边贸易。世界范围里关于非经济因素对于贸易的影响的研究有很多，其中不乏从政治方面探究其对双边贸易的影响的，但是鲜有学者从建交周年这一独特角度研究其对于双边贸易是否存在显著影响，且目前尚未有学者利用实证分析对此进行研究，本章的目的就是填补这一空缺。我们通过扩展的引力模型利用1990—2010年间中非贸易数据回答了这一问题。

---

① 叶阳：《基于汇率波动理论的中非贸易引力模型的实证分析》，辽宁大学2016年论文。
② 王毅："中国在非洲绝不走西方殖民者的老路"，央视网，2015年1月12日。

本章进一步探究了非经济因素对于国际贸易的影响，并且对中非双边贸易以及建交周年活动的举办具有一定的启发意义，有利于中国外交部门对于中非双边建交周年庆祝活动的有效开展。

3.2　国内外文献综述

3.2.1　对影响贸易的非经济因素问题的研究动态

随着经济全球化的不断发展以及世界各国的政治文化往来日益频繁，一部分经济、贸易领域的学者逐渐将目光转移到非经济因素对于双边贸易的影响这一问题上来。本章与此类文献有一定的联系。早在1989年学者Brian就表示国际政治对国际贸易存在显著影响。除此之外，Mansfield和Milner（2000）认为国家政治体制也能对贸易产生影响；Aidt和Gassebner（2010）进一步提出只有在一国为独裁体制时政治体制才对贸易产生重大影响，对于之前的研究进行了完善和补充；Nitsch和Schumacher（2014）基于拓展的引力模型提出恐怖行为和大规模的暴力冲突会导致双边贸易量减少；Dutt（2007）和Jong（2011）认为贪污腐败会导致海关效率低下，进而导致货物等待时间较长以致国际贸易量减少；Berger等（2013）利用美国冷战期间的出口贸易数据证实了CIA的介入帮助美国打开了国际市场，刺激了出口货物的增长；Che等（2015）提出历史仇恨对于双边贸易也有重大的影响，他以中日两国关系为例，利用第二次世界大战后日本与遭受其严重侵略的地区贸易数据证明了这一观点；Heilman（2016）表明一国对另一国的联合抵制活动对于该国与另一国家的双边贸易具有显著意义，其中他以中国钓鱼岛争议时期中日贸易额大幅减少为例加以证实；Lan和Li（2015）发现在中国政治换届选举期间，中国对瑞士名表的进口量大幅度上升，以证实换届选举对于双边贸易也有一定影响。

综上所述，大量的实证分析证明了非经济因素确实对于国际贸易有着不可小觑的影响，学者们从不同的角度证明了这一观点。

3.2.2　对影响双边贸易的政治因素问题的研究动态

本章与双边外交关系这一话题联系最为紧密。Rose（2007）和 Nitsch（2007）表示外交交流包括领导人的访问和外交代表能促进双边贸易。但是 Head 和 Ries（2010）对经济外交对贸易的这一影响提出了质疑。Davis 和 Meunier（2011）再次证实了政治环境在贸易中的确扮演着重要角色。曹亮和袁德胜（2016）从出口目的地的视角出发，研究中国与其他国家的建交时间对企业出口的二元边际的影响，由此得出结论：出口目的国与中国建立外交关系的时间对企业出口的扩张边际有显著的抑制作用，而对企业出口的集约边际有显著的促进作用，但其所构建的模型仅停留在静态过程。Lin 等（2017）利用 1990—2010 年中非贸易的面板数据，通过拓展的引力模型证实了领导人的访问对中国的资本密集型产品出口非洲具有显著的刺激作用，同时发现领导人访问显著增加了中国对于非洲的国际援助和国有企业的对非出口，但是文中所收集的领导人访问数据是以年份计算，存在着数据不如月度访问精确的弊端。

以往文献也都从外交角度研究分析了政治外交活动对于国际贸易的影响，但是尚未有学者从建交周年这一独特角度进行实证分析，本章的研究正好填补了这一空白。

3.2.3　关于贸易引力模型的研究动态

最初引力模型的思想和概念起源于物理学中牛顿提出的万有引力定律，后来被引入经济贸易领域中来进行实证分析。学术界普遍认为最早引入引力模型的是 Tinbergen（1962），Poyhonen（1963）和 Linnermann（1966）等人。Tinbergen（1962）通过构建双边贸易流量模型分析得出了：两国双边贸易规模与他们的经济总量成正比，与两国之间的距离成反比的结论；Poyhonen（1963）采用面板数据进行实证分析，构建出一个通用的结构性国际贸易模型；Linnemann（1966）将人口指标纳入解释变量，贸易引力模型进一步完善。近年来，贸易引力模型取得了丰富的应用和延伸。Park（2007）和 Lee（2008）贸易研究文献提出可以对贸易变量进行扩展，主要扩展方法是通过引入两类变量，一类是影响贸易额的内生变量，如人口、国内生产总值（GDP）等，另一类是代表政策的虚拟变量，模型的实证检验主要集中在利用贸易国的截面数据进行计量回归分析；Swapan（2007）通过构建引力模型，研究了中国与印度开展自由贸易区的未来潜在趋势；蒋冠宏、蒋殿春（2012）利用贸易引力模型分析了中国对外直接投资（OFDI）的区位选择；谭秀杰、周茂荣（2015）采用扩展后的随机前沿引力模型分析了"海上丝绸之路"沿线各个国家彼此的贸易潜力；江诗伦、袁诚（2012）在引力模型中引入是否承认"一个中国"和是否承认中国市场经济地位来考察政治因素对于中非贸易的影响。

综上所述，可以看出贸易引力模型在国际贸易的研究中具有广泛的使用空间，然而目前中国现阶段对于引力模型在国际贸易的应用研究方面往往集中在综合性的分析，而缺乏针对性。

3.2.4　本章研究思路

本章通过查找利用中非双边贸易与中非建交周年的相关数据，对于构建的中非进出口贸易的引力模型进行拓展，针对中国对 52 个已建交非洲国家的建交周年数对中非双边贸易的影响进行实证分析从而得出建交周年数对中非双边贸易是否有影响，并且进行检验。

首先是引言部分，阐述了本课题的研究背景和研究意义，并在归纳总结国内外国际贸易研究成果的基础上提出本章的研究内容和思路框架。

3.3 是对中非贸易发展历程和现状的阐述。

3.4 对扩展的引力模型进行阐述。先介绍原始形式的引力模型，再介绍本章使用入新变量拓展的贸易引力模型并且介绍数据来源。

3.5 在已经构建的引力模型基础上进行实证分析，检验建交周年对于中非双边贸易是否存在显著影响。

3.6 在 3.5 的基础上进行安慰剂检验。

3.7 是结语，总结本章研究的创新点与不足之处。

3.3 中非贸易发展历程和现状

3.3.1 中非贸易蓬勃发展

从 20 世纪 90 年代至今，中非的贸易总量增长了 100 多倍，2010 年时中国成为非洲最大的贸易伙伴。据中国海关统计，中非贸易额已从 2000 年的 106 亿美元迅速增长到 2012 年的 1984 亿美元①，其增长趋势如图 3-1。

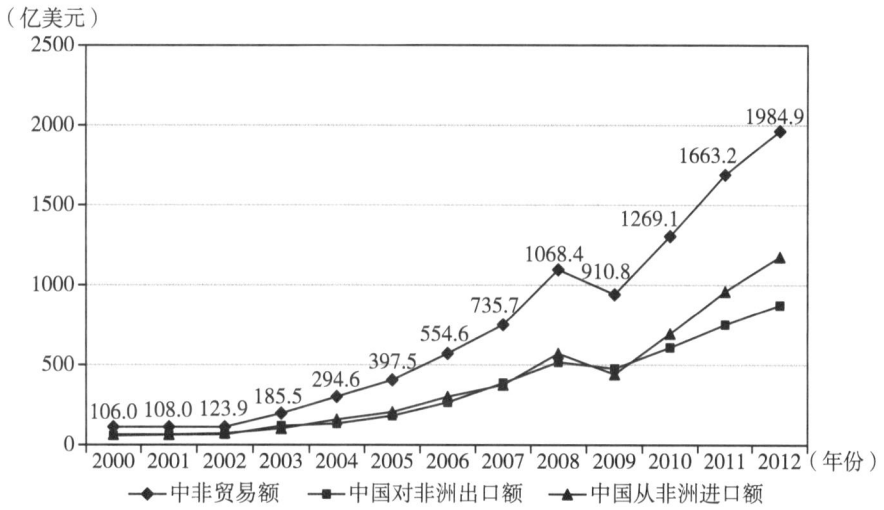

图 3-1 2000—2012 年中非贸易额变化图

资料来源：中国海关统计。

中国政府有意培养与非洲国家的双边贸易与政治友好关系，希望扩大非洲这一潜在市场，并帮助非洲大陆发展。根据联合国 UNCTAD stat② 的数据显示，自 2009 年以来，中国已经成为非洲各国最主要的贸易国家，2013 年中国对非洲的进出口额已经分别达到非洲进出口总额的 19% 和 14%。然而，现阶段的非洲

---

① World Trade Organization. World trade report 2011 [EB/OL]. (2012-01-02) [2012-06-09]. http://www.doc88.com/p169100318216.html.
② http://unctadstat.unctad.org/.

与中国的贸易额仅占中国 2013 年进口总额的 4.20% 和 6.02%。

3.3.2 中非经贸关系多样化发展

随着中非政治外交交往的不断深入和中非贸易的快速增长，自中华人民共和国成立以来，54 个非洲国家中已有 52 个国家与中国建立了外交关系。众所周知，非洲国家在帮助中华人民共和国恢复联合国合法席位上起到了决定性的作用。鉴于中国与非洲长期以来在国际政治问题上享有共识，以及非洲国家渴望经济腾飞的强烈愿望，大部分非洲国家都乐于不断扩大和加深与中国的双边合作。

根据联合国 Comtrade 数据库统计，2013 年中国对 22 个非洲国家的出口份额和来自 10 个非洲国家的进口份额就达到了中国同整个非洲大陆的总进口的 90% 以上。在出口方面，安哥拉、吉布提、马达加斯加、莫桑比克以及冈比亚也跻身为中国主要的出口贸易伙伴；在进口方面，赞比亚和刚果民主共和国也成为中国重要的进口贸易伙伴。中非贸易伙伴关系朝着多样化逐步发展。

3.4　模型设定

3.4.1　引力模型简介

早在 20 世纪 50 年代，就有学者尝试把物理领域中的引力模型应用到国际贸易的分析中，引力模型的原始形式如下（见式 3-1）：

$$X_{ij} = h_0 \frac{GDP_i^{h1} GDP_j^{h2}}{D_{ij}^{h3}} \quad (3-1)$$

式 3-1 中，其中 X_{ij} 代表 i 国对 j 国的出口额，GDP_i[①] 与 GDP_j 分别代表 i 国

[①] 国内生产总值（Gross Domestic Product，简称 GDP）是指在一定时期内（一个季度或一年），一个国家或地区的经济中所生产出的全部最终产品和劳务的价值，常被公认为衡量国家经济状况的最佳指标。

和 j 国的国内生产总值，D_j^i 代表 i 国和 j 国地理距离，h_0 为常数，h_1、h_2、h_3 为参数。该模型指出，两国或地区之间的双边贸易额与这两国或地区的经济总量成正比，而与两国的空间距离成反比。

3.4.2 本章模型设定

本章采用扩展的引力模型，如式 3-2 所示：

$$\ln(Trade_{it}) = \beta Anniversary + \theta Z_t + \gamma_t + \delta_i + \lambda Trend + \varepsilon_{it} \quad (3-2)$$

式 3-2 中，$\ln(Trade_{it})$ 代表中国在 t 时期内对非洲国家的以现值美元计算的进出口额的对数值；$Anniversary$ 代表我们所要研究的二进制变量，如果某非洲国家在 t 时期存在建交周年，就取值为 1，否则取 0。本章在主要回归过程中引入了建交周年的虚拟变量，无论是存在 5 倍周年还是 10 倍周年的情况下。系数 β 是本章所要研究的参数，它代表了建交周年对于中非双边贸易的影响程度；Z_t 是几个被认为会影响中非双边贸易的控制变量的集合，它包括 GDP、人口和汇率；δ_i 是引入的个体固定效应来保证非洲国家间的异质性，双边距离和其他时间不变因素的影响，如内陆岛屿国家、资源禀赋等可能影响中非双边贸易的因素因此被这些固定效应所排除。此外，本章为控制特殊时间因素引入了时间固定效应，在模型中用 γ_t 来表示，这样双向固定效应可以很大程度上缓解模型中的内生性问题；$\lambda Trend$ 表示时间趋势变量，以排除那些随着时间变化但是又无法观测的因素的影响，在本章所采用的模型中，建交周年只是和时间相关的一个外生变量，如果控制了时间趋势变量，就可以进一步减轻模型的内生性问题；ε_{it} 是随机误差项。

3.4.3 数据来源

本章的建交周年数据主要来源于中华人民共和国外交部网站，建交周年数据覆盖了 1990—2010 年这 20 年的时间。中非的建交周年数选择这一时间区间的原因在于中非经贸双边合作在 1990 年之后才开始增长，20 世纪 80 年代中非的贸易额几乎可以忽略不计。中国与已建交非洲国家所有的建交周年被分为两类，5 倍周年和 10 倍周年。中非双边贸易数据来源于联合国的 Comtrade 数据库，控制变量如 GDP 和人口数据来源为世界银行的世界发展指数数据库，汇率数据来源于联合国贸易与发展会议网站①。

3.5 引力模型的实证分析及结果

3.5.1 建交周年对贸易总量的影响分析

表 3-1 中前四列数据是在固定效应下用普通最小二乘法得到的估计值,但是数据中的异方差及零贸易记录会影响模型的估算,而导致异方差的原因是多方面的。因此,引力模型的随机误差项不服从经典假设中的同方差分布,有可能使估计结果不再有效。同时,零贸易问题也是不可忽视的,尽管近年来中国同非洲国家贸易的迅速发展使得中非间的零贸易值大量减少,但是其仍然存在,而且,不考虑零贸易值问题,则会导致有偏且非一致的估计结果。Hurd(1979)早就提出,如果存在样本截断问题,异方差还会带来很大的样本偏误问题,所以为了避免此类问题的发生,本章使用了 Santos 和 Tenereyo(2005)提出的拟泊松最大似然值方法(PPML)来解决异方差和零贸易值可能带来的样本选择问题。表 3-1 中的(5)(6)两列是利用 PPML 所得到的估计值。

表 3-1 基准模型回归结果

Variables	(1) OLS China imports	(2) OLS China exports	(3) OLS China imports	(4) OLS China exports	(5) PPML China imports	(6) PPML China exports
Anniversary	0.0704 (0.103)	-0.0135 (0.0739)	0.427** (0.201)	0.762** (0.289)	0.0351* (0.0202)	0.0808*** (0.0311)
lnChPOP	-28.91* (14.78)	-39.76*** (11.71)	48.02 (141.9)	261.9 (215.7)	18.66*** (1.425)	47.51*** (4.920)
lnAfPOP	0.998*** (0.259)	0.861*** (0.139)	2.098 (3.940)	-5.771 (7.283)	0.115*** (0.0322)	0.121** (0.0514)

---

① http://unctad.org/en/Pages/Statistics.aspx.

续表

Variables	(1) OLS China imports	(2) OLS China exports	(3) OLS China imports	(4) OLS China exports	(5) PPML China imports	(6) PPML China exports
rmbexchange	-0.00134*** (0.000379)	-0.00156*** (0.000431)	-0.00116*** (0.000274)	-0.00139 (0.00128)	-7.44e-05 (5.37e-05)	-0.000412 (0.000422)
Country effect	Yes	Yes	Yes	Yes	Yes	Yes
Year effect	No	No	Yes	Yes	Yes	Yes
Linear time trend	Yes	Yes	Yes	Yes	Yes	Yes
Observations	930	644	1172	1172	1172	1172
R-squared	0.343	0.706	0.658	0.432	0.415	0.306
Number of countries	52	52	52	52	52	52

注：括号内为标准差，*、**、***分别表示在<10%、<5%、<1%时的显著水平。

为了减少 GDP 与贸易量的内生性，本章采用工具变量法①，用中国与非洲国家的人口来代替当期的 GDP 值。

回归结果表明，中国与非洲国家的建交周年和中非双边贸易之间存在着显著的相关关系。虚拟变量 Anniversary 的回归系数显著为正，说明当某年为中国与非洲国家的建交周年时，显著影响中非双边的进出口贸易，这与之前的预期一致。而且系数达到 0.427 和 0.762，可见建交周年对于促进中非双边贸易的作用是显著的。基于 PPML 估计，每逢中国与某非洲国家的建交周年，中国对该非洲国家的进口量平均增长 3%，对该国的出口量平均增长 8%。

3.5.2 建交周年对产品种类的影响分析

此外，本章还研究了建交周年对于中非双边贸易的产品种类的影响，所以此处利用分类贸易数据来研究贸易创造效应，对于产品层面的研究可以进一步加强我们对于建交周年同中非双边贸易之间的相关关系。本章按照国际贸易分类标准（SITC）② 将中国对于非洲国家的进出口产品分为 10 类。对中国进口和

---

① 某一个变量与模型中随机解释变量高度相关，但却不与随机误差项相关，那么就可以用此变量与模型中相应回归系数得到一个一致估计量，这个变量就称为工具变量，这种估计方法就叫工具变量法。
② 国际贸易标准分类（Standard International Trade Classification，简称：SITC），是为用于国际贸易商品的统计和对比的标准分类方法。

出口非洲国家的产品种类进行回归分析得到下表 3-2 和表 3-3。

表 3-2　　建交周年对中国进口非洲产品的回归结果

SITC0	0.363* (0.199)	SITC5	0.195 (0.247)
SITC1	0.133 (0.143)	SITC6	0.0540 (0.262)
SITC2	0.308 (0.254)	SITC7	0.350 (0.213)
SITC3	-0.0256 (0.254)	SITC8	-0.259 (0.212)
SITC4	0.0700 (0.127)	SITC9	-0.0109 (0.117)

注：（1）*其他控制变量都包含在内，聚类稳健标准差在括号中。最小/最大值的观测值为 731/921。

（2）*SITC0-9 表示：食物，活的动物；饮料和烟草；原料，不可食用，燃料除外；矿物燃料，润滑油及相关材料；动物和植物油，脂肪和蜡；化学品和相关产品；主要按材料分类的制成品；机械和运输设备；杂项制品；其他。

从表 3-2 中，我们不难看出，建交周年与中国进口非洲国家产品的影响主要是在"食物、活的动物"这一类原材料产品上，此类产品的回归系数显著为正，表明建交周年对中国进口非洲此类产品具有明显的促进作用；而表 3-3 表明建交周年对中国出口非洲国家产品的影响主要是在"化学品和相关产品"，"主要按材料分类的制成品""机械和运输设备"和"杂项制品"这四大类工业制成品上，这四类产品的回归系统显著为正，说明建交周年可以促进中国这四类产品对非洲的出口。

表 3-3　　建交周年对中国出口非洲产品的回归结果

SITC0	0.373 (0.243)	SITC5	0.592** (0.275)
SITC1	0.307 (0.250)	SITC6	0.632** (0.295)
SITC2	0.281 (0.215)	SITC7	0.584* (0.300)
SITC3	0.244 (0.250)	SITC8	0.550* (0.280)
SITC4	0.121 (0.203)	SITC9	0.196 (0.271)

注：括号内为稳健标准差，*、**、***分别表示在 <10%、<5%、<1% 时的显著水平。

众所周知，大部分非洲国家都面临着严峻的挑战，具体包括提高人民生活水平、降低贫困和营养不良、提高经济发展水平和加速工业化和城市化进程。在过去的 20 年里，中国经济的腾飞对非洲大陆经济的发展起到了巨大的启示作用（Adisu 等，2010），大部分非洲国家希望可以借鉴中国成功的发展经验，并与中国开展经贸上的合作。非洲有着较为丰富的农业资源，工业化和城市化进程尚处于初期阶段，这也解释了为什么建交周年对于中国进口非洲产品主要集中在"食物和活的动物"这一产品分类上。为了发展经济，非洲国家急需资本密集型产品和中间产品，而建交周年对中国出口非洲的产品种类的促进作用或许可以解释这一贸易创造效应。

3.5.3　建交周年对贸易二元边际的影响分析

本章又进一步分析了中国与非洲国家的建交周年对中国企业进出口的二元边际影响，回归结果如表 3-4 所示。实证结果表明，建交周年对中国企业进口的集约边际有显著的促进作用，对中国企业出口的集约边际和扩展边际都有显著的促进作用。近年来，国内外学者运用异质性企业贸易理论对国际贸易的集约边际和扩展边际都进行了充分的研究分析。异质性企业贸易理论提出，一国的出口增长主要是沿着集约边际和扩展边际而实现的（Melitz，2003；Bernard et al.，2003）。集约边际意味着一国对于他国的出口增长主要来源于现有出口企业和出口产品在单一方向上量的扩张；扩展边际则代表着一国出口增长主要来源于新企业进入出口市场以及出口产品种类的增加。根据钱学锋（2010）的研究，贸易的集约边际极易遭受外部冲击的影响并容易导致贸易条件的恶化，但是贸易的扩展边际的发展不仅能够推动贸易的持续增长，减弱外部冲击的影响，也有利于出口国提升多元化的生产结构，从而改善该国的贸易条件。

从表 3-4 中，我们不难发现，5 周年对中国从非洲进口的集约边际有显著的促进作用，非洲目前尚处于经济发展的初级阶段，中国从非洲进口的产品主要集中在粮食和原材料这一类上面，建交周年时集约边际的扩张也表示该非洲国家对中国的出口主要来源于出口企业和出口产品数量上的增加，符合我们的预期。同时，表 3-4 中也先显示建交周年对于中国出口非洲的贸易的集约边际和扩展边际都有明显的促进作用，说明每逢建交周年，中国对于该非洲国家的出口不论是在单一的数量上还是产品种类和贸易条件的改善上都有大幅度的提高。

表 3-4　　建交周年对贸易二元边际的回归结果

Variables	(1) OLS China imports intensive	(2) OLS China imports extensive	(3) OLS China exports intensive	(4) OLS China exports extensive
Anniversary	0.423** (0.199)	0.0388 (0.0398)	0.454** (0.189)	0.250** (0.101)
lnChPOP	46.66 (113.8)	4.236 (30.49)	167.5 (135.5)	94.70 (80.22)
lnAfPOP	3.873 (3.966)	-1.704 (1.141)	-4.593 (4.568)	-1.341 (2.926)
rmbexchange	-0.000807*** (0.000296)	-0.000453*** (7.49e-05)	-0.000830 (0.000844)	-0.000623 (0.000438)
Country effect	Yes	Yes	Yes	Yes
Year effect	Yes	Yes	Yes	Yes
Linear time trend	Yes	Yes	Yes	Yes
Observations	1172	1172	1172	1172
R-squared	0.590	0.684	0.411	0.453
Number of countries	52	52	52	52

注：括号内为标准差，*、**、*** 分别表示在 <10%、<5%、<1% 时的显著水平。

3.5.4　建交周年对贸易影响的进一步分析

1. 5 倍周年和 10 倍周年。

由本章节的第一部分可知，建交周年对于中非贸易有着明显的促进作用，为了进一步研究建交周年的影响作用，本章把建交周年分为两类"5 倍周年和 10 倍周年"，并分别对 5 倍周年和 10 倍周年进行了回归分析，得到以下回归结果，见附录中表 A1、表 A2。

现实中，人们普遍会默认 10 倍周年往往具有更为重要的意义，因此产生的对贸易的影响也更为显著。然而本章通过实证分析发现，5 倍周年能够明显促进中国从非洲的进口和进口贸易的集约边际，而 10 倍周年则对中国、对非洲的出口贸易有着显著的促进作用。附录表 5 中 5 倍建交周年的系数为 0.891，说明 5 倍周年对中国从该非洲国家的进口的影响是重大的。

2. 建交时间与中非双边贸易。

由上述实证分析我们可知建交周年对于中非双边贸易的影响是显著的，那么随着建交时间的增加，建交周年对于中非双边贸易的影响是否会改变仍是未知的，为解决这一问题，我们在模型中引入了建交时间这一新的变量，我们设定：

建交时间 = 建交周年 × 建交年份

建交时间* = 5 倍周年 × 建交年份

建交时间** = 10 倍周年 × 建交年份

然后分别进行实证分析，回归结果如附录表 B1、表 B2、表 B3。

我们可以得出结论：随着中国与非洲国家的建交时间的增加，建交周年对双边贸易的影响并不是一成不变的。建交的时间越长，建交周年对中国从该非洲国家的进口贸易和其集约边际的影响越显著，而对中国对该非洲国家的出口贸易及二元边际无显著影响。

之后，我们进一步探究建交周年对于中非双边贸易的具体影响，本章把建交周年分为 5 倍周年和 10 倍周年，从回归结果来看，随着建交时间的增长，5 倍周年对于中国从非洲的进口贸易始终存在着显著的促进作用，且影响越发强烈，同时也促进了其二元边际的扩张，而中国对该非洲国家的出口贸易则不再受 5 倍周年的影响。从 10 倍周年来看，随着建交时间的不断增加，10 倍周年对于中非双边贸易的影响则不再显著。这个结果对于中国外交部门今后有效举办周年纪念活动有一定的启示意义。

3.6 安慰剂检验

安慰剂检验来源于心理学，其实质就是一种反事实检验。在经济学里，往往是对一个政策的检验，假设如果这个政策不存在，是否对其有效果，那么这种假设检验就是安慰剂检验。在本章中，我们分别取建交周年、5 倍周年和 10 倍周年这三个变量的滞后一期和提前一期，并分别对中非进出口贸易的二元边际做回归分析,结果如附录表 C1、表 C2。

从这两个表中我们不难发现,在对建交周年、5 倍周年和 10 倍周年这三个变量分别取滞后一期和提前一期后,其中任意一个变量对于中非双边贸易的影响都是不显著的。由此可知,我们之前所得到的建交周年有利于中非双边贸易的增长的结论是正确的。

3.7 结　语

本章利用 1990—2010 年这 20 年间中非贸易的面板数据,通过构造扩展的引力模型,经过实证分析进而得出中非建交周年可以促进中非双边贸易;之后本章继续探究了建交周年对于中非进出口产品种类的影响,以及 5 倍和 10 倍周年分别对中非双边贸易的影响;接下来本章引入了建交时间这一变量,探究在建交时间逐步增加的情况下,建交周年对于中非双边贸易是否能起到促进作用;最后利用安慰剂检验来证实我们所得到的结论。

不可否认,两国建交周年有着极其重要的政治意义,它代表着两国之间的友好交往和深厚友谊,但是在以和平与发展为主体的当代,它也被赋予了重要的经济意义,本章所得出的结论有利于中国外交部门从贸易视角合理有效地组织开展建交周年的庆祝活动,在不断加深两国政治友好交往的同时也带动双边贸易的不断发展。

附录

表 A1　　　　　　　　　5 周年对贸易总量的回归结果

Variables	(1)	(2)	(3)	(4)	(5)	(6)
	OLS	OLS	OLS	OLS	OLS	OLS
	China imports	China imports	China imports intensive	China exports	China exports	China exports intensive
fivetimes	0.361*** (0.122)	0.891*** (0.326)	0.913*** (0.297)	0.0345 (0.0700)	0.634 (0.482)	0.390 (0.307)

续表

Variables	(1) OLS China imports	(2) OLS China imports	(3) OLS China imports intensive	(4) OLS China exports	(5) OLS China exports	(6) OLS China exports intensive
lnChPOP	-6.913 (47.32)	45.45 (141.2)	43.94 (113.0)	78.32*** (24.80)	262.6 (214.7)	167.8 (135.0)
lnAfPOP	6.531*** (1.962)	2.092 (3.943)	3.866 (3.963)	2.414** (0.973)	-5.728 (7.299)	-4.568 (4.575)
rmbexchange	-0.000835*** (0.000211)	-0.00115*** (0.000271)	-0.000797*** (0.000290)	0.00120*** (0.000403)	-0.00139 (0.00128)	-0.000829 (0.000840)
Country effect	Yes	Yes	Yes	Yes	Yes	Yes
Year effect	Yes	Yes	Yes	Yes	Yes	Yes
Linear time trend	Yes	Yes	Yes	Yes	Yes	Yes
Observations	930	1172	1172	644	1172	1172
R-squared	0.545	0.659	0.592	0.835	0.431	0.410
Number of countries	52	52	52	46	52	52

注：括号内为标准差，*、**、*** 分别表示在 <10%、<5%、<1% 时的显著水平。

表 A2　　10 周年对贸易总量的回归结果

Variables	(1) OLS China imports	(2) OLS China imports	(3) OLS China imports intensive	(4) OLS China exports	(5) OLS China exports	(6) OLS China exports intensive
tentimes	-0.155 (0.188)	-0.0929 (0.267)	-0.121 (0.260)	-0.0394 (0.0791)	0.739* (0.437)	0.429 (0.292)
lnChPOP	-4.070 (48.96)	50.37 (142.1)	48.99 (113.9)	78.66*** (25.25)	266.1 (212.5)	170.0 (133.7)
lnAfPOP	6.542*** (1.959)	2.146 (3.938)	3.923 (3.962)	2.415** (0.967)	-5.728 (7.262)	-4.567 (4.558)
rmbexchange	-0.000832*** (0.000208)	-0.00117*** (0.000275)	-0.000812*** (0.000296)	0.00120*** (0.000404)	-0.00140 (0.00129)	-0.000837 (0.000848)
Country effect	Yes	Yes	Yes	Yes	Yes	Yes
Year effect	Yes	Yes	Yes	Yes	Yes	Yes

续表

Variables	(1) OLS China imports	(2) OLS China imports	(3) OLS China imports intensive	(4) OLS China exports	(5) OLS China exports	(6) OLS China exports intensive
Linear time trend	Yes	Yes	Yes	Yes	Yes	Yes
Observations	930	1172	1172	644	1172	1172
R-squared	0.544	0.658	0.589	0.835	0.431	0.410
Number of countries	52	52	52	46	52	52

注：括号内为标准差，*、**、*** 分别表示在 <10%、<5%、<1% 时的显著水平。

表 B1　引入建交时间后建交周年对贸易总量的影响

Variables	(1) OLS1 China imports	(2) OLS2 China imports intensive	(3) OLS3 China imports extensive	(4) OLS4 China exports	(5) OLS5 China exports intensive	(6) OLS6 China exports extensive
Anniversary	1.929*** (0.624)	1.534** (0.646)	0.180 (0.113)	0.751 (0.913)	0.321 (0.551)	0.144 (0.353)
InteractionAN	-0.0515*** (0.0168)	-0.0382** (0.0172)	-0.00521 (0.00312)	-0.000380 (0.0264)	0.00391 (0.0161)	0.00322 (0.0102)
numyear	0.246 (1.147)	0.103 (0.919)	0.148 (0.246)	-1.385 (1.692)	-0.862 (1.064)	-0.497 (0.626)
lnChPOP	68.30 (142.6)	62.35 (114.0)	5.599 (30.66)	260.1 (210.3)	164.7 (132.1)	92.57 (77.71)
lnAfPOP	3.049 (3.577)	4.373 (3.810)	-1.306 (1.050)	-4.824 (7.097)	-4.016 (4.443)	-0.984 (2.880)
rmbexchange	-0.00103*** (0.000259)	-0.000705** (0.000297)	-0.000416*** (6.50e-05)	-0.00132 (0.00129)	-0.000789 (0.000849)	-0.000596 (0.000441)
Country effect	Yes	Yes	Yes	Yes	Yes	Yes
Year effect	Yes	Yes	Yes	Yes	Yes	Yes
Linear time trend	Yes	Yes	Yes	Yes	Yes	Yes
Observations	1146	1146	1146	1146	1146	1146
R-squared	0.672	0.600	0.707	0.427	0.407	0.445
Number of countries	52	52	52	52	52	52

注：括号内为标准差，*、**、*** 分别表示在 <10%、<5%、<1% 时的显著水平。

表 B2　引入建交时间后建交 5 周年对贸易总量的影响

Variables	(1) OLS China imports	(2) OLS China imports intensive	(3) OLS China imports extensive	(4) OLS China exports	(5) OLS China exports intensive	(6) OLS China exports extensive
fivetimes	3.005** (1.124)	2.699*** (1.008)	0.472** (0.182)	−0.0505 (1.660)	−0.232 (0.913)	−0.0276 (0.644)
InteractionFI	−0.0718** (0.0308)	−0.0607** (0.0280)	−0.0121** (0.00526)	0.0211 (0.0468)	0.0196 (0.0258)	0.00826 (0.0182)
numyear	0.219 (1.161)	0.0682 (0.930)	0.133 (0.249)	−1.331 (1.668)	−0.822 (1.050)	−0.485 (0.619)
lnChPOP	71.51 (144.3)	66.70 (115.3)	7.500 (31.06)	252.9 (207.1)	159.4 (130.2)	90.89 (76.73)
lnAfPOP	2.998 (3.589)	4.330 (3.817)	−1.316 (1.048)	−4.765 (7.115)	−3.977 (4.449)	−0.964 (2.888)
rmbexchange	−0.00105*** (0.000263)	−0.000720** (0.000301)	−0.000418*** (6.39e−05)	−0.00131 (0.00128)	−0.000783 (0.000838)	−0.000592 (0.000437)
Country effect	Yes	Yes	Yes	Yes	Yes	Yes
Year effect	Yes	Yes	Yes	Yes	Yes	Yes
Linear time trend	Yes	Yes	Yes	Yes	Yes	Yes
Observations	1146	1146	1146	1146	1146	1146
R-squared	0.674	0.603	0.708	0.426	0.406	0.444
Number of countries	52	52	52	52	52	52

注：括号内为标准差，*、**、*** 分别表示在 <10%、<5%、<1% 时的显著水平。

表 B3　引入建交时间后建交 10 周年对贸易总量的影响

Variables	(1) OLS China imports	(2) OLS China imports intensive	(3) OLS China imports extensive	(4) OLS China exports	(5) OLS China exports intensive	(6) OLS China exports extensive
tentimes	0.502 (1.061)	0.0904 (1.046)	−0.143 (0.165)	1.406 (1.492)	0.809 (0.926)	0.287 (0.556)
InteractionTE	−0.0213 (0.0288)	−0.00824 (0.0281)	0.00261 (0.00453)	−0.0217 (0.0425)	−0.0123 (0.0262)	−0.00238 (0.0161)

续表

Variables	(1) OLS China imports	(2) OLS China imports intensive	(3) OLS China imports extensive	(4) OLS China exports	(5) OLS China exports intensive	(6) OLS China exports extensive
numyear	0.381 (1.145)	0.200 (0.919)	0.163 (0.245)	-1.423 (1.707)	-0.897 (1.075)	-0.519 (0.636)
lnChPOP	50.07 (142.4)	49.13 (114.0)	3.502 (30.52)	264.7 (212.0)	169.1 (133.4)	95.28 (78.88)
lnAfPOP	3.100 (3.568)	4.420 (3.797)	-1.303 (1.052)	-4.771 (7.075)	-3.983 (4.431)	-0.967 (2.872)
rmbexchange	-0.00103*** (0.000252)	-0.000717** (0.000291)	-0.000419*** (6.50e-05)	-0.00132 (0.00129)	-0.000788 (0.000849)	-0.000597 (0.000443)
Country effect	Yes	Yes	Yes	Yes	Yes	Yes
Year effect	Yes	Yes	Yes	Yes	Yes	Yes
Linear time trend	Yes	Yes	Yes	Yes	Yes	Yes
Observations	1146	1146	1146	1146	1146	1146
R-squared	0.671	0.599	0.707	0.426	0.406	0.444
Number of ccode	52	52	52	52	52	52

注：括号内为标准差，*、**、*** 分别表示在<10%、<5%、<1%时的显著水平。

表C1　　　　　　　　　　对中国进口的安慰剂检验

Variables	(1) OLS China imports intensive	(2) OLS China imports extensive	(3) OLS China imports intensive	(4) OLS lChina imports extensive	(5) OLS China imports intensive	(6) OLS China imports extensive
lagAnniversary	-0.0268 (0.114)					
forwardAnniversary		-0.0494 (0.0446)				
lagfivetimes			0.0849 (0.152)			
forwardfivetimes				-0.0646 (0.0568)		
lagtentimes					-0.135 (0.184)	

续表

Variables	(1) OLS China imports intensive	(2) OLS China imports extensive	(3) OLS China imports intensive	(4) OLS lChina imports extensive	(5) OLS China imports intensive	(6) OLS China imports extensive
numyear					0.128 (0.325)	−1.090*** (0.240)
forwardtentimes						−0.0253 (0.0606)
lnChPOP	−21.60 (40.77)	165.3*** (30.37)	−23.58 (40.80)	165.4*** (30.33)	−19.75 (41.08)	164.8*** (30.38)
lnAfPOP	7.652*** (2.312)	−1.118 (1.320)	7.640*** (2.316)	−1.111 (1.323)	7.583*** (2.325)	−1.157 (1.325)
rmbexchange	−0.000476** (0.000225)	−0.000478*** (8.49e−05)	−0.000475** (0.000227)	−0.000478*** (8.49e−05)	−0.000473** (0.000228)	−0.000472*** (8.54e−05)
Country effect	Yes	Yes	Yes	Yes	Yes	Yes
Year effect	Yes	Yes	Yes	Yes	Yes	Yes
Linear year trend	Yes	Yes	Yes	Yes	Yes	Yes
Observations	920	868	920	868	911	859
R-squared	0.293	0.664	0.293	0.664	0.297	0.659
Number of ccntries	52	50	52	50	52	50

注：括号内为标准差，*、**、***分别表示在<10%、<5%、<1%时的显著水平。

表 C2　　　　　　　　对中国进口的安慰剂检验

Variables	(1) OLS China exports intensive	(2) OLS China exports extensive	(3) OLS China exports intensive	(4) OLS China imports extensive	(5) OLS China exports intensive	(6) OLS China exports extensive
lag Anniversary	0.00667 (0.0323)					
forward Anniversary		−0.0264 (0.0712)				
lagfivetimes			0.0105 (0.0464)			
forwardfivetimes				−0.0427 (0.152)		

续表

Variables	(1) OLS China exports intensive	(2) OLS China exports extensive	(3) OLS China exports intensive	(4) OLS China imports extensive	(5) OLS China exports intensive	(6) OLS China exports extensive
lagtentimes					0.00316 (0.0409)	
numyear					-0.0417 (0.182)	-0.0847 (0.0754)
forward tentimes						-0.0187 (0.0554)
lnChPOP	20.33 (22.94)	29.07* (14.47)	20.31 (22.68)	30.04** (14.18)	19.15 (23.84)	16.45 (10.14)
lnAfPOP	-0.514 (0.987)	2.830*** (0.895)	-0.512 (0.987)	2.839*** (0.899)	-0.467 (1.001)	2.903*** (0.878)
rmbexchange	-0.000416** (0.000203)	0.00171*** (0.000309)	-0.000416** (0.000203)	0.00171*** (0.000310)	-0.000419** (0.000206)	0.00171*** (0.000299)
Country effect	Yes	Yes	Yes	Yes	Yes	Yes
Year effect	Yes	Yes	Yes	Yes	Yes	Yes
trend	Yes	Yes	Yes	Yes	Yes	Yes
Observations	639	610	639	610	628	599
R-squared	0.522	0.653	0.522	0.653	0.519	0.648
Number of countries	46	45	46	45	46	45

注：括号内为标准差，*、**、*** 分别表示在＜10％、＜5％、＜1％时的显著水平。

第4章 政治周期对国际贸易的影响

——基于中非双边贸易的实证分析

摘 要

从政治因素角度出发探究其对国际贸易的影响的学者大多将目光放在更为直接的双边政治关系上,从政治内部环境角度出发的学者很少,至今尚未发现以政治周期为议题的学者。这激起了笔者从该角度进行学术研究的动机。

本章统计了中国和52个非洲国家在1990—2012年的双边总贸易额和分类贸易额,接着收集在这期间各国的选举事件发生情况,并利用一定的方法统计为虚拟变量,然后将该虚拟变量作为文章主体部分的解释变量引入贸易的引力模型进行回归。在实证过程中本章利用部分调整模型来考虑滞后效应的影响,并选用能够更好解决零贸易问题的 PPML 模型进行回归。实证结果表明中国的政治周期对中非双边贸易均有显著的促进作用。具体来说,在中国选举的影响下,中国各产业部门的对非出口均得到了促进,来自非洲国家的除矿物燃料、润滑油及有关原料和未分类商品之外的进口量也显著增加。在机制分析中,本章试图证明中国对外援助、领导人访问和签订双边协议能够起到传导机制的作用。该部分实证结果表明:中国的选举活动可以通过增加中国对非洲国家的官方援助来促进中国出口,也可以通过促进中国总理访问非洲国家来增加中国对非洲国家的出口。而中国与非洲国家签订双边协议不能在选举促进贸易的过程中起到促进机制的作用。机制分析部分的研究对中国选举和贸易之间的联系提供了合理解释。

本章通过研究中国和非洲国家政治周期对双边贸易的影响,用数据证实了笔者之前的部分理论假设，填补了国际贸易研究领域的学术空白，希望能给后来研究者提供理论参考，同时希望为国家制定发展战略时提供启示。

4.1 引　言

自 20 世纪 90 年代以来，中国对外贸易改革逐步深化，随着外贸承包经营责任制、市场多元化战略、"大经贸"战略等政策的开展，再加上中国与非洲贸易结构呈互补状态，中国开始越来越重视与非洲的经贸合作，双边贸易由此迅速发展起来。2000 年 10 月，中非双方为了更好地展开进一步合作，共同创建了"中非合作论坛"，从此中非经贸合作走上了新的台阶。在过去的 30 年里，中国与非洲各国的贸易额保持着稳步增长的发展状态，中国对非出口的种类中机电产品、高新技术产品比重逐步上升，互补性愈加明显。从历史事实可以看出，中国政府在同非洲国家交往时一直保持着开放的态度，相信双边贸易向自由化发展可以实现互惠互利，最终带来各国国家经济的进步和人民福利的提升。在这个过程中，政府领导人采取了一系列外交举措来加强中非双边政治关系的同时促进贸易的向好发展。政治因素具体如何影响双边贸易，是笔者本章想要探讨的主要问题。

在过去的文献中，有学者研究过领导人访问、建交、援助等政府行为对贸易的直接影响。而一国内部的政治周期是否可以直接或间接地影响贸易这一议题不曾有人探讨过，这也是笔者十分感兴趣的话题。本章着眼中国和非洲 52 个国家各自的政治周期（即各国领导人选举、国会换届、宪法公民投票等国家重要选举事件），试图研究这些事件的发生是否会对两个国家的双边贸易产生影响，然后进一步分析影响的贸易产品种类并尝试给出合理解释。此外笔者对选举事件影响贸易途中的机制进行了一些推测。首先，笔者试图验证选举事件是否会通过促进领导人访问来正向影响贸易。因为一些历史事件表明中国主席选举和全国人民代表大会（简称"全国人大"）换届后新上任的领导人为了维持和加强国际上的政治伙伴关系，同时促进对外经贸乃至整个国民经济的发展，会带领下属部门官员访问非洲国家，签订双边贸易协议等。譬如：中国国家主席习近平在 2013 年 3 月就任后几天内即进行了国事访问，其中就包括了一些非洲国家。这表明习主席领导下的新时期中国政府高度重视与非洲国家发展友好关系。其次，领导人新上任或其他选举事件发生时，由于一些政治和经济目的，这时他们对外援助的欲望有可能比往常更高，而对外援助对贸易的促进作用在以往的文献中已有证明。第三，政治周期的变化常伴随着国家对外贸易政策的改革。而针对中非双边关系来说，选举事件是否同样会促进双边政治、经济、文化协议的签订有待进一步探索。签订协议是否对贸易有即时的促进作用也需要进一步提供证明。

本章以下部分的内容将以如下形式展开：文献综述；介绍全文出现的所有数据的来源，并介绍主体研究部分的实证模型；将给出实证分析结果并尝试给出合理解释；对实证结果进行稳健性检验；对笔者假设的三个机制进行回归来检验其正确性；最后总结部分会对全文的实证结论进行总结，提出文章的启示及研究不足之处。

4.2 文献综述

从宏观的政治关系对国际贸易的影响这一角度来看，最早期学者常常以战争、暴乱、军事冲突等激烈对抗事件为切入点分析它们对贸易的影响，其对贸易的负面影响已被广泛证实，最新实证研究以 Taylor and Glick（2010），Goenner（2011）和 Che et al.（2015）为代表。另外，Simmons（2005）通过研究发现领土争端对双边贸易也具有显著影响。在和平年代，两国之间的关系虽然不能经常达到开战的地步但也有好坏之分，于是学者开始研究连续的冲突——合作指标、具体的冲突事件以及国事外交访问等政治关系对贸易的影响。Zhang 等（2011）和 Armstrong（2012）采用中国与其他国家的冲突——合作指数来衡量两国政治关系的好坏，发现该指数对双边贸易有显著的影响。Fishman 等（2014）提出，2005 年日本修改历史教科书和 2010 年钓鱼岛撞船这两次较大冲突事件对对日出口占比大的中国企业影响较大，反之亦然。针对国事访问来说，Nitsch（2007）发现一国领导人的访问行为会对双边贸易（尤其是出口）产生促进作用；针对中国和其他国家领导人的出国访问行为而言，陶雪雪（2016）发现中国领导人访问他国可以促进与该国的双边贸易；Lin 等

（2017）研究中国和非洲国家领导人的访问行为，发现非洲领导人访华可以促进中国的出口。

以上的文章都是直接从双边政治外交关系的角度考虑两国的影响，研究一国内部的政治环境是否会间接影响双边贸易这一角度的学者很少，主要集中于研究政权性质对贸易的影响。Milner 和 Rosendorff（1997）提出一国政权越分裂越倾向于贸易保护主义。政权更为民主的国家不仅倾向于签订更多的贸易互惠协定（Mansfield 等，2003），还会促进国际贸易尤其是出口贸易的发展（Yu，2009）。此外，江诗伦和袁诚（2012）在研究中非贸易问题时加入了非洲国家是否承认"一个中国"和是否承认中国市场经济地位两个政治因素变量，他们发现一国承认中国市场经济地位会促进中国对该国的进口，而是否承认"一个中国"对贸易的影响不太显著。

本章要研究的是政治周期对国际贸易的影响。政治周期代表了一国政治内部的选举事件发生状态和规律，是一国政治内部环境的一部分。从内容上来说，这一细分方向在以往的学者研究中很少有人提及，是一个十分新颖、尚未受到广泛关注的领域，具有很高的学术价值。从研究对象来说看，笔者将针对中国和非洲国家的政治周期展开讨论，大部分非洲国家与中国保持良好政治、经济往来，相信该研究会对双边进一步展开多方面合作提供合理启示。从研究方法上来看，笔者查阅文献资料，比较了 OSL、PPML 等回归计量方法的优劣，最终选择了有利于处理对数线性化和零贸易问题影响的 PPML 模型，由此得到的回归结果（尤其是系数的回归结果）更加符合现实情况。在稳健性检验中，本章采用部分调整模型来衡量解释变量的滞后影响，并用拆分变量的方式对解释变量进行重新定义，得到的结果是解释变量仍然显著。这验证了本章主体部分的回归结果是可信的。

4.3 数据来源和实证模型

本章将目光放在和中国保持贸易往来的非洲 50 个国家和地区，选取 1990—2012 年中国与这些国家的贸易流量的面板数据进行实证分析。其中的双边贸易数据均来自 UN Comtrade（联合国商品贸易统计数据库）①，除了双边总的贸易数据，本章还引入了国际贸易标准分类（Standard International Trade Classification）② 下的 10 种分类的贸易数据来分析选举对不同产业的贸易带来的影响。模型中用中国选举和非洲国家选举两个虚拟解释变量来分别代表中国和非洲国家不同的政治周期状态，即统计当年是否发生领导人选举、国会换届、宪法公民投票等一系列影响全国政治环境的重大事件。例如：若该国在该年份中发生过一件或一件以上的选举事件，虚拟变量记为 1，若没有发生任何政治事件则记为 0。在撒哈拉以南的非洲国家，这些事件的统计数据是从非洲选举（African Elections）数据库③中获得的，而北非国家和中国在这些年份的政治事件统计数据则分别来自维基百科（Wikipedia）中这些国家的选举（Elections）词条。在机制分析中，本章考虑研究中国对非援助、领导人访问以及签订双边政治、经济、文化协议的影响。其中援助数据参考了 Strange et al.（forthcoming）统计的 2000—2011 年间中国对非洲国家的官方援助数据库，本章将其中的官方、非官方的援助金额剔除了通货膨胀效应后的价值作为衡量援助的机制变量。领导人访问数据大部分统计于中华人民共和国外交部网站的官方记录④，为了信息的完整性，还结合了政府新闻中的访问信息。本章将领导人访问拆分成国家主席访问和总理访问两类，分别用虚拟变量表示。0 代表某年份里没有访问，1 代表该年份中有访问。签订双边协议的信息同样来自上述外交部网站，本章统计了建立战略伙伴关系的联合公报、经贸投资相关协定、建立经贸合作委员会（简称"经贸混委会"）、文化和法律等其他协定等不同分类指标。每一种指标同样按照当年发生记为 1，当年不发生记为 0 的规则进行统计，得到不同种类的虚拟变量。

此外根据以往的引力模型的研究结果，方程中引入了 1990—2012 年非洲各国货币对人民币的汇率，以及中国和非洲各国的 GDP 总量作为控制变量。其中，GDP 的数据来自世界银行数据库，而汇率数据来自 UNCTAD STAT 网站⑤。

---

① https：//comtrade.un.org/.
② 国际贸易标准分类（Standard International Trade Classification，简称：SITC）分为十大类：（0）食品及主要供食用的活动物；（1）饮料及烟类；（2）燃料以外的非食用粗原料；（3）矿物燃料、润滑油及有关原料；（4）动植物油脂及油脂；（5）未列名化学品及有关产品；（6）主要按原料分类的制成品；（7）机械及运输设备；（8）杂项制品；（9）没有分类的其他商品。
③ http：//africanelections.tripod.com/index.html.
④ http：//www.fmprc.gov.cn/web/gjhdq_676201/gj_676203/fz_677316/.
⑤ http：//unctad.org/en/Pages/Statistics.aspx.

本章将选举变量引入传统的引力模型，建立如下固定效应模型来分析中国和非洲各国政治周期对双边贸易的影响：

$$\ln Trade_{it} = \alpha + \beta_1 Elections_{it}^{Ch} + \beta_2 Elections_{it}^{Afr} + \gamma Z_{it} + \mu_i + v_t + \varepsilon_{it} \quad (4-1)$$

其中，等式左边的被解释变量 $\ln Trade_{it}$ 代表中国在 t 期对 i 国的取对数[①]后的进口额或出口额（包括总额和分类贸易额）。为了将零贸易数据取对数，变换的具体做法为将贸易额加 1 后再取对数。$Elections_{it}^{Ch}$ 和 $Elections_{it}^{Afr}$ 分别代表了中国和非洲各国的重要政治选举活动（国家领导人选举、国会换届等）的发生情况，是以 0 或 1 出现的虚拟变量，是回归方程的解释变量。β_1 和 β_2 是两个选举变量各自的系数，因此系数 β_1 和 β_2 是否显著的不等于 0 以及系数符号的正负和大小是本章关心的重点。Z_{it} 是根据前人的研究在贸易引力模型中的有可能对贸易产生影响的其他控制变量，包括了取对数后的两国各自的 GDP 和 i 国货币对人民币的汇率。由于是固定效应的面板分析，方程引入了国家哑变量 μ_i 来控制那些不随时间变化的国家因素变量（例如：两国之间的距离、内陆或岛国、要素禀赋等）。此外，年份哑变量 v_t 控制了对所有国家同时造成的随时间变化的影响。ε_{it} 是随机干扰项，α 是常数项。

为了处理贸易额对数线性化带来的偏误、零贸易问题和异方差等问题带来的影响，本章在计量方法上采用了泊松伪最大似然估计法（PPML）。

4.4　实证分析结果

本章先从中国对非洲各国的进出口总量入手，进一步分析标准国际贸易分类（SICT）下的 10 种细分产业的贸易进出口受到的不同影响，得到了部分符合笔者初始预期的结果：

由表 4-1 得到的回归结果表明中国的选举事件在 99% 的显著性水平下显著地影响中国与非洲国家的双边贸易进出口额。其中，出口方程中，中国选举变量的系数为 0.208；进口方程中，中国选举变量的系数为 0.167。这说明中国 1

[①] 取对数是因为贸易数据往往数额巨大，取对数可以减小数据产生的波动，削弱异方差或偏态性带来的影响，使之更符合经典线性模型；同时缩小取值范围后的数据对异常值也不会太敏感。

年中发生的选举事件每增加 1 件,中国出口额平均增加 23.1%[①],中国进口额平均增加 18.1%。出口方程中的系数略大于进口中的系数,这说明中国的政治周期对中国、对非洲国家出口的影响大于进口。而非洲的政治周期对双边贸易没有显著影响。这可能是因为这些国家的经济实力和中国相比较弱,影响不好观测;也可能是因为这些国家领导人在对外贸易问题上比较被动或保守。

表 4-1　中国和非洲各国的政治周期对双边贸易总额的影响

Variables	(1) PPML China export	(2) PPML China import
China elections	0.208 *** (0.000)	0.167 *** (0.000)
Africa elections	0.017 (0.560)	0.015 (0.448)
lnGDP_Afri	0.058 (0.835)	-0.015 (0.837)
lnGDP_Ch	0.404 *** (0.000)	0.350 *** (0.000)
RMB Exchange	-0.004 (0.459)	0.000 (0.901)
Year effect	YES	YES
Country effect	YES	YES
Observations	987	1097
Number of countries	44	49

注:括号中为 P 值,* $p<0.10$,** $p<0.05$,*** $p<0.01$,回归皆包含年度哑变量和国家哑变量。

表 4-2、表 4-3 中对 SICT 的分类贸易进出口额的分析结果显示,中国的政治周期对每一类从中国出口的商品均有显著影响,且各分类产品的影响程度相近。这说明中国对非洲国家出口的产品种类是广泛而全面的。从非洲国家进口到中国的商品中除了第 3 类和第 9 类完全不显著(即矿物燃料、润滑油及有关原料和没有分类的其他商品),其他种类产品进口都受到了一定程度的显著影响。第 3 类矿物燃料等原料本是一些非洲国家的比较优势所在,中国每年有固定进口订单来源于此。不显著的原因可能是该类产品的进口往往签订的是规定

[①] 根据公式 exp(0.208) -1 = 0.231 可以得出更加精确的出口贸易增长百分比为 23.1%,进口同理。

进口数量的长期合约,不会随政治周期的变化而发生太大的波动。表现显著的产品种类中,第 4 类产品——动物及植物油、脂肪及蜡的进口方程里自变量系数与其他种类产品相比数值较大,这体现了政治周期对该类产品的影响程度很高,也体现了初级产品在非洲出口中的重要地位。

表 4-2　　中国的政治周期对按 SICT 分类的贸易出口额的影响情况

SITC 0	0.217*** (0.000)	SITC 5	0.195*** (0.000)
SITC 1	0.174*** (0.000)	SITC 6	0.196*** (0.000)
SITC 2	0.244*** (0.000)	SITC 7	0.191*** (0.000)
SITC 3	0.225*** (0.000)	SITC 8	0.203*** (0.000)
SITC 4	0.215*** (0.000)	SITC 9	0.196** (0.015)

注:括号中为 P 值,* $p<0.10$,** $p<0.05$,*** $p<0.01$,回归皆包含年度哑变量和国家哑变量。SITC 0—9 分别表示:食品及主要供食用的活动物;饮料及烟类;燃料以外的非食用粗原料;矿物燃料、润滑油及有关原料;动物及植物油、脂肪及蜡;未列名化学品及有关产品;主要按原料分类的制成品;机械及运输设备;杂项制品;没有分类的其他商品。

表 4-3　　中国的政治周期对按 SICT 分类的贸易进口额的影响情况

SITC 0	0.172*** (0.000)	SITC 5	0.159** (0.022)
SITC 1	0.256** (0.015)	SITC 6	0.154*** (0.000)
SITC 2	0.188*** (0.000)	SITC 7	0.167*** (0.008)
SITC 3	0.110 (0.158)	SITC 8	0.122* (0.076)
SITC 4	0.518*** (0.001)	SITC 9	0.185 (0.280)

注:括号中为 P 值,* $p<0.10$,** $p<0.05$,*** $p<0.01$,回归皆包含年度哑变量和国家哑变量。

4.5 稳健性检验

4.5.1 滞后效应

领导人换届和国会选举后,领导人会代表政府出台各种政策或采取一些措施(即后文将提到的机制),这些措施和政策再间接地影响贸易。这就导致了实际情况中,从政治选举活动的发生到贸易额增长的实现往往存在一个反应时滞。因此,笔者考虑使用部分调整模型,将滞后一期的贸易变量作为解释变量代入回归,得到的结果如表4-4所示:滞后一期的中国出口和进口贸易变量仍表现显著,这说明选举事件对贸易的影响确实存在滞后效应。中国选举变量的系数仍然是显著的,在出口方程中约为0.061,在进口方程中约为0.028。较上文相比,系数估计值有明显的下降,这说明真实的选举变量对当期贸易额的影响(短期影响乘数)要低于前文的估计水平。该方程中,非洲国家的选举变量对贸易仍然没有显著影响,这一点与前文的结论相符。

表4-4 中国和非洲各国的政治周期(考虑滞后效应)对双边贸易总额的影响

Variable	(1) PPML China export	(2) PPML China import
China export/import$_{t-1}$	0.077*** (0.000)	0.058*** (0.000)
China elections	0.061** (0.013)	0.028* (0.061)
Africa elections	0.016 (0.579)	0.015 (0.362)
Other controls	YES	YES
Year effect	YES	YES
Country effect	YES	YES
Observations	946	1051
Number of countries	44	49

注:括号中为P值,* $p<0.10$,** $p<0.05$,*** $p<0.01$,回归皆包含年度哑变量和国家哑变量。

4.5.2 变量拆分

本章在构建政治周期的选举变量时，是笼统地分为有选举事件和无选举事件两类，而没有考虑不同的选举事件带来的不同影响。为了使说明更加清晰，并验证原始方程的稳健性，本章试图将解释变量重新定义为多个选举变量进行回归，来分别检验这些变量系数各自的显著性。中国方面拆分为两组：领导人选举和全国人民代表大会换届；非洲国家方面分为三组：领导人选举、国会换届和以宪法公民投票为主的若干其他选举。

表 4-5 的回归结果显示中国的全国人大换届对出口和进口均有显著影响，而国家领导人选举只对进口有显著影响。与前文相似，非洲国家的各项选举活动的系数均不显著。事实上，全国人大换届和国家领导人选举的影响机制类似：全国人民代表大会代表人民的切身利益，在人大换届之际领导人想要采取一系列措施来提升人民福利，获得更多的民众支持；领导人新上任时，同样也希望通过获得更多民众认可来巩固自己的政治地位。接下来本章就领导人具体采取的措施进行进一步的探讨。

表 4-5　中国和非洲各国的领导人选举、国会换届等选举活动对贸易总额的影响

Variables	(1) PPML China export	(2) PPML China import
China Congress	0.147*** (0.000)	0.122*** (0.000)
China President	-0.001 (0.985)	0.207*** (0.000)
Africa Congress	0.028 (0.420)	-0.010 (0.655)
Africa President	0.033 (0.476)	0.033 (0.194)
Africa other elections	-0.074 (0.216)	0.020 (0.676)
Other controls	YES	YES

续表

Variables	（1）PPML China export	（2）PPML China import
Year effect	YES	YES
Country effect	YES	YES
Observations	987	1097
Number of countries	44	49

注：括号中为 P 值，* $p<0.10$，** $p<0.05$，*** $p<0.01$，回归皆包含年度哑变量和国家哑变量。

4.6　机制分析

从选举活动的发生到国际贸易增长的实现途中，领导人通过采取一系列措施和手段来达到贸易增长的最终目的，这些措施被统称为渠道或机制。为了验证假设，本章构建下述方程 4-2、4-3 来研究某一变量是否能起到传导机制的作用。其中 Channel 代表作者假设并等待验证的机制变量。若同时满足三个条件：方程 4-2 中选举变量系数显著；方程 4-3 中机制变量的系数同样显著；相比未加入机制变量时方程 4-3 中的选举变量系数从原来的显著变为不显著，或者系数仍然显著但比之前小，则可以确定该变量确实为机制变量。

$$Channel_{it} = \pi + \theta_1 Elections_{it}^{Ch} + \theta_2 Elections_{it}^{Afr} + \delta Z_{it} + \mu_i + v_t + \varepsilon_{it} \quad (4-2)$$

$$\ln Trade_{it} = \alpha + \beta_1 Elections_{it}^{Ch} + \beta_2 Elections_{it}^{Afr} + \beta_3 Channel_{it} + \gamma Z_{it} + \mu_i + v_t + \varepsilon_{it} \quad (4-3)$$

笔者通过查阅文献、新闻资料等信息对可能产生的机制做出了如下推断。

4.6.1　中国援助

中国对非洲国家的援助行为在维持中非友好双边关系中一直发挥着重要作用。21 世纪以来，中国对非洲国家援助的动机从以前主要的政治动机（巩固政权、获取政治选票）逐步向经济动机（促进双边友好往来、实现互利共赢）转移。第一，援助对出口贸易的促进作用在前人研究中已经得到过证实。首先，对外优惠贷款往往会捆绑优先采购合同，譬如非洲国家在工程采购时需要优先考虑中国的机械设备；其次，中国援建的工程往往需要配备符合中国标准的配件和附属产品。此外，中国对非援助，会使非洲产生政治、经济信赖，促进双方政治、文化、经济的全方位友好交往。第二，中国领导人在新上任和人大换届之际更希望采取一系列举措来获得民众支持、巩固政治地位。通过对非援助，中国可以与非洲国家建立友好经济政治关系，并增加对外贸易，最后提高国民生活福利。因此，领导人此时进行国际援助的动机尤为强烈。

为了验证笔者的猜想，本章选取 Strange et al.（forthcoming）的官方援助数据库中的官方、非官方援助金额作为机制变量代入方程。表4-6的回归结果显示：中国的选举活动对中国对非洲国家的官方和非官方援助均有显著正向影响，而非洲国家选举变量对中国各类援助都没有显著影响。官方援助与政府行为直接相关，它的系数显著可以很好理解，非官方援助的系数同样显著的原因可能是在当时的政治环境下政府采取了一系列措施促进双边合作并提供了许多官方援助，这给非官方援助团体带来了双边关系向好发展的信号，受到政府行为影响的，他们也会相应地增加援助的金额和项目数量。另外，在控制变量中，之前不曾显著的非洲国家 GDP 也会显著影响中国对非援助的金额。这是因为中国通过援助来帮助这些国家经济发展的同时希望促进这些国家与中国的贸易往来，达到互惠互利的目的。由于经济实力较强的国家社会秩序更稳定、基础设施更完善、市场也更为广阔，对这些国家进行援助的投资回报率会更高，中国对经济实力更强的国家反而给予了更多的援助项目。

表4-6　　中国和非洲各国的政治周期对中国对非援助的影响（Odds ratio）

Variables	(1) PPML Official aid	(2) PPML Unofficial aid
China elections	0.469*** (0.000)	0.377** (0.032)
Africa elections	-0.031 (0.629)	-0.147 (0.225)
lnGDP_Afri	0.460** (0.014)	0.542*** (0.004)

续表

Variables	(1) PPML	(2) PPML
	Official aid	Unofficial aid
lnGDP_Ch	0.796***	0.951***
	(0.000)	(0.000)
RMB Exchange	-0.000	0.000
	(0.344)	(0.749)
Country effect	YES	YES
Year effect	YES	YES
Observations	1062	941
Number of countries	47	42

注：括号中为 P 值，* $p<0.10$，** $p<0.05$，*** $p<0.01$，回归皆包含年度哑变量和国家哑变量。

本章接着将表 4-6 中受到显著影响的中国官方和非官方援助变量引入方程 4-3，结果如表 4-7 所示。不难发现，只有官方援助对中国的出口贸易产生显著影响，非官方援助对出口没有影响。作者作此推断是因为非官方援助团体包括一些非营利团体主办的资助与捐赠行为，其目的更加纯粹，主要为了加强两国友好关系，更加展现人文关怀。官方援助的经济动机更加明显，更强调经贸上的互利互惠，这从具体的优先采购合同等手段上可以看出。两种援助对进口都没有产生显著影响，这说明援助的影响主要体现在促进出口上。同时，对官方援助的出口方程而言，中国选举变量的系数相比于未放入援助变量之前，从 0.208 下降到了 0.196，这代表有一部分出口的增长是官方援助带来的，官方援助确实是选举影响贸易其中的一个机制。

表 4-7　　　　　中国对非援助对双边贸易额的影响

Variables	(1) PPML	(2) PPML	(3) PPML	(4) PPML
	China export	China import	China export	China import
	(Official aid)		(Unofficial aid)	
Aid	0.007**	0.000	0.001	-0.003
	(0.027)	(0.890)	(0.671)	(0.131)
China elections	0.196***	0.207***	0.165***	0.168***
	(0.000)	(0.000)	(0.000)	(0.000)

续表

Variables	(1) PPML	(2) PPML	(3) PPML	(4) PPML
	China export	China import	China export	China import
	(Official aid)		(Unofficial aid)	
Africa elections	0.019 (0.517)	0.017 (0.558)	0.016 (0.442)	0.014 (0.488)
Other controls	YES	YES	YES	YES
Country effect	YES	YES	YES	YES
Year effect	YES	YES	YES	YES
Observations	987	987	1097	1097
Number of countries	44	44	49	49

注：括号中为P值，* $p<0.10$，** $p<0.05$，*** $p<0.01$，回归皆包含年度哑变量和国家哑变量。

4.6.2 领导人访问

中国选举事件发生后，常常伴随着国家最高领导人、总理和其他常委的国事访问，在这些访问中常常包括一些双边贸易会谈，在会谈中往往可以达成一些帮助其他国家发展的机电产品的大规模订单，这些订单将促进中国的出口贸易。现在笔者想要验证中国的选举活动是否可以通过国家主席或总理访问最终达到促进出口贸易的目的，并查看非洲主席或总理是否具有同样的动机以及该机制是否会对进口产生影响。由于方程4-2中的被解释变量是衡量领导人访问的虚拟变量，普通的最小二乘法不能满足其回归要求，本章采用了logit模型，并将结果用几率比（Odds ratios）表示。几率比小于1说明有负向影响，大于1代表正向影响。建立回归方程运算出的结果如表4-8所示，可以看到中国的选举事件对中国主席和总理的访问均有显著的正向促进作用，但中国和非洲国家的选举事件均对非洲国家主席的对华访问有显著的抑制作用，选举事件对非洲国家总理访问则没有显著影响。

表4-8　中国和非洲各国的政治周期对领导人访问的影响（Odds ratios）

Variables	(1) Logit	(2) Logit	(3) Logit	(4) Logit
	China president	China premier	Africa president	Africa premier
China elections	2.657** (0.017)	5.312*** (0.000)	0.465*** (0.002)	0.851 (0.718)

续表

Variables	(1) Logit China president	(2) Logit China premier	(3) Logit Africa president	(4) Logit Africa premier
Africa elections	0.523 (0.199)	1.085 (0.872)	0.634** (0.024)	0.610 (0.262)
Other controls	YES	YES	YES	YES
Country effect	YES	YES	YES	YES
Year effect	YES	YES	YES	YES
Observations	1098	1098	1098	1098
Number of countries	50	50	50	50

注：括号中为 P 值，* $p<0.10$，** $p<0.05$，*** $p<0.01$，回归皆包含年度哑变量和国家哑变量。

本章接着将式 4-2 中表现显著的中国主席和总理的访问和非洲国家主席的访问作为解释变量代入方程 4-3。从表 4-9 的结果中可以看到中国的总理访问非洲国家正向促进了中国的出口，非洲国家的主席访华对中国的进口有促进作用。从这两者的系数可以看出前者的影响大于后者。综合两个方程来看，领导人访问对贸易的促进作用大于抑制作用，同时中国选举变量的系数从 0.208 下降到 0.201，可以证明领导人访问是促进贸易的机制，具体来说是中国的总理访问带来的出口促进作用。

表 4-9　　中非领导人访问对双边贸易总额的影响情况

Variables	(1) PPML China export	(1) PPML China import
China president	-0.037 (0.657)	0.050 (0.291)
China premier	0.145** (0.042)	0.022 (0.618)
Africa president	-0.017 (0.714)	0.048* (0.090)
China elections	0.201*** (0.000)	0.169*** (0.000)
Africa elections	0.016 (0.578)	0.019 (0.359)

续表

Variables	(1) PPML China export	(1) PPML China import
Other controls	YES	YES
Country effect	YES	YES
Year effect	YES	YES
Constant	YES	YES
Observations	987	1097
Number of countries	44	49

注：括号中为 P 值，$^*p<0.10$，$^{**}p<0.05$，$^{***}p<0.01$，回归皆包含年度哑变量和国家哑变量。

在了解到中国总理访问非洲可以促进中国出口后，本章进一步利用 SITC 分类研究促进的出口产品种类，得到的结果为表 4 – 10。可见，中国总理访问对 SITC 2、5、6、7、8 分类下的出口贸易均有显著的促进作用，这些产品为非食用粗原料、化学品、制成品、机械及运输设备和杂项制品。其中，大部分为附加值较高的工业制品，这体现了中国在对非洲国家出口时占据的产业链地位较高。同时，这些产品包括基础设施和通信设备，可以帮助非洲国家进行现代化工业建设。这很有可能是在国家高层领导人在国际会谈时与对方贸易代表团交流后签订的以互利合作为目的的大型合同。

表 4 – 10　中国总理访问对按 SICT 分类的贸易出口额的影响情况

SITC 0	0.098 (0.159)	SITC 5	0.132** (0.048)
SITC 1	-0.062 (0.621)	SITC 6	0.129** (0.043)
SITC 2	0.146** (0.048)	SITC 7	0.136** (0.041)
SITC 3	0.012 (0.917)	SITC 8	0.139** (0.030)
SITC 4	0.110 (0.380)	SITC 9	-0.022 (0.906)

注：括号中为 P 值，$^*p<0.10$，$^{**}p<0.05$，$^{***}p<0.01$，回归皆包含年度哑变量和国家哑变量。

4.6.3 签订协议

笔者推测选举事件发生时，中国领导人与非洲领导人签订经贸、政治、文化等方面的协定的可能性会比平时更高，而这些协定也很可能对双边贸易产生直接或间接的正向影响。本章将统计好的联合公报、经贸协定、文化或法律协定等虚拟变量作为机制变量代入两方程。结果显示，中国和非洲国家的选举并没有显著地影响双边协议的签订，虽然有一些协议确实对贸易起到了促进作用。笔者继续用上文提到的领导人访问变量替代选举变量引入方程4－2，发现领导人访问对协议的签订是有显著影响的。这说明或许协议的签订属于一个间接机制，其中经过的传导环节过多，受到各种随机因素的影响，导致影响效果的消耗，使结论难以直接观测。

4.7　结　语

根据前人的研究，我们认识到两国的政治关系和双边贸易不是互相分离的个体。不论从战争、具体冲突事件、双边外交关系、领导人访问等角度，均可证明政治关系的好坏会影响双边贸易量的增减。同样，国家政治环境的不同（譬如政权的民主程度和分裂程度）也会影响政府和领导人外交的态度、对外贸易政策、签订互惠协议意愿等，从而间接影响对外贸易。本章从中国和非洲国家的政治周期入手，分析它对双边贸易的影响。在实证分析中我们发现中国领导人选举和全国人大换届都正向影响了中国对非洲国家的进出口贸易，同时该影响不只局限于当年，还存在滞后效应。非洲国家的政治选举活动对贸易没有产生显著影响。针对产业贸易来看，中国对非洲各国出口的每一种商品种类的数量在政治选举期间都有明显增加，非洲国家对中国的出口除了矿物燃料、润滑油及有关原料和没有分类的其他商品之外都有显著的增加。在机制分析中，本章发现中国选举事件的发生可以通过增加官方援助和促进中国总理访问来增加对非洲国家的出口。领导人访问的机制中，中国增加的出口商品种类以机电产品等高附加值工业品为主，这些商品是中国的比较优势所在，并且能帮助非洲国家经济和工业的发展。这说明中国领导人希望与非洲国家保持良好的政治、经济关系，并希望通过与非洲国家加强双边贸易来达到互惠互利、提升国民福利的目的。在选举事件发生之际，领导人促进贸易发展的动机更为强烈，遂采取了一系列增加援助、进行领导人访问的举措。

这一结果带来的启示是：从历史的角度来看中国与非洲国家始终保持着良好的经济互动。这说明非洲国家是中国不可忽视的一个广阔市场，它有着巨大的发展潜力。当今时刻，欧美频繁对中国进行反倾销、保障措施调查及进行贸易制裁；最近，美国还宣布对中国出口商品征收高额关税来缓解贸易逆差，双边贸易战一触即发。在东南亚国家"一带一路"战略取得良好成效的前提下，笔者认为非洲国家可以成为下一个重点展开经贸合作的对象。此外，中国的国民应当正确看待中国对落后国家和地区的援助行为，通过恰当的援助方案设计，援助可以为中国带来除政治利益之外的经济利益。

尽管本章对该领域的学术研究做出了一定贡献，但也不可否认，在研究过程中存在着一些不足之处。首先，本章所想到的机制分析中，机制产生的效用并不大，需要再找寻更多、更有效的机制加以补充。其次，该结果是固定效应分析，仅仅针对中国和非洲国家的情况，不具有普遍推广的价值。因此，本章的实证研究有待进一步完善和探索。

第5章 历史事件对中非贸易的影响分析

摘 要

中国自改革开放以来,中国与世界各国往来日益密切,包括政治往来日益频繁,经济往来互相依赖程度逐渐加深。而在历史的进程中,历史事件所对应的国家之间的关系对于双边贸易的影响引起了许多学者的关注和研究。

本章主要研究历史事件对当前的中非贸易有何影响。通过采用非洲各国对1971年中国恢复联合国合法席位的投票态度及使用引力模型对1990—2012年中国与非洲各国双边贸易数据进行实证研究。研究发现:在1971年中国恢复联合国合法席位的历史事件中投赞成票的非洲国家多年来与中国的双边贸易关系密切,贸易额增长明显,而投反对票的非洲国家与中国的贸易往往发展缓慢或停滞不前。

本章系运用规范研究方法进行的专题研究。全章分为四个部分:第一部分是引言,主要阐述研究内容以及相关文献;第二部分是计量模型和数据来源,介绍了实证方法和所使用的数据;第三部分是实证分析结果;第四部分是结论,简单概括全文。

本章的创新主要体现在将历史事件与中非贸易进行实证研究,填补了文献空白。

5.1 引 言

国际政治经济学一直着力于研究政治因素与双边贸易之间的关系,中国自改革开放以来,与世界各国往来日益密切,包括政治往来日益频繁,经济往来互相依赖程度逐渐加深。在历史的进程中,历史事件所对应的国家之间的关系对于双边贸易的影响引起了许多学者的关注和研究。

近30年来,中非经济不断发展,中非贸易关系日趋紧密,双方从政治到经济的合作不断加强。中非经贸合作始于20世纪50年代,到现在已经有60多年的历史。从目前的世界经济格局来看,中国改革开放以来取得了巨大的经济成功,而非洲凭借其优渥的能源和资源也占据着十分重要的地位。虽然双方发展程度不同,但中非一直友好往来,在国际政治、经济事务中合作互补,中非经贸合作关系日益紧密。对非洲国家而言,中国在过去几十年的经济成功似乎为非洲带来了一种新的模式,许多非洲国家都希望向中国学习先进的技术和经济增长发展模式。同时,非洲是中国重要的原材料来源市场和出口市场。特别是在现在的逆全球化背景下,如中美贸易战、贸易不确定性等因素的影响下,中国迫切需要非洲这样的出口转移市场,故而研究中非贸易及其影响因素至关重要。

国际贸易理论中的自由贸易论和保护贸易理论,都或多或少会受到政治因素的影响,这些政治因素深藏在经济理论之后,探寻它们有益于我们深切理解相关的经济理论。无论是中国还是其他国家,在对外贸易政策的制定过程中既要考虑相应的经济因素,又要考虑其他经济因素之外的因素,其中就包括了政治因素。本章所研究的历史事件即为一种政治因素。在以往的研究中,学者们更注重的是定性地研究政治因素与双边贸易之间的关系,而本章的意义在于:把历史事件中所隐含的政治关系对中非双边贸易的影响做出定量分析研究。

5.2 国内外研究文献综述

先前已经有过诸多关于政治因素对双边贸易影响的研究,例如,在国际层面上的研究主要有:(1)政治冲突。Heilmann(2016)利用几起政治动员抵制事件估计了国际犯罪对双边贸易关系的影响,研究指出,抵制对双边货物和服务贸易都有很强的负面影响。(2)大使馆。Rose(2007)研究发现,有证据表明,建立大使馆对出口的影响远远大于增设领事馆,并且这种非线性、跨国异质性和反向因果关系都是值得进一步研究的技术问题。(3) 经济外交。BRUCK-NER (2011) 从国际援助方面明确指出了受援国人均国内生产总值的增长与外国援助的显著关系。(4) 领导人访问。Nitsch (2007) 研究得出，国家和官方访问确实与出口呈正相关，这与 Rose (2005) 的研究结果一致。并明确指出，访问对双边出口增长产生了强烈但短暂的影响，而双边出口增长是由频繁访问一个国家所驱动的。对于中国方面的研究有：(1) 中非领导人访问。Lin 等 (2017) 指出，国事访问大大增加了中国对非洲国家的官方援助和国有企业对非洲国家的出口，这些援助和出口促进了国事访问后的贸易增长。(2) 中国外交政策。Fuchs (2016) 研究了"一个中国政策"对中国与其贸易伙伴关系的影响。然而学者们不仅仅从短期研究政治、外交对贸易的影响，同时 Che 等 (2015) 以历史视角研究了日本侵华战争对当前中国与日本贸易的长期影响，证明了第二次世界大战时期日本侵略中国的历史事件对当前双边经济关系存在长期影响。

本章主要研究 1971 年中国恢复联合国合法席位的历史事件中非洲各国的投票态度对当前中非贸易的影响。本章运用 1990—2012 年中非贸易数据，使用引力模型方法估计投票对中非贸易的影响。实证发现：在 1971 年中国恢复联合国合法席位的历史事件中投赞成票的非洲国家多年来与中国的双边贸易关系密切，贸易额增长明显；而投反对票的非洲国家与中国的贸易往往发展缓慢或停滞不前。

本章着重于研究历史事件对双边贸易所产生的影响，即以历史视角分析 1971 年中国恢复联合国合法席位的历史事件中，非洲各国的投票态度对当前中非贸易的影响。本章将有可能对中国与非洲各国双边贸易产生影响的中国与非洲国家的国内生产总值，以及非洲各国货币对人民币的汇率作为控制变量引入模型，利用引力模型进行实证研究。

本章的创新之处在于本章基于贸易引力模型，利用与中国保持贸易往来的非洲 50 个国家和地区在 1990—2012 年与中国的双边贸易流量面板数据对于"一旦为敌人，永远为敌人"这一事件进行定量分析，并进行了实证研究，较之以往文献的定性分析，本章填补了文献空缺。

本章的不足之处在于：对于历史事件影响双边贸易的渠道以及影响到的具体贸易生产部门没有给出更深入的研究分析，有待后续进一步研究。

本章的研究方法主要采取了理论研究、定量研究和实证分析的方法。

第一，理论研究主要从相关理论和国内外相关研究成果出发，简要分析了国内外学者文献的主要观点,主要介绍了影响国际贸易的因素不仅有经济因素,还有许多其他因素,其中就包括了政治因素。其间具体介绍了历史事件影响国际贸易的定性分析,历史背景影响国家关系,历史事件与国际贸易的关系,历史事件影响国际贸易的原因以及中国的对外贸易政策。

第二,定量研究主要是依照维基百科、World Bank 数据库和 Lin 等(2017)的数据建立的 1971 年历史事件中的投票数量与中国和非洲各国双边贸易流量的定量指标来进行定量分析。

第三,本章主要采用了计量经济学和贸易引力模型,基于研究国际贸易问题的贸易引力模型,选取的中非贸易数据是与中国保持贸易往来的非洲 50 个国家和地区 1990—2012 年与中国的贸易流量面板数据,本章对这些数据进行了实证分析,考察非洲各国的投票态度与中非贸易之间的关系。

5.3 历史事件影响国际贸易的理论分析

5.3.1 历史背景影响政治关系

1950 年,在美国的操控下,第五届联合国大会否决了恢复中华人民共和国在联合国的合法权利的提案。20 多年后的 1971 年 10 月 25 日,联合国第二十六届大会就恢复中华人民共和国在联合国一切合法权利进行投票,决议以 76 票赞成、35 票反对、17 票弃权的压倒多数通过。本章所研究的非洲地区几乎都是中国的友好国家,在它们与中国一起努力之下,才使得中国顺利恢复联合国合法席位。其中只有中非共和国、乍得共和国、刚果民主共和国、南非共和国、马达加斯加共和国、布基纳法索等 16 个国家投了反对票。先前已有文献(Che et al,2015)以历史视角研究了日本侵华战争对当前中日贸易的长期影响。本章在此大胆假设:1971 年新中国恢复联合国合法席位时,非洲国家中投反对票的国家与中国的贸易关系将会产生负面影响,反之则是正面影响。同时这也正是本章实证研究所得出的结果。由此可知,历史事件关乎国家间政治经济关系的好坏。

5.3.2 历史事件与国际贸易的关系

现代经济学家赫希曼（1945）首次将国际贸易与政治关系进行了概念化。自此之后尤其是在四五十年以后，诸多学者对于该问题进行了实证研究分析。其中一个观点：国与国之间的政治合作与冲突会显著影响到国家之间的贸易流动，即为当两国政治关系越来越合作时，两国的贸易水平将会增加；当两国的政治关系变得越来越紧张时，两国之间的贸易水平会降低。这种方法形式化的基础由 Savage 和 Deutsch（1960）、Pollins（1989）等人构建起来。Pollins 模型选择的理性主体包括个人、利益集团、行业再到国家，是基于效用最大化的理性选择，这些主体所作出的决策会影响到贸易流动。这些主体是风险厌恶型的，故应该考虑政治条件。最终，来自 25 个国家的数据印证了这个观点。基于这一点，便可得出历史事件影响国家间的政治关系从而影响到了国际贸易流动。

5.3.3 历史事件影响国际贸易的原因

我们生活在一个日益全球化的世界，由于贸易壁垒大幅减少，通信技术和技术进步、跨境贸易和投资大幅增加。然而，我们也目睹了不同国家之间持续不断的冲突，其中一些甚至被称为文明的冲突（Huntington，1996）。正如本章所研究的，非洲各国在 1971 年中国恢复联合国合法席位时投票的历史事件中，投赞成票的国家与中国的政治经济发展会越发合作，而投反对票的国家与中国的合作水平会降低。已有文献表明，历史事件导致国家间的政治关系中，至少存在两种形态，通过国与国之间的政治关系合作与否影响着双边贸易的发展。第一，由于"安全外部性"（Mansfield，Gowa 1994）在贸易往来中时有存在，当贸易跨越国境而成为国际贸易，并且产生显著的安全外部性时，基于本国安全和利益，此时国家领导人则不希望与对方国家展开双边贸易，会采取保护性甚至更为限制性的贸易措施。此外，企业也有可能因为与本国有政治关系冲突的国家进行贸易风险更高而减少与之贸易的可能性（Morrow 1999）。在国际贸易中，与中国存在着历史事件中的不友好因素的非洲国家，我们将会考虑到安全外部性。外部性又称为溢出效应，指的是一个人或者一群人的行动和决策使另一个人或一群人受损或受益的情况，它只来源于第三方的交易收益或成本，这些都不在具体的贸易企业所考虑的范畴之内,因此贸易的安全外部性即为贸易的安全结果。当对手或是潜在敌人与本国需要产生贸易时,国家的领导人有可能会限制这些国家与本国的进出口活动。一如本章中的非洲各国,投反对票的国家已经表明了他们的政治立场,即站在了中国的对立面,那么中国的领导人在进行贸易决策时定会考虑到这些国家给中国带来的安全外部性。为了维护国家安全,保护性或是限制性的贸易政策将会实施。同时,由于投反对票的不友好行为,也会使得中国的普通民众对这些国家产生不友好和不信任看法。

5.3.4 中国对外贸易政策

中国的对外贸易政策在过去的半个多世纪中不断变化。20世纪50年代,新中国成立之初,国内经济形势严峻。国际上,美帝国主义对中国采取的是封锁遏制政策,于是中国采取了依托苏联和东欧社会主义集团的对外贸易政策来帮助新中国恢复和重建。中国具体采取了如下政策:积极同苏联国家及其他人民民主国家建立和发展经济贸易关系,打破以美国为首的西方国家对中国实行的经济全面封锁禁运;在出口建设方面,重要物资首先向苏联国家和东欧社会主义国家出口;在平等互利的基础上同西方资本主义国家"做生意",既不强求,也不拒绝;实行对外贸易统制制度;积极开展同第三世界国家的经济贸易往来。在"一五计划"期间,中国照搬苏联国家的经济模式,牺牲农业大力发展重工业。苏联是当时中国最大的贸易伙伴,占20世纪50年代中国对外贸易的1/2以上(见图5-1)。

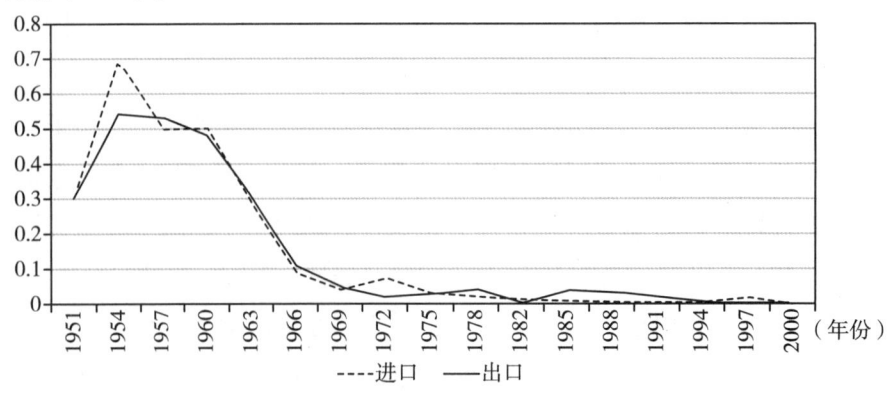

图 5-1 中国对苏联进出口占比

由于两国政治关系恶化，20世纪60年代中期与苏联国家的经济贸易关系进入大滑坡阶段。中国为了保证建设，选择了与除美国以外的资本主义国家进行商品交易的贸易战略。1962—1968年，中国从西方国家、日本等国引进了84项技术设备，价值2.8亿美元，形成所谓"第二次进口"。出口方面，中国对西方国家和发展中国家的出口比重已占出口总额的将近80%（见图5-2）。

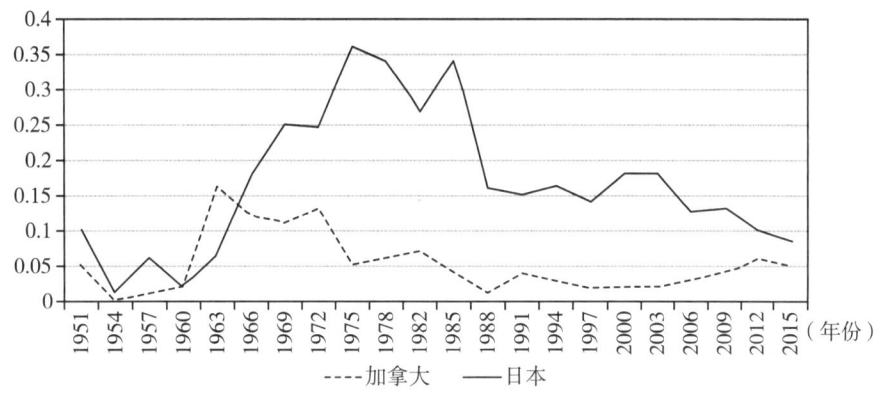

图5-2　中国对日本和加拿大进口占比

同时，在这一期间，中国更加积极寻求第三世界国家的支持。当时的非洲各国开始实行了一定程度上的民主自决权，中国便积极开拓非洲这些第三世界的国家。其中，1963年2月14日—1964年2月4日，周恩来总理率中国政府代表团先后访问了阿拉伯联合共和国、阿尔及利亚民主人民共和国、摩洛哥王国、突尼斯共和国、加纳共和国、马里共和国、几内亚共和国、苏丹共和国、埃塞俄比亚联邦民主共和国和索马里联邦共和国等非洲10国，其中包括6个阿拉伯国家，历时50多天，为发展中国人民与非洲和阿拉伯人民的传统友谊奠定了基础。中国对这些国家施以援助贷款和优惠政策，使得中国和这些国家的政治关系达到了良好的合作往来。20世纪60年代期间，中非经贸关系由于中国的援助政策大幅度增强，图5-3中可以看出，20世纪60—70年代中国对非洲国家的进出口份额达到了最高点。

20世纪70年代，中国在国际事务中发挥着越来越重要的作用，尤其是对第三世界国家，同时中国在1971年恢复了在联合国的合法席位，国际地位日益重要，而20世纪50年代以来，中国与苏联国家之间的裂痕加大，而中美关系逐渐获得改善。1972年，美国总统尼克松访华，中美正式建交。由此，中国对西方国家的出口份额增加，并且多于世界上其他国家（见图5-4）。

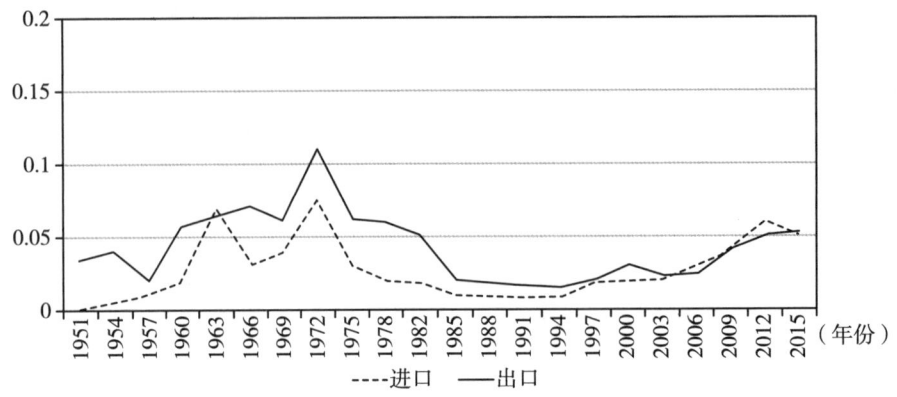

图 5-3 中国对非洲的进出口占比

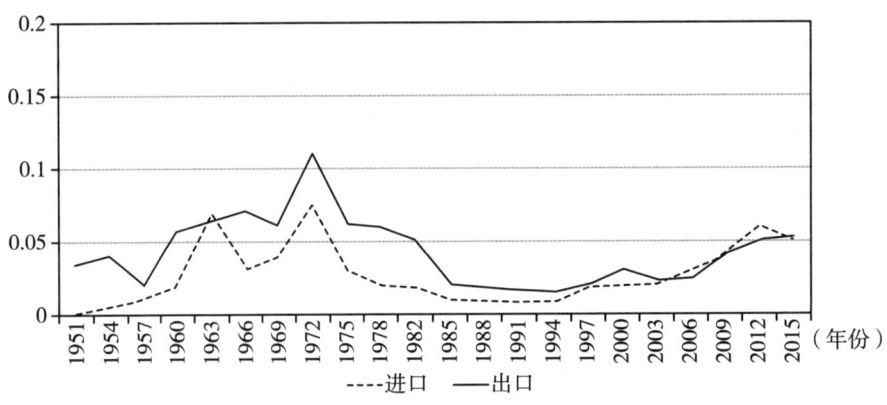

图 5-4 中国对美国的进出口占比

中国的对外开放政策是 1978 年 12 月中国共产党十一届三中全会在总结中国和世界许多国家的历史经验的基础上确立的一项重大政策。对外开放是指在坚持社会主义制度和坚持共产党领导的基础上，在独立自主、平等互利的前提下，根据生产社会化、国际化和社会主义市场经济发展的客观要求，利用国际分工的好处，积极发展与世界各国的经济贸易往来，以及科学、技术、文化、教育等方面的交流与合作，以促进社会主义物质文明建设和发展。"大力发展对外贸易，特别是扩大出口贸易；积极引进先进技术和设备，特别是有助于企业技术改造的适用先进技术；积极有效地利用外资；积极开展对外工程承包和劳务合作；发展对外技术援助和多种形式的互利合作；设立经济特区和开放沿海城市，带动内地开放。"要促进国内产品进入国际市场，大力发展对外贸易；要尽可能多地利用一些可以利用的外国资金进行建设；要积极引进一些适合中国国情的先进技术以促进中国建设事业的发展。自此，中国与西方国家的政治关系逐渐走向正常化，与亚洲各国以及东欧国家的关系也逐渐得到改善，中国的对外贸易关系更是得到了前所未有的多元化发展，贸易伙伴、贸易方式、贸易总量都得到了大幅度的增强。

总结一下即可清晰得知，中国的对外贸易政策的发展受到了政治关系的极大影响，而新中国成立、依托苏联、与苏联决裂、访问非洲10国、中美建交、改革开放等历史事件直接影响到国与国之间的政治关系，同时导致了国际贸易的波动。当然，政治关系是贸易变化的一个重要因素，但并不是唯一解释贸易变化的因素。例如，20世纪60年代初，中国首次从加拿大和澳大利亚进口粮食，不是因为中国与两国之间具有良好的外交关系，而是因为中国与苏联决裂，中国面临巨大的困难，为继续保持建设而向这些国家进口粮食以缓解粮食短缺。

5.4　计量模型与数据来源

5.4.1　实证计量模型与变量说明

本章以国际贸易引力模型为出发点，选取的中非贸易数据是与中国保持贸易往来的非洲50个国家和地区在1990—2012年与中国的贸易流量面板数据，本章对这些数据进行了实证分析，考察非洲各国的投票态度与中非贸易之间的关系。引力模型被认为是贸易流量计量分析的主要工具，它本质上是将两国间贸易的双边价值与其经济规模之间的距离联系在一起。最近，在国内外文献中，引力模型被广泛使用，它具有很好的经验拟合性，也有很强的理论基础。例如，Zarzoso（2003）评估了47个国家之间双边贸易流动的决定因素，作者估计了一个引力方程，该方程允许比较优惠协定影响的权重，并推断出双边贸易流动的其他决定因素（如美国的地理邻近、收入水平、人口和文化相似性）的相关性。罗来军、罗雨泽（2014），引入方向性理论，设计了无方向性的总量贸易模型（贸易总额）和有方向性的流量贸易模型（出口｜进口）。选取非对称和对称两种性质的样本做经验检验,既检验了理论模型的现实可行性和应用性,又验证了模型及变量作用对称性与非对称性的理论判断。经验检验对地理距离、经济距离、文化距离、技术距离和政治距离等因素得出一系列有意义的结论。赵雨霖、林光华(2008)对中国与东盟10国双边农产品贸易流量与贸易潜力进行了深入的分析,结果表明:两经济体双边农产品贸易流量主要受经济规模、国家人口数量、两国首府之间的直线距离及各种贸易制度安排等因素的影响,其中经济规模和优惠贸易安排是最重要的影响因素。故本章决定运行回归模型5-1:

$$\ln Trade_{cit} = \alpha + \beta_1 Voted_i + \beta_2 GDP_{ct} + \beta_3 GDP_{it} + \beta_4 Exchagerate \quad (5-1)$$

其中,下标c、i分别表示中国和非洲国家,t表示不同的年份。$\ln Trade_{cit}$则表示中国在t年对i国的取对数后的进口额或出口额(包括总额和分类贸易额);$Voted_i$则表示非洲各国在1971年中国恢复联合国合法席位的历史事件中是投赞成票还是反对票;GDP_{ct}表示中国在第t年的国内生产总值;而GDP_{it}则表示非洲国家在第t年的国内生产总值;$Exchagerate$表示人民币对非洲各国货币的汇率。β_1衡量了$Voted_i$对$Trade_{cit}$的边际效应,β_2则衡量了GDP_{ct}对$Trade_{cit}$的边际效应,β_3衡量了GDP_{it}对$Trade_{cit}$的边际效应,β_4衡量了$Exchagerate$对$Trade_{cit}$的边际效应。α是常数,表示除了非洲各国,在1971年中国恢复联合国合法席位历史事件中的投票状态之外的所有因素对中非贸易产生的所有影响。

5.4.2 数据来源

本章主要考察的是:1971年中国恢复联合国合法席位的历史事件中,非洲各国的投票态度对当前中非贸易的影响,故而将非洲各国的投票结果作为控制变量引入模型,其中中非贸易流量的数据来源于Comtrade网站,投票结果的数据来源于维基百科。此外,根据以往的引力模型的研究结果,方程中引入了1990—2012年非洲各国货币对人民币的汇率和中国与非洲各国的GDP总量作为控制变量,其中GDP的数据来源于World Bank数据库,而汇率的数据来源于Lin等(2017);同时还有中国对外贸易政策中的相关数据来源是由UNcomtrade数据库和国际货币基金组织DOT数据库整理所得。

5.5 实证分析结果

本章的被解释变量为中非贸易流量,包括非洲各国对中国的出口和进口,核心解释变量为非洲各国的投票结果,中国与非洲国家的国内生产总值以及非洲各国货币对人民币的汇率作为控制变量。本章采用的是面板数据,回归结果如表 5-1 所示:

表 5-1 非洲各国对 1971 年中国恢复联合国合法席位的投票态度对双边贸易总额的影响

Variables	(1) China imports	(2) China exports
Voted status	0.111*** (0.010)	0.125** (0.040)
Log of Africa GDP	1.424*** (0.000)	1.205*** (0.000)
Log of China GDP	3.926*** (0.000)	3.801*** (0.000)
RMB exchange rate	-0.001* (0.086)	0.001 (0.343)
Constant	-128.851*** (0.000)	-122.903*** (0.000)
Observations	1098	1098
R-squared	0.522	0.519

注:括号内为标准差,*** $p<0.01$,** $p<0.05$,* $p<0.1$。

由表 5-1 可知,计量模型的回归结果 p 值都小于 0.01,回归结果显著。拟合系数都大于 0.5,模型显示投票结果对中非贸易的影响有一定解释力。

从进口来看,Voted 的系数回归结果为 0.111,说明当赞成票每增加一单位时,中国自非洲的进口量增加 0.111 个单位,此为正向的、积极的影响。

从出口来看,影响更为积极,Voted 的回归系数为 0.125,当赞成票每增加一个单位时，中国出口非洲贸易量就增加 0.125 个单位，相比进口来讲，正面促进作用更明显。

综上所述，在中国恢复联合国合法席位大会中投赞成票的国家与中国的双边贸易量增长明显，而投反对票的国家与中国的贸易往来则发展缓慢。

5.6　结　论

5.6.1　主要结论

本章着重于研究历史事件对双边贸易所产生的影响，总结分析了历史事件对于国与国之间政治关系的影响，发现政治的冲突与合作会使得贸易产生波动，并且通过理论分析出了历史事件与国际贸易的关系，间接得出了历史事件影响国际贸易双边发展的重要原因。中国为应对历史事件所采取的对外贸易政策也影响着双边贸易关系，具体表现在：两国政治关系改善，则双边贸易加强；两国政治关系恶化，则双边贸易减少。同时，本章也解释了除历史事件所带来的政治因素以外的其他影响双边贸易的因素。上述结论均得到了实证分析结果的有力印证。

本章的不足之处在于：对于历史事件影响双边贸易的渠道，以及影响到的具体贸易生产部门没有给出更深入的研究分析，有待后续进一步研究。

基于上述的理论支持，本章更是以历史视角分析 1971 年中国恢复联合国合法席位的历史事件中，非洲各国的投票态度对当前中非贸易的影响。本章将有可能对中国与非洲各国双边贸易产生影响的中国与非洲国家的国内生产总值，以及非洲各国货币对人民币的汇率作为控制变量引入模型，利用引力模型进行实证研究并得出结论：在中国恢复联合国合法席位大会中投赞成票的国家与中国的双边贸易增长明显，而投反对票的国家与中国的贸易往来则发展缓慢。

本章研究也具有一定的实际意义，经济发展状况落后的非洲国家希望加强与中国的经贸合作，学习先进技术和成功的经济发展模式，非洲国家自然资源富饶，是中国重要的原材料市场。同时，在当前逆全球化、贸易保护主义抬头的背景下，特别是中美贸易战及贸易不确定性等因素的影响下，中国也迫切需要寻求非洲这样的出口转移市场。本章则证明了在中国恢复联合国合法席位大会中，非洲国家的投票状态对当前中非双边贸易的长期影响：投赞成票的国家与中国的双边贸易增长明显，而投反对票的国家与中国的贸易往来则发展缓慢，而投票状态从侧面反映出该国对中国是否友好。本章研究表明，尽管世界正朝着日益全球化的方向发展，但在国际贸易中，历史事件中的不友好因素仍然很重要。如果中国和非洲各国能够翻开历史上错综复杂的、不友好的一页，那中非的双边贸易可能会达到一个更高的水平。

5.6.2　政策启示

由历史事件导致的中国与其他国家的双边政治关系会对中国与这些国家的双边贸易产生影响，正如本章研究的1971年中国恢复联合国合法席位的历史事件中，非洲各国的投票态度对当前中非贸易的影响。本章将有可能对中国与非洲各国双边贸易产生影响的中国与非洲国家的国内生产总值，以及非洲各国货币对人民币的汇率作为控制变量引入模型，利用引力模型进行实证研究并得出结论：在中国恢复联合国合法席位大会中投赞成票的国家与中国的双边贸易增长明显，而投反对票的国家与中国的贸易往来则发展缓慢。现如今，国际形势错综复杂，中国在日后与各国往来的过程中，难免遇到双边政治关系因某事件恶化的局面。本章的研究也从理论和实践两方面得出一些启示。

从理论上看，由于历史事件所带来的政治关系变化不可避免，而政治关系从多方面影响到了国际贸易。那么中国在大力发展国际贸易的同时，应该更加注意维持双边政治关系以求维护良好的双边贸易。所以我们应该丰富和完善相关理论，为今后研究历史事件对贸易的影响提供理论支持。

从实践上来看，就某一历史事件使两国贸易减少得不偿失，两国之间应该在事后加强互利互信，建立双方认可的正式政治关系，同时加强双方领导人的访问以及普通民众的互相往来，为双边贸易的开展开拓机遇。

第6章 国家制度相似性对国际贸易影响研究

——以中非为例

摘 要

伴随着时代的进步，经济的飞速发展，国家与国家之间的联系也愈加紧密，国家之间的贸易往来也更加频繁。每个国家都会有不同的贸易伙伴，在诸多伙伴之中，有的来往频繁，有的偶有联系。究其原因，可能是经济发展水平差异、环境差异、地理距离、技术差距等因素所致。这些因素都会或多或少地增加贸易成本，制度差异就是其中一个因素。国家制度是国家主体根据各国国情制定的规范制度。制度存在一定的规范性，不同制度之间必然会有一定的不相容性。这种不相容性的存在是否会影响国际贸易往来？近年来，国内外学者围绕着国家制度相似性这一主题进行了不少研究。在实证研究中，不少研究者选择用引力模型将贸易与距离（贸易成本）、质量（GDP、人口总量等）等因素联系起来进行研究。其他如共同语言、殖民关系等也被认为会影响贸易水平。那么，意识形态会对中国与非洲之间的贸易有影响吗？

本章首先集中阐述了制度含义、中非贸易现状、贸易引力模型使用等相关知识背景，再利用1990—2012年中国与非洲各国的进出口贸易数据作为样本，引入制度维度建立中国对非洲贸易的面板数据模型，研究国家制度相似性对国际贸易的影响。

本章主要创新体现在运用中非贸易数据作为例证，对国家制度与贸易来往的关系进行研究，不仅获得了制度机制对总贸易的影响（深度边际），也分析了对贸易品种的影响（广延边际），总体采用贸易引力模型进行分析。本章不足之处在于：处理内生性问题仍需更进一步，实证分析简单。

6.1　引　言

　　制度是什么？North（1990）将"制度"定义为："是一个社会的游戏规则，或者更正式地说，是人类设计的约束来塑造人类的互动。"简言之，制度是一个社会的游戏规则，用以规范人们的行为。在市场交易的过程中，我们习惯用市场是否有效来判断一个市场的运行机制，市场有效性的高低与制度环境的建立有密切关系，因此制度因素间接影响了市场有效性的决定性因素——交易效率。通常情况下，交易效率高的市场制度建立与实施比较完善，而交易效率低的市场本身很可能存在制度层面的漏洞。西方制度经济学认为，一国的经济增长很大程度取决于制度因素，执行优越的制度能够有效降低交易成本，从而使市场交易效率大大提高，进而促进国家经济发展。Daron 认为好的制度能够引起一个国家长远的经济增长。主流国际贸易理论忽视了制度的独立影响能力，认为制度只是间接因素而将制度外生化，或者是认为制度能够促进技术水平提高从而对经济发展起到促进作用。另有学者张海伟研究得出制度差异易引发贸易摩擦，由制度因素引起的摩擦案件屡见不鲜，如美国和欧洲国家在管理制度上存在差异，引起转基因产品摩擦；美国与欧洲国家的专利摩擦是因为双方实行的法制不同。经过众多学者的研究可见，制度对于国家之间贸易的发展有着至关重要的作用。如今，随着非洲各国经济的发展，非洲各国具备一定的经济实力，中国与非洲各国之间的贸易往来愈来愈密切，贸易合作增多，贸易种类也愈来愈多样化。中国与非洲的贸易往来主要集中于南非、尼日利亚、埃及、阿尔及利亚和加纳 5 国。相较于其他非洲国家，这 5 个国家会与中国发生更为频繁的贸易往来是否是因为制度有相似性？换言之，中国与非洲各国之间的贸易是否会因为制度因素而有所差异？本章试图从国家制度的角度出发，以中非之间的贸易数据为例证，研究国家制度相似性是否会对两国贸易产生影响。

6.2 制度与国际贸易研究现状

自"制度"这一概念产生以来,就有关于"制度如何定义"这一问题的诸多研究,学者也一直在探索该用什么标准衡量制度的好坏或是质量差异。随着制度研究的进一步深入,不少学者在国际贸易研究中发现,国际贸易双方会因为文化、政治、宗教等诸多方面差异的存在,形成交易成本,导致商品的成本增加,甚至引起贸易摩擦、争端等问题,国际贸易因为制度差异的存在而变得复杂。良好的制度可以有效减少因国别差异而产生的交易成本。高质量的制度又能帮助企业规避不必要的风险,提高交易效率,减少交易成本。本章就制度与国际贸易的研究将研究现状主要分为三类:制度因素研究、制度与贸易量研究、制度与贸易摩擦研究。

6.2.1 制度因素研究

20世纪90年代,以诺斯为代表的新制度经济学派发现:优越的制度实施可以给国家带来可观的收入,随之推出制度会导致国家之间的收入差距理论,因此认可制度的重要性。Knack 和 Keefer(1997)等人将制度分为正式制度和非正式制度,正式制度是具有强制性的规定,非正式制度一般指国内习俗、道德认知等,旨在研究前者的好坏是否与后者有联系,经过实证分析发现两者呈正向相关关系,国家贸易量的增加在某种程度上是因为制度治理有效,能够有效降低交易成本。章兴鸣(2002)认为交易双方不在共有的制度框架之下或者属于不同的政区,由于诸如歧视性政策、制度接轨、隐形制度差异等制度系统隔阂的存在,交易成本很可能会相对增加。段新平(2012)以60个国家数据为样本,使用二阶段最小二乘法研究发现,地理距离、经济增长水平、历史起源三者对国家制度差异的影响程度各不相同,地理距离起主导作用,经济增长水平居其次,历史起源居于末位。

6.2.2 制度与贸易量研究

Wei(2000)对比了OECD成员国的国际贸易量分布,发现OECD成员国之间的贸易量远大于成员国与非成员国之间的贸易量，经过分析得出：OECD 成员国之间制度有效性的差异小于成员国与非成员国之间的制度有效性差异的结论。经过计量研究得出制度相似的国家之间贸易量大约能提高 12%。De Groot 等（2003）采用标准引力模型，将语言、贸易政策、历史等作为解释双边贸易交易成本差异的因素，测试制度同质和制度质量是否对贸易量会有独立影响，得出拥有相似制度的国家能够使其双边贸易提高 13%，而且优越的正式制度能够使贸易来往更加密切，无论进口国还是出口国的制度，每优化一单位大约能够使双边贸易增加 30%—44%。De Groot 等（2004）认为对另一个国家制度环境的熟悉程度会影响国际贸易伙伴的风险认知和偏好。De Groot 等（2005）还分析了制度对双边贸易流动的影响，结合了两种观点：网络和搜寻成本能够有效解释同种产品和不同产品贸易规模和贸易模式的差别；强调产权保护和合同实施的安全性。在标准重力模型的基础上，用变量 Inst 表示客观的制度质量，变量 InstDist 则反映制度系统之间的双边距离的有效性，结果发现正式制度优越的国家贸易量更大。潘向东等（2004）为运用假设检验模型引入了私有财产的保护程度（PR）、法律规范程度（Reg）、货币政策（MP）、贸易政策（TP）、对外资的态度（FI）、金融市场自由化程度（BF）、政府干预（GI）、黑色交易市场（BM）、工资政策（WP）共 9 个制度变量，选择两国或地区之间的地理距离作为控制变量，结果显示：对中国双边贸易影响最强的是工资政策，黑色市场交易、法律规范次之，余下的制度变量影响程度较弱。潘镇（2006）选取 153 个国家与地区的贸易数据为样本，引入制度变量建立扩展引力模型，结果得出双边贸易不活跃的贸易伙伴之间制度差异起到了一定的阻碍作用，国家的制度质量差会直接导致双边贸易的不活跃。制度背景的差异需要贸易伙伴支付额外的交易成本，因此，交易更倾向于在制度环境相近的国家之间发生。张海伟（2012）将制度对国际贸易的影响分为产权制度和合约实施制度，好的产权制度能够提高国家经济效率，保护创新者的利益，促进技术进步，而有效的合约实施制度能够保障合约履行，降低信息不对称风险。陈田等（2012）构建了面板数据模型进行实证分析发现，贸易国的制度环境对中国从亚洲出口有正面影响，对中国从亚洲进口具有负面影响。许家杰等（2017）认为制度在双边贸易中具有举足轻重的作用，采用空间面板模型研究制度距离、相邻效应对中国与"一带一路"双边国家的影响，结果发现中国与"一带一路"国家之间在法律、文化、宏微观经济制度方面的差异抑制了双边进出口贸易的发展。

6.2.3 制度与贸易摩擦研究

蔡洁（2007）研究发现制度差异可以改变交易成本使贸易阻力增加，内部制度和外部制度共同作用于贸易运行机制，从而形成国际的贸易摩擦。内部制度是指国家内部的自有形成制度，外部制度是指与其进行贸易的国家的社会制度。当内部制度与外部制度差异较小时，磨合成本低，摩擦自然较少；当内部制度与外部制度差异较大时，磨合成本高，摩擦会增多甚至导致交易无法进行。以上分析是综合了宏观交易成本、微观企业制度理论分析的国际贸易摩擦产生过程。蔡洁通过博弈方法说明在各国不设任何制度限制的理想条件下，所有国家的福利水平会有所提升，侧面反映了零制度差异贸易国之间可以实现利益共享，甚至达到利益最大化的程度。他还指出制度差异协调是各国无法达到最优制度目标模式下的次优选择，鼓励国际贸易合作之时不忘进行制度差异协调，减少贸易摩擦，增加贸易利得。孙洁（2008）先从宏观经济角度运用假设因素检验模型探讨制度因素与双边贸易的关系。控制变量首选两国之间的距离，而引入制度因素分为三类，第一类是正式约束的法律制度，对两国贸易量有显著影响；第二类是经济制度，也对两国贸易量有显著影响；第三类是与企业运行费用有关的制度，影响最大。然后，在影响最大的企业运行费用影响因素，并做进一步分析，研究企业制度差异如何影响贸易摩擦。企业制度差异会形成两种约束——经营目的的变动和特定要素的移动困难，这两种约束条件会使贸易国的经济生活出现损失——调整费用，当损失差额过大时，企业会对进出口贸易反感，贸易摩擦由此产生。黄晓凤（2010）假设技术发展水平完全不同的两个国家 A 和 B（A 国技术水平低，B 国技术水平高），两国之间因为技术差异造成成本不同。消费者必然倾向于价格更低的同类产品，A 国出口受限。A 国为改进技术水平，需要增加投入，主要包括一次性初始成本和持续成本。前者是为了达到技术法规和标准，后者是产品进入市场后维持质量控制的成本。结果发现相互进行贸易的两个国家，如果一个国家制度比另一个更为完善，那么其生产成本和交易成本较小，就会处于有利地位，而另一国则会设立制度形成贸易壁垒保护本国企业，由此易形成贸易摩擦。

6.3 制度、引力模型理论背景

6.3.1 引力模型简介

我们最早得知引力模型是在物理方面,物理学家们用物体质量、物体间的距离测算得出两个物体之间引力大小,物体质量越大,引力会越大;而物体间距离越大,引力反而越小。1962 年,引力模型开始被运用于国际贸易的研究中。Tinbergen(1962)使用贸易引力模型研究双边贸易与经济总量、国家距离之间的关系,得出两国贸易规模与他们的经济总量成正比,与两国之间的距离成反比。其基本模型为 $X_{ij}=kY_iY_j/D_{ij}$,其中 X_{ij} 为国家 i 和 j 之间的贸易额,Y_i 和 Y_j 分别为两国的经济规模,而 D_{ij} 表示的是 i 国和 j 国之间的距离,k 为常数。该模型旨在验证两国的经济规模和两国之间的距离对贸易流量的影响。在进行建模验证的过程中,为了减少异方差的影响,将各数值取对数后再分析,于是等式成为:

$$\ln X_{ij}=\beta_0+\beta_1\ln Y_i+\beta_2\ln Y_j+\beta_3\ln D_{ij}+u(\beta \text{为系数}, u \text{为随机误差项}) \qquad (6-1)$$

随后 Linnemann(1966)试图研究人口与贸易规模的关系,将人口因素引入贸易引力模型中研究,发现人口数量与贸易规模成正相关关系。Aitken(1973)则选择继续挖掘其他因素扩展贸易引力模型,试图研究国家间的贸易协定、优惠的贸易政策对国家间贸易流量的影响。Leamer(1974)率先引入关税税率、资源丰裕度建立贸易引力模型。Berstrand(1985)先把国家间共同边界运用于模型,随后于 1989 年又提出用人均收入替代人口数量建立模型。总的来说,学者构建模型都是通过添加新的解释变量来扩展贸易引力模型。引力模型可以很好地证明国际流量问题,学者们先后对贸易模型进行了扩展,引入共同边界、语言、人口、国民收入、汇率、利率等变量,为国际贸易的实证分析做出了一定的贡献。引力模型如今已经成为国际贸易研究中的常用工具,学者可以运用引力模型研究不同因素与国际贸易之间的关系。

6.3.2 制度定义

在中国,"制度"一词出于《周易·节》:"天地节而四时成;节以制度,不伤财,不害民。""君子以制数度,议德行。"制度在古代即为"规矩",所谓"无规矩不成方圆",百姓熟知规矩才能行为举止合礼合法。

制度这个概念自产生以来,各位学者对此的研究从未停歇,不同的学者对制度的定义会有不同的见解,至今还没达成统一的概念。有些学者将制度分为正式制度和非正式制度,其中正式制度就是明文规定的,具有一定的强制性,需要特定遵守,而非正式制度主要凭借道德伦理、基本规范约束人们的行为举止,不具备遵守的强制性,依靠大家自身的约束力,如果有人没有遵守则很可能会受到其他人的谴责。此后,又有学者将制度分为管制、规范和认知制度。这三者的约束力依次递减,管制是明确的对人的约束,通过法律法规明文规定的条条框框,是人们遵守的基本底线,一旦触及必将要付出一定的代价,正所谓"违法必究",而规范是一种标准,引导人们规范自己的行为举止,提升自身素质,认知是自身所学、所积累的知识建立的,人们通过认知来判断、衡量自己和他人的行为,大家认知水平的差异取决于后天学习水平和积累的不同。在1995年,美国华尔街日报通过调查研究认为用十项指标来衡量国家经济制度水平较为合适,包括政府财政支出、政府对经济干预程度、货币政策、外国投资、资本流动等。紧接着在2006年,世界银行借鉴了学术界的相关研究结果,认为民主议政程度、政府效率、法制环境、监管质量等6个指标衡量国家或地区的政治制度水平较为合适。

根据《辞海》的解释,制度的一般含义是要求大家共同遵守的办事过程与行动准则。但是制度的适用范围往往是局限在特定范围中,可能是一个国家、一个单位、一个部门、一个企业等。总的来说,制度的作用在于调节人与人之间的社会关系,不同的社会范围会有不同的实施制度,有的称为习惯,有的称为道德,有的可能是规章,但总体上分为三部分:社会认可的非正式约束、国家规定和实施机制。

国际贸易的产生是源于国家间比较优势的存在,国家之间根据各自优势进行分工合作,能够有效提高生产效率和优化资源配置。长此以往,贸易国也能够形成专业化产业链,不断提高技术,共同受益。第二次世界大战结束之后,国际贸易迅猛发展,全球化趋势势不可挡。人们普遍认为国际贸易迅猛发展的原因有技术飞速发展,提升交通速度,减少了运输成本;贸易壁垒的削减;各国的贸易保护程度削减，推行贸易促进政策。但事实上，实际发生的国际贸易额会比理论值更小，发达国家与发展中国家的贸易并没有理论上那么频繁，发达国家更愿意与经济发展水平相近的发达国家发生贸易往来。随着制度经济学的发展，制度因素能够解释很多之前传统贸易理论解决不了的问题，于是有"制度启动贸易"的命题。市场中因为机会主义和各种不确定因素的存在，交易成本也无处不在。制度的制定就是为了有效降低交易成本。总的来说，制度对国际贸易的影响可以分为以下几点：首先，制度能够促进一个国家技术创新的脚步。对于经济相对落后的国家而言，技术进步是转变经济增长方式的重要手段，制度创新是技术创新的关键；完善的政治法律制度能够保障技术的专有性，为技术创新提供保护；若没有制度的庇护，技术创新者则可能不愿意创新，因为没有办法从中获取应得的利益。可见制度是经济增长和对外贸易发展的重要因素。其次，制度对人力资源积累和解决资源匮乏难题方面具有一定的作用。事实证明，生产过程中的主要生产要素（如劳动力、资本、人力资源等）可以通过制度激励进行积累。如果一国制度安排合理，有利于优秀的人才如企业家、高级管理者安置，自然会吸引大量的人力资源，长此以往会形成稳定的优秀商人和企业家管理阶层。在经过大量对比发展中国家和发达国家的经济发展研究中，制度学派发现，有效制度的缺乏会造成资本的流失或缺乏，从而影响国家的经济发展。所以说很多发展中国家经济难以起色的根本原因是未建立起保障资本积累和促进资本流入的制度环境。最后，制度能促进高效市场机制的建立。一个国家可以通过政策的制定如关税、配额、出口退税、出口补贴等激励本国厂商扩大生产规模，发展国内和国际市场份额。此外，政府可以制定反垄断法、中小企业法等保护中小企业的发展，尽量减少垄断的形成。制度的建立可以规范市场，促进良性竞争的形成。制度与国际贸易之间的关系远比我们想象得更为密切。

随着研究的深入，制度因素对国际贸易的影响是不可忽视的。但上述所说的制度影响往往是指单方面的影响，即单个国家制度建立对贸易的影响。不同国家的制度不同，这种差异同样也会对国际贸易产生影响。制度差异因为国家之间经济发展水平、文明程度、政治环境等方面的不同而普遍存在。各国经济在不断发展，在满足本国需求的基础之上，走出国门开启国际贸易之路在所难免。全球化的趋势势不可挡，各国之间的经济、文化、政治等各个方面在不断碰撞或相互融合，国际贸易促使全球形成统一市场，而各国制度上的差异会影响贸易的效率和成本。制度的优劣会影响国际贸易的发展，完善的制度可以减少经济贸易发展成本，使其发展更为顺利，而不规范的制度可能会使经济贸易在发展过程中多走不少弯路，减缓发展脚步。

本章中的制度差异是指不同国家或地区之间制度的差异。在不少研究中，会用制度距离来表示。Kostova（1996）认为制度的区别在于，不同国家会在认知制度、管制制度及规范制度三方面有所不同。Gaur 和 Lu（2007）认为是质量的差异导致了制度的区别。潘镇（2008）认为国家支架在政治、法律、经济等方面的差异导致了制度的差异。Phillips 和 Ge（2009）认为制度差异源于国家组织结构的不同。不同学者还针对制度差异提出不同维度的测算。Phillips 等（2009）将制度距离设为四维度：转移、回避、对冲和适应。Wu 等（2009）则分别从政治、文化、经济和管制四方面来衡量制度差异。潘安等（2013）在研究制度差异的测算过程中，总结出更为合适的四个维度，包括财政自由度、商业自由度、贸易自由度和清廉度。本章研究的制度是由意识形态方面测定的，各国均有一个数值表示自己国家的制度质量，不同国家的差值越大，差异越明显。

6.4　中非贸易发展

中非贸易的发展起源于新中国成立之初，但鉴于中非两方在当时的经济发展水平处于初步阶段，国内经济还未发展起来，所以两方之间的贸易往来较少、贸易额较小，处于缓慢发展的阶段。初期阶段，中非之间的贸易以民间贸易为主，伴随着中国国力的增强，中国对外建交的加强，20 世纪 70 年代开始，中非贸易逐渐从民间贸易转变为以国家为主的大型贸易。

6.4.1　中非贸易发展史

中非经贸的发展始于 1950 年，当时贸易额直达 0.121 亿美元。在 1955 年万隆会议上，周总理首次提出和平共处五项原则。五项原则的提出为中非关系平等发展提供了政治性保障。此时，除了埃及、摩洛哥等少数国家已经独立外，大多数非洲国家仍处于被殖民状态，深受西方发达国家的压迫和剥削。20 世纪 60 年代起，非洲人民开始不再愿意遭受压迫，各个国家开始选择摆脱殖民统治，实现独立。真正的独立还需要各国后续的持续努力。非洲大陆上接连独立的国家在获得自主权之后逐步发展经济，中国在此时的经济水平相较于非洲各国来说还是较好的，中国积极援助非洲国家，帮助其大力发展经济，双方之间的来往愈来愈频繁。周总理在20世纪60年代开创中国外交活动之时，访问了11个非洲国家，获得不少非洲国家的赞誉。外交关系的发展也推动了经贸合作的进步。

从图6-1可以看出，20世纪50年代阶段期间，最初中非双方贸易额不超过1亿美元，商务部数据显示中非贸易额所占中国对外贸易比重约为3%，来往的国家也只有真正拥有独立主权的埃及和摩洛哥。20世纪60年代开始，独立发展起来的非洲国家也相继与中国建立良好的贸易关系。双边贸易额已经超过了1亿美元，与20世纪50年代初的贸易额相比，约增加了6倍。20世纪60年代后期，因为中国局势的动荡，造成两方贸易趋势下降。但总体来说，这期间中非贸易的发展是稳步前进的。

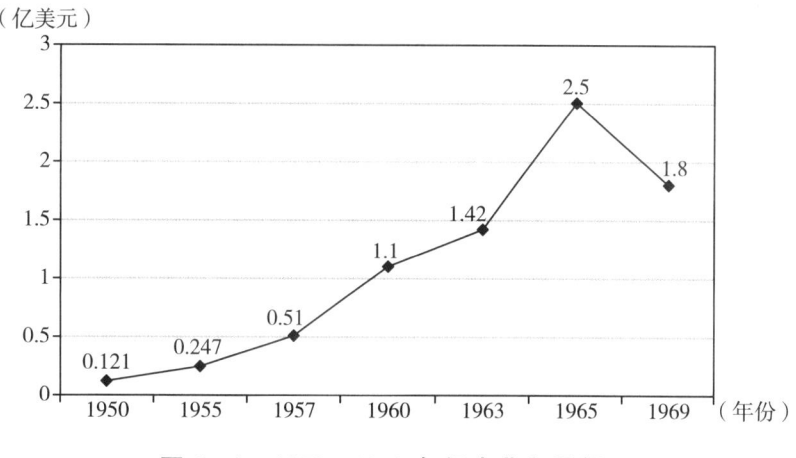

图6-1　1950—1970年间中非贸易额图

从图6-2可以看出，20世纪70年代中非贸易的发展是平稳飞速的，其中与中国当时力促外交带动了经济发展、中国与各大国关系密切、政治地位逐步上升有关。事实上，与中国进行贸易往来的非洲国家数量从19个扩展到了47个，其中30个国家与中国签订了贸易协定。[①] 中非贸易的发展不仅体现于贸易额的提升，还体现在贸易结构的改善和贸易主体的变化。贸易结构方面，从初级产品演变为工业制成品，品种也更为丰富，以前以茶叶、棉花等中国特有的

---

① 张志良：《中国与非洲经贸合作的前景分析》，2010年发表。

农产品为主，到了 20 世纪 70 年代则涵盖了化工产品、机械产品、粮油产品、矿产等。贸易主体方面，从以民间贸易为主，到以官方贸易为主导。

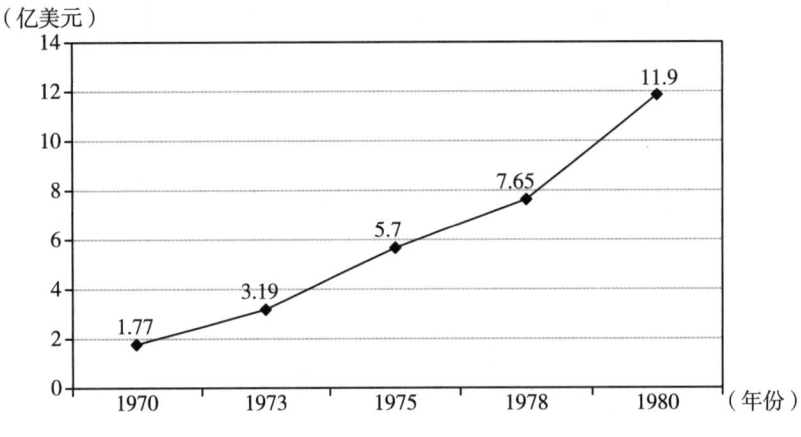

图 6-2　1970—1980 年间中非贸易额图

到 20 世纪 80—90 年代，中非贸易加速发展，贸易商品结构和贸易种类发生进一步的演变。中国制造业在不断发展，生产出的家具、电视机、生产工具等商品大量输出给非洲。恰逢此时，非洲在发展农业建设，需要大量的农具、农业机械等产品。中国的出口供给满足了非洲的发展需求。20 世纪 90 年代初，中国实施了市场多样化战略，鼓励企业把握产品质量，发展科技创新技术。中非双方本着互惠互利的原则，进行了多方面合作。中国帮助非洲开发重要资源，利用非洲丰富资源发展本国工业，中国给非洲出口机电产品、轻工产品等，利于非洲发展经济。

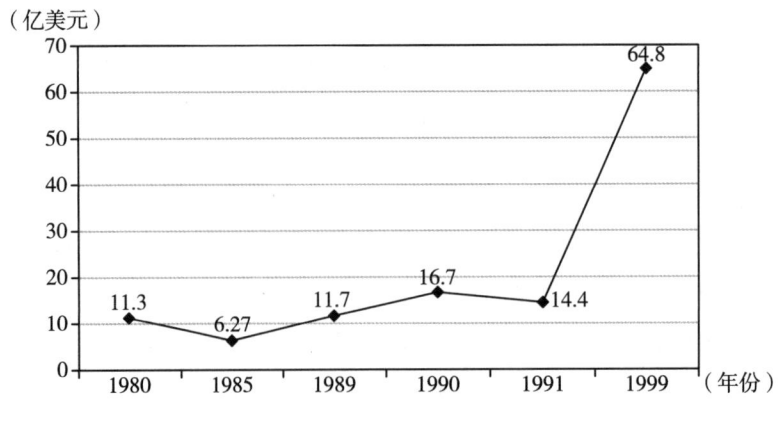

图 6-3　1980—1999 年中非贸易额图

21 世纪以来，中非合作论坛成立之后，两者的合作更为密切，参与合作的非洲国家数量与日俱增，贸易额飞速增长，从 20 世纪 90 年代的非洲贸易逆差转变为中国贸易逆差。中国对非洲出口的商品依次是机电产品、服装鞋帽纺织品、高新技术产品、钢铁制成品、橡胶制品，而非洲出口到中国的商品结构依次为原油、矿产品、棉花、钻石、原木。可以看出双方出口的产品都是具备各自要素禀赋的产品。

6.4.2 中非贸易特点

总的来说，中非贸易的发展具有以下特点：

1. 贸易规模不断扩大。

中非贸易额从 20 世纪 50 年代初的不到 1 亿美元，到 2008 年突破千亿美元大关，再至 2016 年中非贸易额达 1492 亿美元，连续 7 年成为非洲第一大贸易伙伴。① 从图 6-4 可以看出，中非贸易的发展最迅速的时间段是 2005—2010 年期间。而 2010—2016 年这段时间上升趋于稳定而缓慢。根据商务部显示的数据表明，在 2013 年中非双边贸易已经突破了 2000 亿美元的大关，而在 2014 年开始下降是因为中国从非洲进口的势态乏力，非洲深受金融危机影响，原油等大宗商品价格下降明显。

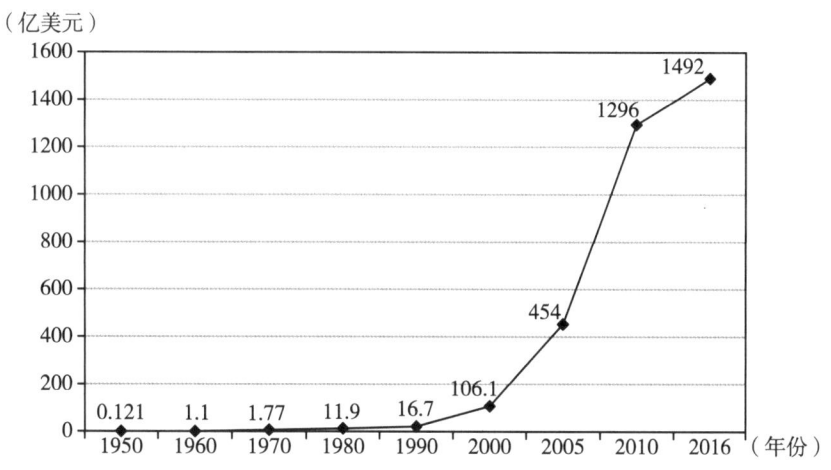

图 6-4 中非贸易额变化折线图

2. 贸易结构逐步优化。

在中非建立贸易关系之初，双方的经济发展均不发达，技术水平有限，只能出口具有相对优势的产品，中国以机电产品、纺织品等为主，非洲以矿产资

---

① http://www.mofcom.gov.cn/article/tongjiziliao/fuwzn/swfalv/201704/20170402557489.shtml.

源、原油等资源为主。但随着双方经济发展和技术的革命创新，中国向非洲出口的产品更新换代为机械设计产品、电子产品、汽车等，非洲也在不断进步，向中国出口了不少钢铁、铜等工业制成品。可以说，双方的出口商品种类随着技术水平、经济水平的提高而变得更加多元化，产品的附加值也不断提升，更好地为双方经济发展打下坚实基础。

3. 贸易合作不断加强。

在周恩来总理提出的和平共处五项原则基础之上，中非建立起了深厚的合作友谊。2000 年，中非在北京举行了中非合作论坛（CACF）第一届部长级会议①。2003 年，中非合作论坛在非洲埃塞俄比亚举行。2018 年，第七届中非合作论坛北京峰会举行。时至今日，中国与非洲各国的贸易合作，无论是官方促进还是民间组织，都在不断加强。双方之所以能够达成合作源于双方能够达成互惠互利的共识，中国能够获取大量的原材料、矿产资源等，非洲能够得到友善的帮助，搞好基础设施建设，发展本国经济。这种互惠互利的形式也会让中非贸易合作走得更加长远。

6.5 中非贸易实证分析

6.5.1 模型介绍

贸易引力模型是指两个国家的对外贸易流量与两个国家的经济规模成正比，与两个国家的地理距离成反比，一般线性对数形式为：

$$\ln T_{ij} = \beta_0 + \beta_1 \ln Y_i + \beta_2 \ln Y_j + \beta_3 \ln D_{ij} + u_{ij} \qquad (6-2)$$

式（6-2）中，T_{ij} 表示国家 i 和国际 j 之间的对外贸易流量，Y_i 表示国家 i 的 GDP 值，Y_j 表示国家 j 的 GDP 值，D_{ij} 表示国家 i 和国家 j 之间的距离。u_{ij} 为随机误差。而笔者根据本章研究需要，对引力模型实施了相应的调整，旨在得出国家制度相似性对中非贸易的影响。本章使用的引力模型如下：

---

① CACF：2000 年 10 月 10 日至 12 日，中非合作论坛第一届部长级会议在北京召开。来自 45 个非洲国家的外交部部长、主管对外合作或经济事务的部长以及部分国际机构和地区组织的代表出席了会议。

$$\ln(china_{im}) = \beta_0 d + \beta_1 \ln ChPOP + \beta_2 \ln AfPOP + \beta_3 re + \beta_4 trend + u \quad (6-3)$$

$$\ln(china_{ex}) = \beta_0 d + \beta_1 \ln ChPOP + \beta_2 \ln AfPOP + \beta_3 re + \beta_4 trend + u \quad (6-4)$$

6.5.2 数据来源

本章选取联合国商品贸易统计数据库（UN Comtrade）[①] 统计的中国与非洲各国 1990—2012 年的进出口贸易数据，根据国际贸易标准分类（Standard International Trade Classification）[②] 将进出口贸易额各分为 10 类，分别用 china_im_0_1（china_ex_0_1）、china_im_1_1（china_ex_1_1）、china_im_2_1（china_ex_2_1）、china_im_3_1（china_ex_3_1）、china_im_4_1（china_ex_4_1）、china_im_5_1（china_ex_5_1）、china_im_6_1（china_ex_6_1）、china_im_7_1（china_ex_7_1）、china_im_8_1（china_ex_8_1）、china_im_9_1（china_ex_9_1）表示，还选用了中国总人口、非洲人口、人民币汇率数据[③]，回归分析中最重要的自变量是 d（polity differences），代表制度相似性的程度。其中，$polity$ 是衡量国家制度质量的数据，通过 -10—10 分得数值测量国家的民主程度。经过测算，中国的此项数据为 -7，而 d 等于非洲各国的 $polity$ 数值减去中国 $polity$ 数值，d 值越大，制度差异越大，即制度相似性越小。d 值与制度相似性程度呈负相关关系。分别对中国人口和非洲人口取对数，引入作为自变量；re（rmbexchange）是指人民币汇率，也作为自变量引入，$trend$ 是每一个国家产生一个时间序列而产生的一个线性数据，引入方程中作为自变量可以控制随时间变化的效应，u 表示其他因素对进口贸易额影响而产生的随机误差。

6.5.3 实证结果

表 6 - 1 是通过二元固定效应得出的结果，控制了时间变化的固定效应和国家的固定效应。因为尽可能控制异质性才能够更加准确地估计制度相似性与国

[①] http://comtrade.un.org/.
[②] 国际贸易标准分类（Standard International Trade Classification），简称：SITC。分为 10 类：SITC0（食品及活动物）、SITC1（饮料及烟类）、SITC2 [非食用原料（燃料除外）]、SITC3（矿物燃料、润滑油及有关原料）、SITC4（动植物油脂及蜡）、SITC5（化学成品及有关产品）、SITC6（按原料分类的制成品）、SITC7（机械及运输设备）、SITC8（杂项产品）、SITC9（未分类产品）。
[③] 数据源于 UNCTAD STAT 网站：http://unctad.org/en/Pages/Statistics.aspx。

际贸易之间的关系。经过处理可以略去未观察到的变量值，得出更为准确的结果。我们可以从表6-1中看出，制度差异越大，中国的进口贸易额反而减小，增大一单位的差距大约会使中国从非洲国家的进口贸易总额减少15.20%，说明在固定国家的条件下，中国从非洲各国的进口贸易额与中国和非洲各国的制度差距呈负相关关系。如表6-1所示，制度差异通过5%的显著性检验，制度差异与进口贸易额呈负相关关系，也就是说制度相似性与中国从非洲各国的进口贸易额呈正相关关系。再看等式中的其他自变量，中国的人口数量通过显著性检验，与中国从非洲的进口贸易总额呈正相关关系，系数达38.160，中国人口数量越大，中国从非洲进口的贸易额会越大。非洲总人口数量这一变量通过5%的显著性检验，同样与中国从非洲的进口贸易总额呈正相关关系，非洲人口数量每增加一单位量，进口贸易总额会增加90.50%。而人民币汇率与中国从非洲进口的贸易总额呈负相关关系，已通过显著性检验，人民币汇率每增加一单位，中国从非洲的进口贸易总额约减少0.10%。

表6-1　　中国从非洲进口贸易额与各解释变量之间关系表

变量	中国从非洲进口贸易额
制度差异	-0.152** (0.048)
中国人口数量	38.160*** (0.000)
非洲人口数量	0.905** (0.010)
人民币汇率	-0.001*** (0.000)
线性系数	-0.012 (0.302)
常数	-797.218*** (0.000)
观测值	779
平方差	0.326

注：括号内标准稳健误差；*** $p<0.01$，** $p<0.05$，* $p<0.1$。

同理，对相应的中国出口到非洲的贸易额进行取对数处理，把取对数后的中国出口到非洲的总贸易额作为因变量，中国与非洲各国的制度差异（d）、 ln*ChPOP*、ln*AfPOP*、人民币汇率（*rmbexchange*）、*trend* 为自变量，*u* 表示其他因素对中国出口到非洲贸易额影响产生的随机误差。表 6 – 2 是通过时间变化对国家进行固定效应处理后得出的回归结果。我们可以从表 6 – 2 中看出国家之间的制度差异与中国总出口贸易额并不是显著相关，说明中非之间的制度差异对中国出口贸易额的影响要远小于进口贸易额。我们不妨这么理解，中国进口的商品必然是要为我所用，会与我们的生产、生活习惯息息相关，而且我们的生活水平会比大多数的非洲国家要好，对于进口商品会有更高的选择要求，制度相似的国家生产的产品很有可能在商品贸易类型方面更加贴近中国的生活习惯，而非洲国家大多数平民还挣扎在温饱边缘，对于商品的需求还较大程度地停留在基础阶段，中国出口到非洲的产品大多数是制成品，包括家具、服装、玩具、电子产品等。因此，可能会对国家之间的制度差异不那么在意。而中国人口数量、非洲总人口数量均通过了显著性检验，且这两个自变量都和中国出口到非洲的贸易额呈正相关关系，其中，中国人口数量的影响系数较大，达 31.060，而非洲总人口数量系数为 1.091。计算得出的系数都与以中国进口贸易总额为因变量测算出的系数较为相近。而人民币汇率与中国出口到非洲的贸易总额呈负相关关系，已通过显著性检验，人民币汇率每增加一单位，中国从非洲的进口贸易总额约减少 0.60%。

表 6 – 2　中国出口非洲贸易额与各解释变量之间关系表

变量	中国出口非洲贸易额
制度差异	– 0.022
	(0.434)
中国人口数量	31.060***
	(0.000)
非洲人口数量	1.091***
	(0.000)
人民币汇率	– 0.006***
	(0.010)
线性系数	0.003
	(0.625)
常数	– 650.584***
	(0.000)
观测值	549
平方差	0.747

注：括号内表示稳健标准误差：*** $p < 0.01$，** $p < 0.05$，* $p < 0.1$。

除此之外，还对每种类型的商品进出口贸易额进行上述形式的回归，例如 $\log(china_{-im-0-1}) = \beta_0 d + \beta_1 \ln ChPOP + \beta_2 \ln AfPOP + \beta_3 re + \beta_4 trend + u$，结果发现各类商品进出口贸易额均未通过显著性检验，结果如表 6-3 所示。从各类商品的进出口贸易额回归结果可以看出，除了第一种类型的商品（食品及活动物）进口额以外，其他类型的商品进出口贸易额与制度差异呈负相关关系，制度差距的增大，各类商品进出口贸易额都会呈现不同程度的减少。即制度相似性程度越低，各类商品的进出口贸易额越小。从总体来看，各类商品的出口贸易额作为因变量后回归得出的系数绝对值更大，也就是说各类商品出口贸易额更可能受到制度因素的影响。

表 6-3　各类商品进出口贸易额回归得出的制度差异系数表

类别	制度差异系数	类别	制度差异系数
商品类别 1 进口额	0.031 (0.739)	商品类别 1 出口额	-0.108 (0.348)
商品类别 2 进口额	-0.038 (0.312)	商品类别 2 出口额	-0.071 (0.386)
商品类别 3 进口额	-0.068 (0.345)	商品类别 3 出口额	-0.143* (0.099)
商品类别 4 进口额	-0.111 (0.332)	商品类别 4 出口额	-0.033 (0.683)
商品类别 5 进口额	-0.004 (0.952)	商品类别 5 出口额	-0.093 (0.183)
商品类别 6 进口额	-0.048 (0.551)	商品类别 6 出口额	-0.102 (0.370)
商品类别 7 进口额	-0.161* (0.067)	商品类别 7 出口额	-0.148 (0.217)
商品类别 8 进口额	-0.073 (0.216)	商品类别 8 出口额	-0.157 (0.208)
商品类别 9 进口额	-0.120* (0.057)	商品类别 9 出口额	-0.143 (0.219)
商品类别 10 进口额	-0.062 (0.355)	商品类别 10 出口额	-0.045 (0.516)

6.6 结　论

根据众多学者已经做出的研究结果，我们通常会认为制度差异会引起贸易摩擦，而且制度差异可能会导致两国交易成本的增加，因此推测出制度相似程度越高，国家之间的贸易往来会更加频繁。但是本章通过构建面板数据模型分析了中国与非洲国家贸易与制度相似性之间的关系，从模型实证结果来看，中非国家制度相似性能影响中国从非洲进口的贸易额，中国政府在贸易进口时，会进行一定的政策干预；但是制度相似性并不对中国出口到非洲的贸易额产生影响。进行分类之后商品进出口贸易额更是与制度相似性没有明显的关系。笔者认为制度相似性对中国进口贸易额、出口贸易额的影响程度不同在于非洲各国的经济水平大多处于初步发展阶段，能够从中国进口的大多数产品为满足基本生活需求、工业发展需要的基本商品，双方对于基本商品的要求层次较为一致，比较不受制度环境的影响。而中国从非洲进口的商品是中国目前生产、发展所需的各种原料、矿产等资源，必须符合中国的标准，且中国制度设立相较于非洲国家而言较为完善，更可能针对非洲各国的不同制度环境而做出有利选择。

本章研究结果也说明，许多国家曾经针对中国提出的意识形态决定外交的说法有待进一步考证。中国作为一个泱泱大国，也和非洲国家一样，经历过困难时期，然后才一步一步发展起来的。中国并没有根据制度的差异选择贸易伙伴。对于非洲各国而言，应该加强制度环境建设，完善法制、经济、文化等各方面制度，努力减少与其他国家的制度差异，为发展国际贸易打下坚实基础。而中国应该积极开展与非洲各国的贸易合作，帮助非洲人民发展经济，完善制度建设。此外，出口被称为拉动经济发展的三驾马车之一，中国应继续坚持发展国际贸易，促进经济发展。中国应该坚持和平共处五项基本原则，坚定不移地继续与非洲伙伴合作，帮助其搞好基础设施建设。

第 7 章 制度质量对出口多样化的影响研究

摘 要

随着世界经济进入全球化时代,世界贸易的规模也不断扩大,学术界关于国际贸易的相关研究也逐渐增加。而国际贸易中,出口贸易占据跨国贸易的重要位置,世界出口贸易中各类新产品的出现以及由此产生的各种问题,使出口多样化成为大多数国家经济发展关注的焦点。不论是出口多样化对一国经济发展的作用分析,或是出口多样化的影响因素分析,都是各国学者们研究的重点。出口多样化对产出目标水平和产出增长波动性都有着深远的影响,且出口多样化与外汇收入的波动也有着重要的联系。影响出口多样化的因素有很多,目前多数学者研究了贸易成本、贸易便利化、外商投资总量等对一国出口多样化水平的影响机制,并得出了相关的研究结论。制度对一国贸易具有重大的和实质性的影响,因此制度也同样是影响出口多样化的重要因素之一。良好的国家制度通常被视为一个国家的比较优势,制度质量被视为经济发展的驱动力,它有助于建立激励机制,提高效率,减少国际贸易中的不确定性,并有助于实现更健康的经济绩效。由于制度质量在贸易各国中起着至关重要的作用,因此本章从制度角度,分析其对一国出口多样化的影响。基于联合国贸易和发展会议数据库的出口多样化数据和 INSCR 数据库的 Polity Ⅳ数据,选择全球 160 个国家 2000—2017 年的大型面板数据集,实证分析制度对出口多样化的影响。通过参考现有文献构建模型,解决模型中的异方差和自相关问题后进行回归分析,并通过替换变量和增加控制变量等方法进行相关的稳健性检验,效果仍具有经济和统计意义,且具有有效性和稳健性。数据显示,发达国家的制度指数和出口多样化的水平均普遍高于发展中国家的制度指数，通过回归分析表明：制度指数越高，即越民主化的国家，出口多样化产品数量越高，说明制度的民主化对出口多样化水平有促进作用。

基于以上分析，本章最后一部分总结结论并提出相关的政策建议，通过该项研究提供一种新的提高出口多样化水平的作用机制，为出口多样化水平的优化提供实证支持。同时说明本章存在的不足之处，展望未来的相关研究方向。

7.1 引　言

世界进入全球化时代后，世界出口贸易的规模也不断扩大，全球贸易中各类新产品的出现以及由此产生的各种问题，使出口多样化成为大多数国家经济发展关注的焦点。不论是出口多样化对经济发展的作用分析，或是出口多样化的影响因素的研究分析，都表明出口多样化对一国发展的作用机制已经成为各国学者们研究的重点。究其原因，主要由于出口多样化对一国发展有以下作用：首先，出口多样化能够减轻国际贸易对一国经济产生的不利影响。若一个国家的出口产品单一、贸易国家单一，那么当国外经济环境变动导致外国消费者需求下降时，就会对本国的出口企业产生冲击，从而使一国的出口经济受到影响。而出口多样化的提高能够分散单一国家环境变化的风险，从而减少国家在外部的不利冲击下产生的经济波动。其次，出口多样化对产业结构的转型具有促进作用。在全球化时代，国际贸易的发展使得竞争已延伸至国与国之间。产品更新迭代的速度加快，各国的竞争优势的变化也加快，许多国家在全球化进程中由于落后或本身的竞争优势被其他国家替代而被全球市场淘汰，因此，一国若要参与国际市场的竞争，必须适应全球市场进行产业及产品的结构升级，出口多样化水平的提升对其具有带动作用。最后，出口多样化能够增加生产者和消费者的收益。当企业具有进行出口贸易的能力时，若其能够同时满足国内和国外两个市场的消费者需求，在一定程度上能因此提高生产率而增加自身收益；而消费者由于产品种类的增加，且企业生产率的提高使商品的成本降低、价格降低，消费者也能够因此受益。

影响出口多样化的因素有很多，制度也是影响出口多样化的重要因素之一。良好的国家制度通常被视为一个国家的比较优势，其对国际贸易具有促进作用。因为商品和服务的生产需要良好的制度支持，因此，制度较好的国家之间的贸易量通常比制度较差的国家之间的贸易量更大，制度较好的国家也往往从国际贸易中受益更多。国内外学者围绕制度对贸易的影响展开了一系列的理论研究和实证分析，但是，国家制度的差异对出口多样化的作用仍未得到经验验证。因此，本章将通过实证分析，研究制度对出口多样化的影响问题。

本章的写作内容主要分为六个部分，各个部分的主要内容如下：

第一部分为引言，主要包括论文的研究背景与意义、研究目的与内容，以及研究思路与方法。概述了论文的主要构架，并对论文的框架进行简要说明。

第二部分为文献综述。这部分内容首先对出口多样化的重要性进行了回顾：包括出口多样化与一国经济增长的关系、出口多样化对一国产出的影响，并且简单概括了现有文献对出口多样化影响因素的分析。其次，概括了制度对贸易的影响研究，并进行简单述评。最后，对现有研究提出不足之处，为本章提供研究参考，并指出本章的研究方向。

第三部分为模型构建及说明。主要描述了本章的模型设计，基于贸易理论以及相关文献的参考，确定被解释变量、解释变量和相关的控制变量，设计出计量模型。同时进行数据来源的整理以及相关数据的描述。

第四部分为实证结果分析。该部分主要对第三部分所提出的模型进行回归分析，经过相关检验和修正，确定模型。通过对模型进行进一步的稳健性检验，确定模型的有效性和稳健性。

第五部分为进一步研究。该部分在实证分析的基础上，进一步对数据进行分组研究，探究制度对发达国家和发展中国家的出口多样化水平影响的差异。

第六部分为研究总结。该部分在实证分析的基础上，进一步对数据进行分组研究，并提出未来研究方向的展望。

当前已有许多学者致力于研究出口多样化与一国经济增长的联系，得出出口多样化能够对经济增长产生积极影响。同时，基于梳理以往的文献，一国的制度环境越好，会使一国的国际贸易增加。目前研究制度对出口多样化的影响的文献还较少，虽然有一些学者研究出口多样化的影响因素，但鲜少将制度纳入分析。本章将以现有文献为基础，对全球部分国家的制度和出口多样化之间的联系进行回归分析，选择2000—2017年160个国家的相关数据，进行数据的处理和模型的检验，探讨制度对出口多样化的影响，从而得出结论并总结经验。

本章的主要研究方法包括实证研究方法、理论和实际结合分析方法、综合运用多种计量方法。通过对贸易理论和现有文献的梳理和总结，构建出可行的计量模型。主要采用了实证分析方法,研究一国的制度对出口多样化的影响情况,以及对模型进行相关的检验和修正。为了提高模型的稳健性和有效性,根据所研究模型可能存在变量的内生性,应用广义矩估计(GMM)对模型进行进一步的检验和修正。

7.2 文献综述

出口多样化水平对世界大多数经济体而言都是一个重要的问题,因此,有许多学者致力于研究出口多样化与经济体发展的关系。一方面,基于新古典贸易理论,出口多样化可能通过多种渠道对产出增长产生积极的影响,即出口收益多样化。Michaely(1962)和 Hesse(2008)提出,出口商品的集中度越高,一国的出口价格和贸易条件预计的波动越多,因此,出口集中的国家的外汇收入容易出现波动和不确定性,从而限制出口的增长。通过增加出口部门的数量,即横向出口多样化,在商品数量有限的情况下,可以减少出口收入对极端价格和数量波动的依赖。出口多样化促进发展中国家经济的加速增长,是发展经济学中反复出现的观点,大多数经验研究已经证明了出口多样化对经济增长的促进作用,例如,Herzer 和 Nowak – Lehnmann(2006)根据智利的年度时间序列数据,验证了出口多样化对经济增长的积极影响,Arip 等(2010)也以马来西亚为例子证实了该观点。另一方面,Piñeres 和 Michael(2000)认为,在积极的外部影响下,出口多样化还会同时带来规模收益递增和新的学习机会,并形成新的比较优势。Marhubi(2000)提出,与出口多样化相关的生产技术的改进可能通过知识溢出而使其他行业受益。这些知识外部性的可能来源包括竞争力的提高、管理的高效性、组织形式的改善、劳动力的培训以及技术和国际市场的知识,由此提高生产力。Aditya 和 Acharyya(2013)、Imbs 和 Wacziarg(2003)进一步发现,经济增长与出口多样化、出口专业化存在转折点,即出口多样化和经济增长的关系不是单一的。研究发现,发展中国家受益于更大的多样化,反之,发达国家则受益于专业化。

除了对出口多样化重要性的研究以外,也有很多学者致力于分析影响出口多样化的因素。Metlitz(2003)等开辟的企业贸易异质性模型认为固定成本和可变成本对出口多样化有抑制作用,交易成本的提高会降低出口多样化水平和生产率。Dornbusch,Fisher 和 Samuelson(1977)、Krugman(1979)认为,单边关税的减少可能使自由化国家的出口在产业间和产业内都实现多样化，因为关税的降低意味着贸易成本的减少，将使得一些非贸易商品变为可贸易商品。Huria 和 Brenton（2015）运用经济计量方法得出高水平的基础设施、人力资本和制度生产率也能提升出口多样化水平。

事实上，制度和贸易的关系也一直是学界研究的焦点。De Groot 等（2004）发现两个制度相似的国家能够促进双边贸易平均增加 13%，制度的相似性使两国更愿意进行贸易。优越的制度可以作为一国的比较优势，Quy 和 Levchenko（2006）认为在基于制度比较优势的贸易中，发达国家能够比发展中国家获得更多分工和交换的利益。Segura（2006）分析得出具有低效制度的国家的贸易开放可能会导致更差的经济政策，并通过建立模型重点阐释低效率制度如何影响一国国际贸易在经济增长中的作用。Ali 和 Rahman（2014）证明制度质量是国际贸易的重要组成部分，好的制度在贸易中起着积极的作用，而由于腐败、不完善的合同执行等，差的制度质量会减少国际贸易。Soeng 和 Cuyvers（2018）运用柬埔寨 1996—2015 年的面板数据分析了柬埔寨的制度和出口表现的相关性，通过引力模型证明监管质量、腐败控制、法治和政府效率以及政治的稳定性都与柬埔寨的出口具有正相关关系。Álvarez 等（2017）分析了 1996—2012 年 186 个国家特定行业的双边贸易流量，得出制度质量影响双边贸易，并且随着时间推移，制度的影响力逐渐增加。

通过对以上文献的整理，本章发现，现有文献分析了出口多样化对贸易的作用、出口多样化的驱动机制，以及制度对贸易的作用，但鲜有文献从制度角度分析其对于出口多样化的影响，因此，本章拟从制度角度，利用全球 160 个国家 2000—2017 年的面板数据，分析制度对出口多样化的普遍影响。

7.3　模型构建及说明

7.3.1　模型设定

本章主要研究制度对出口多样化水平的影响，因此，本章的被解释变量为出口多样化产品数（Number of production），重要的解释变量为制度的民主指数（Polity）。通过对已有文献的分析，发现了以下可能对各国商品与服务的出口多样化水平产生影响的因素，因此，本章还加入了一些其他控制变量：国内生产总值（GDP）、出口贸易额（Export）、边界出口时间（Export time）、边界出口成本（Export cost）、外商直接投资流量（Foreign direct investment）、贸易自由（Trade liberalization）。采用2000年至2017年，涵盖世界上160个国家情况的面板数据进行分析。本章主要以借鉴现有文献，采用定量与定性相结合的方法，构建如下模型：

$$Variety_{it} = \alpha_0 + \alpha_1 Polity_{it} + \alpha_2 \ln(GDP)_{it} + \alpha_3 \ln(export)_{it} + \alpha_4 Cost_i + \alpha_5 Time_i + \alpha_6 FDI_{it} + \alpha_7 Liberalization_{it} + \varepsilon_{it} \tag{7-1}$$

式（7-1）中下标 i 表示不同国家，t 表示不同年份，α_0 表示截距项，α_i 表示回归系数。$Variety$ 表示各国的出口多样化产品数量，$Polity$ 表示一国的制度水平，$\ln(GDP)$ 表示国内生产总值的自然对数值，$\ln(export)$ 表示一国出口贸易额的自然对数值，$Cost$ 表示一国进行跨界贸易的通关成本，$Time$ 表示一国进行跨界贸易的通关时间，FDI 表示一国的外商直接投资流量，$Liberalization$ 表示一国的贸易开放水平，以签订自由贸易协定的数量来衡量，ε_{it} 表示误差扰动项。

7.3.2　变量的选取与数据来源

样本的相关数据库统计了从1948年至今共200多个国家，但由于其他数据的可获得性，剔除缺失数据之后，本章选取了2000—2017年全球160个国家的动态非平衡面板数据进行分析（见表7-1）。

表7-1　　　　　　　　　变量含义与数据来源

变量类型	变量名	变量含义	数据来源
被解释变量	Variety	国家i时间t出口多样化水平	UNCTAD 数据库
解释变量	Polity	国家i时间t制度民主指数	INSCR 数据库
控制变量	ln（gdp）	国家i时间t国内生产总值	世界银行WDI数据库
	ln（export）	国家i时间t货物及服务出口额	世界银行WDI数据库
	FDI	国家i时间t外商直接投资流量	世界银行WDI数据库
	TA	国家i时间t签订的贸易协定数量	WTO 数据库
	Cost	国家i出口通关所需成本	Doing Business
	Time	国家i出口通关所需时间	Doing Business

资料来源：作者整理。

1. 被解释变量。

本章的被解释变量为出口多样化水平（Variety），根据以往研究，出口多样化水平有多种方式可以表示，不同学者有不同的衡量方式，目前暂无统一的标准。有的学者通过直接计数法，即选定一种国际贸易产品分类标准，通过该标准下细分的产品类别直接加总，用所得数来衡量各个国家在不同年份的出口多样化水平，大多数文献将直接计数法的数据应用于稳健性检验之中。应用不同方法所得出的出口多样化水平将随着不同的分类标准而有所不同，本章选取的出口产品数量数据来自联合国贸易和发展会议（UNCTAD）数据库中的货物与服务出口多样化数据，出口产品数量以 SITC，Rev. 3 level 为标准进行计算。

2. 解释变量。

本章的主要解释变量为制度民主指数（Polity），表示一国的民主和专制水平。该指数包括对以下方面的综合估量：行政执行、政治竞争和执行约束。由于修正前的指数存在特殊数值（-66，-77，-88 等），因此本章选取的是修正后的制度民主指数，民主得分在 -10 到 10 的区间内，得分越高表示该国家的民主化程度越高。制度民主指数数据来源于社会冲突综合研究数据库（IN-SCR）。

3. 其他控制变量。

为了更加准确地研究制度民主水平对出口多样化水平的影响，本章拟控制以下变量：

（1）出口贸易总额（export）。相对于出口贸易总额较小的国家，一国的出口贸易总额越大，显示出一国的出口贸易量越大，而其出口产品的多样水平也会相对越高，因此出口贸易总额水平的提高在一定程度上会促进出口产品的多样化。本章的出口贸易总额数据选取 2010 年美元计价的各国实际出口贸易额。数据来源于世界银行 WDI（World Development Indicators）数据库，单位为亿美元，采用取对数处理。

（2）国内生产总值（GDP）。一国的国民收入水平体现了该国的国民经济的总体水平，因此也会对该国的出口多样化水平产生影响。本章的国内生产总值数据选取 2010 年美元计价的各国实际 GDP。数据来源于世界银行 WDI 数据库，单位为亿美元，采用取对数处理。

（3）边界出口时间（Export time）。边界出口时间指的是海关和其他机构完成对指定产品的通关与检查的总时间的估计，这些估计反映了有关健康、安全、合格性的检查情况，通关的时间耗费将对出口的多样性产生一定的影响。数据来源于世界银行的 Doing Business 数据库，单位为小时（h）。

（4）边界出口成本（Export cost）。边界出口成本指的是海关和其他机构完成对指定产品的通关与检查的总成本的估计，这些估计反映了有关健康、安全、合格性的检查情况，通关的成本耗费将对出口的多样性产生一定的影响。数据来源于世界银行的 Doing Business 数据库，单位为美元。

（5）外商直接投资（Foreign direct investment）。外商直接投资（FDI）是指企业或个人在一个国家对另一个国家的商业利益进行的投资。外商直接投资通过国外资本的流入，能够促进资金的积累，东道国在积累资本后，能够应用于生产效率和能力的增加，因此会对出口产品种类和数量的生产产生影响。数据来源于世界银行的 WDI 数据库，单位为亿美元。

（6）贸易自由（Trade liberalization）。一国的贸易壁垒将对本国的进出口贸易产生影响，贸易壁垒的减少、贸易自由化的提高将会促进国家的进出口贸易的增长。两个国家签订的贸易协定将通过消除关税等贸易壁垒，提高其自由贸易水平，因此本章选取2000—2017年各国之间签订的贸易协定的数量来衡量这一指标。该数据来自世界贸易组织（World Trade Organization）数据库中 the Regional Trade Agreements Information System（RTA – IS 数据，见表7 – 2）。

表7 – 2　　　　　　　　各变量的描述性统计

变量	均值	标准差	最小值	最大值	观测值个数
Diverse	173.206	75.449	5	406	2880
Polity	3.821	6.218	-10	10	2880
ln（gdp）	24.49	2.128	19.90	30.48	2880
ln（export）	23.36	2.377	14.76	28.55	2880
Time	55.90	52.84	0	288	2880
Cost	379.5	331.8	0	1975	2880
FDI	100.989	381.5928	-394.82	7340.1	2880
Liberalization	1.436	3.069	0	24	2880

数据来源：结果由 Stata14.0 给出。

7.4 实证结果分析

7.4.1 回归分析

1. 基础回归。

本章的被解释变量为出口多样化水平,核心解释变量为制度民主指数,其他变量均为控制变量,故第一个模型只把制度民主指数作为解释变量,第二个模型再加入其他控制变量。由于面板数据包含截面变动和时间序列变动,首先需要进行模型的识别,对该面板数据进行混合回归检验,回归结果明显拒绝原假设,因此该面板数据使用随机效应模型更优。进一步对该面板数据进行豪斯曼检验,回归结果明显拒绝原假设,故在对本章的数据进行分析时,应该使用固定效应模型,而非随机模型。

本章根据式(7-1)对该面板模型进行回归,结果如表7-2所示。模型1为固定效应模型回归结果。通过 White 检验和 Wooldridge 检验可知,样本存在异方差和自相关问题。为同时处理异方差和自相关问题,提高回归结果的有效性和参数估计的显著性,本章利用面板矫正误差(Panel Standard Corrected Errors,PCSE)估计方法对样本进行回归,结果如模型2所示(见表7-3)。

2. 动态分析。

由于一国的出口多样化水平的变化是一个动态的过程,当下的贸易环境状况和过去的出口多样化水平都会对其变化产生相应的影响,因此本章拟在模型中加入被解释变量的滞后一期进行研究,该模型变为动态面板回归模型。为了解决内生性的问题,本章采用 GMM(Generalized Method of Moments)估计来解决,分析结果如模型3(见表7-3)。

表7-3 制度对出口多样化影响回归表

变量	FE 模型1		PCSE 模型2		GMM 模型3
Polity, α_1	1.422738*** (7.35)	0.4897223*** (2.91)	1.086525*** (4.77)	0.9236658*** (4.72)	0.3704608** (2.31)

续表

变量		FE 模型 1		PCSE 模型 2	GMM 模型 3
ln（gdp），α_2		22.75998*** (13.10)		18.20183*** (12.33)	11.37929** (2.07)
ln（export），α_3		10.90023*** (10.34)		7.080246*** (5.52)	8.955153*** (4.11)
Cost，α_4		−0.4664516* (−1.04)		−0.0424006*** (−6.77)	−0.6824041* (−1.81)
Time，α_5		−0.3020465* (−1.53)		−0.1116181** (−2.36)	−0.3085645 (−1.54)
FDI，α_6		−0.0026959* (−1.91)		−0.0045912** (−4.83)	−0.0035027*** (−3.66)
Liberalization，α_7		−0.3713512* (−1.91)		0.8345499* (2.05)	0.6158816** (2.84)
Constant，α_0	167.8242*** (205.88)	−631.4089*** (−3.92)	148.0939*** (50.83)	−426.3676*** (−23.78)	−215.066 (−1.03)
Country fixed effects	Yes	Yes	Yes	Yes	Yes
Observations	2880	2880	2880	2880	2880

注：括号内数值为 t 值，***、**、* 分别表示在 1%、5%、10% 水平上显著。

表 7-3 为公式（7-1）下的分析结果，上述回归结果显示，核心解释变量制度对出口多样化水平有显著的正向提高作用，并且通过了 1% 的显著性检验，这表明一国的制度是否民主，对于出口多样化水平的高低有明显的促进影响。一国的制度民主得分越高，则出口产品种类数量也会提高，出口多样化的水平将会上升。在影响出口多样化水平的控制变量中，国内生产总值（GDP）和出口贸易总额（Export）以均在 1% 的置信水平上保持显著，并表现为促进作用。以签订的自由贸易协定数量衡量的贸易自由化水平的回归结果，表明了一国签订的贸易协定数量的增加能够提高该国的出口多样化水平。边界出口成本、边界出口时间，以及外商投资流量的增加均阻碍了一国的出口水平的提高。

7.4.2 稳健性检验

1. 变量替换。

式（7-1）中，国内生产总值（GDP）在回归中对出口多样化水平表现出显著的促进作用，在稳健性检验中，本章拟应用人口总数（Population）对国内生产总值（GDP）变量进行替换。通过简单回归分析显示，人口总数取对数值与国内生产总值取对数值存在显著的正相关关系，并且通过1%的显著性检验。将该变量进行替换后，模型如式（7-2）所示：

$$Variety_{it} = \alpha_0 + \alpha_1 Polity_{it} + \alpha_2 \ln(population)_{it} + \alpha_3 \ln(export)_{it} + \alpha_4 Cost_i + \alpha_5 Time_i + \alpha_6 FDI_{it} + \alpha_7 Liberalization_{it} + \varepsilon_{it}$$

$$Innovation = \ln 1 + RDj + \ln(1 + patentsj) \quad (7-2)$$

变量替换之后的回归结果如表7-4所示。该回归结果表明，制度对出口多样化的影响在1%显著性水平上呈现正相关关系，即说明制度越民主化，越能够促进出口多样化水平的提高。将国内生产总值替换成人口总量，回归结果仍然不变，进一步验证了该结论的成立。

表7-4 制度对出口多样化影响回归分析表（人口替换变量）

变量	式（7-2）
Polity，α_1	1.006853 *** (5.97)
ln（population），α_2	7.037273 *** (6.56)
ln（export），α_3	18.0569 *** (24.95)
Cost，α_4	-0.0473477 *** (-6.58)
Time，α_5	-0.1773008 *** (-3.31)
FDI，α_6	-0.0030606 *** (-4.33)
Liberalization，α_7	1.140697 *** (2.76)
Constant，α_0	-347.184 *** (-22.54)
Country fixed effects	Yes
Observations	2880

注：括号内数值为t值，***、**、*分别表示在1%、5%、10%水平上显著。

2. 增加控制变量。

参考现有的文献,一国是否为内陆国家会对该国的出口多样化产生影响。交通设施是一国贸易的基础,因此当一国为内陆国家时,其运输条件与非内陆国家相比受到一定的制约和限制,导致了其运输成本的上升,出口所需的贸易成本也会上升,这将会在一定程度上限制出口多样化水平的提高。因此本章拟加入 landlocked 虚拟变量,若一国为内陆国家,则 landlocked 值为 1,否则为 0。增加该虚拟变量后,进行内陆国家和非内陆国家的分组回归,其中内陆国家共 31 个,非内陆国家共 129 个。回归结果如表 7-5 所示。该回归结果表明,将内陆国家和非内陆国家分组后,制度对出口多样化的影响均在 10% 显著性水平上呈现正相关关系,增加了控制变量之后,回归结果仍然不变,进一步验证了该结论的稳健性。

表 7-5　制度对出口多样化影响回归分析表(增加控制变量)

Variables	Landlocked Country	Non-landlocked Country
Polity,α_1	0.6112035* (1.77)	1.05443*** (4.30)
ln(gdp),α_2	33.06699*** (8.59)	15.68557*** (7.88)
ln(export),α_3	1.858028 (0.81)	6.579898*** (3.84)
Cost,α_4	-0.0395946 (-1.51)	-0.0515306*** (-6.16)
Time,α_5	-0.1623217** (-2.95)	-0.1793842*** (-3.15)
FDI,α_6	-0.000143 (-5.35)	-0.0052636*** (-5.31)
Liberalization,α_7	4.869464*** (3.32)	0.3560029 (1.05)
Constant,α_0	-672.243*** (-11.69)	-341.1459*** (-16.26)
Country fixed effects	Yes	Yes
Observations	558	2322

注:括号内数值为 t 值,***、**、* 分别表示在 1%、5%、10% 水平上显著。

7.4.3 小结

实证结果显示,虽然核心解释变量制度民主指数在回归结果中的系数较小,但其对一国的出口多样化水平有显著的促进作用。该结果表明,一国的制度的民主程度,将会影响该国的出口多样化水平,一国的民主程度越高,其出口多样化水平也会提高。Krugman(1979)利用 Dixit and Stiglitz(1977)效用函数和垄断竞争的市场结构进行研究,发现贸易开放将导致更多的商品通过其竞争优势参与进口和出口贸易。一个国家的民主得分越高,在一定程度上表明这个国家的贸易开放水平越高。商品的出口在制度较民主的、贸易开放水平较高的国家受到的限制也相对较少,而且这样的国家会鼓励商品出口。贸易开放将会使原来由于政策限制的不可贸易商品变为可贸易商品,因此增加了出口产品多样化的种类。

贸易协定签订的数量越多,一国的出口多样化水平也越高。贸易协定的签订存在于两国或多国,本章的研究数据并未将这两种协定分开统计。贸易协定的主要目的之一是消除贸易壁垒,贸易壁垒指的是国家对商品的国际贸易所设置的限制条件,包括关税、技术壁垒等。贸易国家通过减少关税,扩大与每个国家的贸易产品,可使得进行贸易的两个国家的出口更多样化。原因是:通过签订贸易协定,贸易壁垒得到消除、贸易成本有所减少,则合约各国的商品的流动性将会增强,原来进出口受到阻碍的商品,在一定条件下该障碍将会消除,从而促进进出口产品种类的提高。

实证结果表明,一国的国民生产总值、人口规模与出口多样化水平呈现正相关关系,即国民生产总值或人口规模越大,一国出口多样化水平将越高。克鲁格曼假定企业具有规模效应,生产成本将随着产量的增加而下降,Melitz(2003)提出各个行业间和行业内的产品存在异质性。鉴于这些研究及假定,结合效用函数、需求函数和要素市场均衡等条件可得到,企业生产的产品数与消费人数正相关。当人口规模增大,即消费人群增多且消费者的购买力上升时,将会出现更多的消费人群和更多样的消费需求,因此,企业为了满足消费者的消费需求,对消费品种类的供给也会上升,从而实现利润最大化。同时,更大的市场规模使得生产者能够从规模经济中受益,因此,为了扩大消费市场,不同种类的商品将会被出口,由此出口产品的多样化水平也会提高。

一国的外商直接投资流量对一国的出口产品多样化有阻碍作用。在全球经济化的环境下，一国可通过引进外资获得资本的积累，从而实现生产水平的提高。由于国际贸易需要相应的资本实力、良好的贸易环境等，因此相比于出口贸易，企业将会优先选择进行国内贸易。当引进外商投资时，企业会通过改进原有的技术生产水平，提高现有产品的生产率，实现规模效应和规模报酬递增。因此，外商直接投资流量的增加能直接促进一国生产率的提高，但较难提高一国的出口产品的多样化水平。

回归结果显示，边界出口成本、边界出口时间均对一国的出口多样化水平的提升产生阻碍作用。边界出口成本和边界出口时间是海关和其他机构完成对指定产品的通关与检查的总成本和总时间的估计，出口成本和时间的增加会导致商品的贸易成本的增加。当某一商品的贸易成本增加后，出口企业对该商品的生产意愿将会下降，产量的下降将引起规模报酬递减，而该商品的出口也会受到影响，因此导致出口多样化水平的下降。

7.5　进一步研究

本章研究数据所涵盖的 160 个国家中，包括 127 个发展中国家和 33 个发达国家，发达国家的数量只占 1/4，该情况可能导致发达国家的结果由于国家数量较小而受到大部分发展中国家的数据影响。因此本章将 127 个发展中国家和 33 个发达国家的数据进行分组回归分析，回归结果如表 7-6 所示。

表 7-6　制度对出口多样化影响回归分析表（分组回归）

Variables	Developed country	Developing country
Polity, α_1	0.7903804 * (1.73)	0.9580021 *** (5.14)
ln (gdp), α_2	2.19152 *** (3.13)	22.50851 *** (11.07)
ln (export), α_3	6.127652 *** (7.41)	5.695313 *** (3.50)
Cost, α_4	-0.014122 (-1.26)	-0.0348707 ** (-4.79)

续表

Variables	Developed country	Developing country
Time, α_5	-0.161086 (-1.48)	-0.1006378 ** (-2.05)
FDI, α_6	-0.0002712 * (-1.75)	-0.0159016 (-3.66)
Liberalization, α_7	-0.8025636 *** (-4.53)	1.08861 ** (2.30)
Constant, α_0	22.09668 * (1.82)	-501.909 *** (-19.82)
Country fixed effects	Yes	Yes
Observations	594	2286

注：括号内数值为 t 值，***、**、* 分别表示在 1%、5%、10% 水平上显著。

分组后的回归结果显示，发达国家和发展中国家的制度的民主得分和出口多样化的水平呈现正相关关系。但发达国家的制度民主得分系数较小，且该指标仅通过 10% 的显著性水平检验，而发展中国家的制度民主得分系数较大，且通过 1% 的显著性水平检验。参考现有的相关文献，Aditya 和 Acharyya（2013）、Imbs 和 Wacziarg（2003）发现经济增长与出口多样化、出口专业化存在转折点，即出口多样化和经济增长的关系不是单一的。在经济增长达到某一较高临界程度时，一国将会更倾向于专业化出口。在表 7-6 回归显示中，随着发达国家签订的贸易协定数量的增加，对出口多样化水平具有阻碍作用。而相比于发达国家，发展中国家将更受益于出口的多样化。

7.6　结论与研究不足

近年来，许多学者致力于探究制度质量、制度环境等对国际贸易的影响机制，国家的制度对国家经济发展、社会发展有着决定性的作用，制度是国际贸易的重要组成部分，制度政策的改善将会开拓一国的贸易空间，而良好的制度更是国际贸易发展的基石；同时，多样化出口的重要性以及出口多样化水平的影响因素也是学术界研究的重点。现有文献较少将制度与出口多样化水平结合分析，因此本章拟从制度角度，探究其对一国出口多样化的影响。

本章以 2000—2017 年全球 160 个国家为研究样本，分析了制度民主得分对出口多样化水平的影响。制度民主得分越高表示该国家越民主，出口多样化水平以水平多样化的出口产品数进行测度，通过实证研究发现：

（1）一个国家的制度越民主，其出口多样化的水平越高。制度民主程度的提高，将给国际贸易带来更大的选择空间，即增加了贸易的开放度，且贸易的便利化水平将会提升，由此将使得更多的产品变得可贸易，也会使企业选择商品进行出口贸易，因此出口多样化的水平也会上升。

（2）相比于内陆国家，制度对非内陆国家的出口多样化水平的影响更大。由于内陆国家的地理位置原因，内陆国家的平均出口贸易额小于非内陆国家的平均出口贸易额，内陆国家进行出口贸易因为受到地理条件的制约，所以其出口贸易的发展没有非内陆国家的活跃。因此，对于出口贸易比较活跃的非内陆国家，制度的民主程度提高对其出口多样化水平的影响更大。

（3）相比于发达国家，制度对于发展中国家的出口多样化水平的影响更为显著。这与 Aditya 和 Acharyya（2013）、Imbs 和 Wacziarg（2003）发现发展中国家更受益于出口多样化的结论相符。

基于以上分析，本章提出以下建议：

（1）关注制度民主化程度的提高，能够促进国家出口多样化水平的上升。因此，若一国想要改善出口多样化水平，在一定程度上可以通过制度的民主化改善来实现。

（2）关注贸易成本的减少和贸易壁垒的消除，提高贸易便利化水平，能够提高一国的出口多样化的发展。一国可以通过减少对部分贸易产品通关的总成本和总时间，减少出口贸易流程的复杂度，从而提高出口多样化水平。通过签订贸易协定，消除关税等贸易壁垒，也能够促进出口多样化的发展。

（3）应根据国家的不同发展阶段决定国家制度的民主程度，由于发展中国家更能从多样化出口中受益，因此对于发展中国家，需要关注制度民主化程度的改善，制度越民主化，其出口多样化的水平越高。

本章的研究仍存在一定的局限性，日后的研究可以从以下几方面进行探究：

（1）本章研究的样本为全球 160 个国家，未将全部国家包括在内，存在个体的局限性。

（2）本章研究的时间范围为 2000—2017 年，时间跨度较小，各指标数据变化幅度较小，存在时间的局限性。

（3）本章研究的出口多样性产品数仅选择简便的直接计数方式统计，方法较单一，在日后的研究中，可以用其他指标度量出口多样化从而做出进一步的研究和检验。

（4）此外，本章探究的是制度对一国总体的出口多样化水平的影响，并未探究制度对不同的产业层面的影响，而制度对不同产业出口多样化的影响是否相同，在日后可以更加细致地关注、探究制度对各产业内和产业间出口多样化的影响。

（5）学术界出口产品多样化的测算包括水平多样化和垂直多样化，本章只关注了出口产品多样化的水平多样化，即产品数量的增加，并未测算出口产品垂直多样化，即出口质量的增加。可能存在部分产品在出口垂直多样化发生变化，而水平多样化中未发生变化，这样的情况将导致本章的探究统计中存在一定的遗漏和错误，在今后的研究中，笔者将通过更多的数据库进行数据收集、全面测算出口产品的多样化水平，使得结论更加科学和完整。

第8章 制度波动对贸易的影响研究

摘 要

世界经济一体化潮流的今天，国与国之间的经济联系越来越密切，国际贸易也变得越来越频繁。然而国际贸易不仅仅只是一个经济现象，它与政治、文化、制度、地理等因素息息相关。良好的国家制度被视为一个国家的比较优势，其对国际贸易具有促进作用；制度较好的国家之间的贸易量比制度较差国家之间的贸易量大。制度在经济领域发挥越来越重要的影响作用，国内外学者也围绕制度对贸易的影响展开了一系列的理论研究和实证分析，取得了重大的成就。但是，笔者发现，国家制度的波动对贸易的作用仍未得到经验验证，甚至少有文献提及。因此，研究制度波动对贸易究竟有何影响有着重大意义。本章将通过实证分析，来回答制度波动对贸易影响的问题。

本章基于1948—2013年世界贸易数据与制度数据，从全球角度研究了制度波动如何影响世界各国的贸易量。本章采用规范分析和实证研究相结合的方法，对收集的数据进行回归分析。运用面板数据回归技术、固定效应模型处理内生性问题，经过稳健性检验，最终得出可信度较高的结论。笔者研究表明：制度波动幅度对贸易量有负面影响，无论是出口国还是进口国，制度波动越大，会使得其贸易额越小。因此，制度的波动减弱了国家之间的贸易流量，弱化了制度作为国家贸易的比较优势。

8.1 引 言

自从 1978 年改革开放以来，中国经历 40 年的迅速发展，取得了被世界所认可的成绩，这不仅促进了中国经济的迅速发展，也推动了世界经济更上一层楼。中国采用"引进来"和"走出去"相结合的战略，发挥中国劳动力成本低的优势，拉动国内各行各业迅速成长，为中国对外贸易打下了坚实基础。中国的进出口额飞速上升，外贸依存度也越来越大，中国经济的繁荣昌盛很大程度上依赖对外贸易的迅速发展。

但是，中国这些年来的对外贸易发展也并非完全一帆风顺，例如 2008 年世界金融危机爆发之后，中国的外贸增长程度大幅度下滑，使得 2009 年的对外贸易形势更加严峻，再例如 2018 年中国与美国产生贸易摩擦，中美贸易战的开始，也对中国的国际贸易产生非常严重的影响。

随着经济全球化的到来，国与国之间的交往越来越密切，经济领域也随之在形式和内容等方面发生各种转变。国际贸易表面上表现为国与国之间的进出口贸易额，以及贸易方向的变化，实际国际贸易与国家之间政治、经济、地理、文化等方面有着紧密联系。传统的贸易理论很难解释现在的贸易问题，因为它把制度排斥在假定之外，所以很多贸易问题难以获得合理的解释[①]。而制度经济学派认为从历史发展的角度上来看，制度对贸易的发展有着十分重要的影响，制度也应该成为经济研究的重要组成部分。制度理论的引入，极大地促进贸易理论的发展。虽然以往的学者们对于经济、国际贸易和制度之间的关联做出过相关研究，但很少有学者进一步深究制度波动对于贸易的具体影响。因此，研究制度波动对于贸易的影响有理论上的重要意义。

本章的研究目的是研究制度波动对于贸易的影响，具体而言，主要研究双边贸易的情况下，两国的制度波动对于单边贸易额的影响，是正向影响还是负向影响，影响的程度如何。

本章将研究内容分为三个部分。第一部分为文献综述。本部分将历来与贸易

---

① 耿孟辉：《文化差异、制度差异对中国进出口贸易的影响分析》，浙江工商大学，2016 年论文。

和制度相关的文献根据制度、制度波动、制度对国际贸易的影响三个层次进行了梳理。并得出最终评价。第二部分为变量的选取和模型的构建，本部分介绍了与制度相关的概念，标明了本部分实证研究所采用的数据来源，并采用公式给出了衡量核心解释变量——制度波动的计算方法，并以此作为衡量制度波动的指标。选取适当的被解释变量、核心解释变量和控制变量，并构造模型。第三部分为实证分析，更深层次地从定量的角度研究制度波动对于贸易有何影响。本部分使用第二部分选取的变量，构造扩展的贸易引力模型，进一步通过对数据的检验选择固定效应模型，利用统计数据进行回归分析，处理变量之间存在的内生性，最终进行稳健性检验，确定了模型具有稳健性。第四部分为机制分析，分别从制度波动通过影响人力资本从而影响贸易，以及制度波动通过影响交易成本从而影响贸易两个角度，进一步分析制度波动究竟是如何影响贸易的。第五部分为结论与对策，通过以上章节的研究，得出本章的最终结论：制度波动会对出口国以及进口国的贸易均产生负向影响。作者根据这个结论，提出有建设性意义的对策与建议。

本章以制度和贸易的相关理论为基石，采用定性与定量相结合，规范分析和实证研究相结合的方法，选择恰当的模型，运用面板数据进行回归分析。实证研究和规范分析相结合的方法，在制度经济学范畴内非常重要，尤其是实证分析，更是本章的重中之重。本章首先对文献进行梳理、分析和总结，从经济学常识上定性分析了制度波动对于贸易有何影响，并通过定量研究，运用面板数据固定效应模型、稳健性检验处理内生性问题，从而进一步分析制度波动对于贸易的定量影响，最终得出结论。

8.2 文献综述

在过去几十年中，经济学家们对于贸易政策的研究并不仅仅局限于经济层面，而是已经扩展到将经济与政治视角结合起来进行分析，但对于制度和贸易之间到底有何关系，学术界目前仍然存在一定的争议。

8.2.1 制度

在社会经济领域中，制度发挥着相当重要的作用，但是学术界都是围绕各自的研究视角来界定制度，至今为止还没有形成完全一致的定义。North（1900）认为制度是社会博弈和游戏的规则，应遵循某些特定的要求和合乎伦理道德的行为规范，这些约束用来限制人们的社会活动。作用是规范人们的行为，降低行为的不确定性，使人们对于自己的行为形成稳定的预期，激励人们积极地参与经济活动。他提出的正式制度以及非正式制度的概念被人们广泛接受，其中，正式制度是明文规定的，经济活动的参与者必须遵守的规则，也是具有国际强制力，使之能够确保实施的法律条例，主要包括经济制度、法律制度和政治制度。而非正式制度是人们在交往中自发形成的限制，体现了在经济活动中约定俗成的价值观、信仰与规范，包括禁忌、习俗，并不具有强制性，是靠道德规范来约束人们的行为的。他认为，有效率的、所有权结构清晰的经济组织，是经济增长的关键。而有效率的经济组织的创造离不开经纪人的理性选择。当预计收益大于预计成本的情况下，主体才会有创建新制度的可能。而创建出来的有效率的经济组织，会对个人的各方面的经济活动产生激励作用，进一步促进经济发展。Scott（1995）提出了管制、规范和认知制度，管制指的是法律条款，具有强制力的对于人的约束；规范是通过约定俗成的各个标准，引导教化人们；而认知是在自身的知识储备基础之上，进行的决策和判断。2006年世界银行基于学界的研究结论，制定了全球化治理指标，用来衡量国家或者地区的政治制度水平，包括民主议政程度、政治稳定性、政府效率、监管质量、法制环境、腐败控制等6个子指标。

8.2.2 制度波动

Gilles（2015）认为，虽然制度的性质是半永久性的，但确实会发生变化，这些变化在金融市场和实体经济中都有影响。此外，制度变化可能不是线性的，但可能会经历一系列的启动和停止，在一个经济体和整个社会经济关系中产生波动性、不可预测性和不确定性。Brunetti和Weder（1998）研究了国家级别上的政治制度的变化，包括宪法变化和制度转变的可能性（基于调查数据），他们发现宪法变化（即政治波动）与增长呈负相关关系。Svensson（1998）研究了政治制度的波动性，模拟了政治制度对经济制度的影响，他的研究结果指出了制度波动对投资的负面影响，意味着即将发生的政治变革（来源于Probit模型）有可能损害产权的形成，进而影响投资决策。Berggren（2012）进一步研究制度的不稳定对于增长的影响，他使用了一组由主成分分析（PCA）构建的制度措施的变异系数来代表 5 年内的不稳定，并使用了具有固定效应和控制其他宏观经济影响的 GLS 估计量。他发现，富裕国家法律和政策机构的不稳定实际上对更高的增长率有很大贡献，而社会机构的不稳定则是整个经济增长的阻力。Chung 和 Beamish（2005）发现，在新兴经济体跨国决策的背景下研究制度的动态性质，发现无论是全资子公司还是大多数国内合资企业的公司，比大多数外国公司更能经受制度波动。

8.2.3　制度对国际贸易影响的研究

近些年来，有学者开始研究制度对于国际贸易的影响和作用机制。Azmat 和 Prasad（2006）从实证方面研究了制度质量对于国际贸易的影响，通过使用固定效应模型，分析了太平洋岛国进口、出口和贸易的决定因素，研究发现制度质量的提高对贸易的扩大具有正向作用。潘镇（2006）分析了制度对于双边贸易的影响，发现制度质量越高越能促进双边贸易的发展。Groot，Linders 和 Rietveld（2005）采用引力模型进行了实证研究，对制度和贸易的因果效应进行了梳理，发现了减少交易不确定性的制度，对于降低交易成本方面至关重要。此外，制度环境的相似性可以降低不熟悉程度、降低交易成本。有效保护产权的制度可以减少国际交易的不安全性，以及降低交易成本。他们将制度有效性的度量纳入一个标准的重力模型中，得出的结果是与双边贸易流正相关且显著。

Cepr 和 Manchin（2013）使用了一个扩展的泊松估计量，并运用 Probit 回归，发现出口取决于制度质量，低制度质量会限制市场准入。余淼杰（2010）采用一个基于民主的增广引力模型，这是第一个将民主纳入理论基础上的引力方程，使用了合理的工具变量解决内生性，并得出结论：民主化可以大幅度促使贸易得到增长。进口商的民主将通过取消贸易壁垒来促进贸易增长，一个高度民主的国家将是一个有利的国际贸易出口国，因为其拥有更好的产品质量和贸易信任。Ali 和 Rahman（2014）证明制度质量是国际贸易的重要组成部分。好的制度在贸易中起着积极的作用，而由于腐败、不完善的合同执行等行为，使较差的制度质量降低了国际贸易。制度差异是贸易国家比较优势的源泉。Ojeaga 和 Ogundipe（2013）说明了制度促进出口，但制度在促进出口方面的作用程度却参差不齐。促进出口的制度质量有效性（即互动变量）的结果也是混杂的。研究发现，虽然国际机构可能通过发展区域市场潜力来改善市场规模，但国内机构并没有这样做,而是增加了关税,造成对地区出口的负面影响。Londregan(2017)建立了一个政治网络模型,该模型明确区分了政治制度对广泛和密集贸易利润率的影响。我们的模式着眼于促进跨境生产和销售产品人员之间交流的贸易趋势。对于民主政体和巩固的专制政权来说,这不会造成或几乎没有威胁。Soeng 和 Cuyvers(2017)研究得出,柬埔寨的出口受到各种制度的积极影响,即法治、控制腐败、政府效力、政治稳定和管理质量。Kim,Londregan 和 Ratkovic(2016)通过对标准引力模型协变量的控制,发现政治制度对广泛的边际贸易具有稳健而显著的影响,而与集约边际贸易存在这种联系的证据较弱。

8.2.4 评价

从对文献的总结中我们可以发现,学者们对于制度的研究越来越深入,随着制度质量衡量方法的不断发展和进步,结果日益具有广泛的说服力。我们可以得出结论,制度已经在国际贸易中担任了重要角色。

然而,现有文献还存在非常多的不足。上述文献均是研究制度对于贸易量的影响,笔者尚未发现从制度波动角度分析制度的波动性对于贸易量的影响。制度对于贸易量的影响已经有学者研究,制度波动对于贸易量又是怎样的影响?基于这样的研究理论及背景,本章利用制度数据计算制度波动,从全球视角分析制度波动对于贸易的影响。本章在以下几个方面有所改进:第一,利用离差平方公式计算制度波动;第二,以往研究基本是基于某几个国家地区,而本章数据几乎涵盖全球,从全球角度考察制度波动性对于贸易的普遍影响。

8.3 变量选取与模型构建

8.3.1 引力模型的简单介绍

引力模型[①]来源于牛顿物理学的理论,即两个物体之间的引力,与两者的距

---

① 物体间的引力和质量成正比,和距离成反比。

离成反比,而与二者的质量成正比。由此延伸而来的贸易引力模型,即两国之间的贸易额,与两者的距离成反比,和两国各自的经济总量成正比。基本模型为:

$$\ln X_{ij} = \alpha_0 + \alpha_1 \ln Y_i Y_j + \alpha_2 \ln D_{ij} + \varepsilon_{ij} \tag{8-1}$$

在式(8-1)中,X_{ij}的含义是i国到j国的出口贸易总额,Y_i和Y_j分别表示着i国和j国的GDP总量,D_{ij}表示i国和j国之间相隔的地理距离(一般采用两个国家之间的首都距离表示两国距离),α_0是常数,α_1和α_2是对应自变量的系数,ε_{ij}是模型的随机误差项。随着引力模型的发展,越来越多的解释变量被加入模型中,例如,人均收入,国家之间是否接壤,是否有共同语言等。在本章的实证研究中,由于本章采用固定效应模型,所以在模型中剔除了不随时间改变的两国距离,也加入了其他自变量,因此,本章采用延伸的贸易引力模型。

8.3.2 变量与数据

1. 变量的引入。

本章为了探究制度波动对于贸易的影响,选取一国(国家1)对另一国(国家2)的出口额(*exp1to2*)作为被解释变量,为了使数字方便计算,故而取自然对数(ln*exp1to2*)。本章的解释变量为两国的制度波动(*volatility*1 和 *volatility*2),制度波动需要通过两国的政体指数(polity1 和 polity2)来计算,政体指数取自政体数据库的最新数据。政体数据库是政治科学研究广泛使用的资料集。目前最新的版本为 Polity Ⅳ 包含所有总人口数大于50万人的所有独立国家民主水平的年度资讯,涵盖自1800—2011年的时间系列集。笔者通过对已有文献的分析,发现了两国的国民收入对各国贸易活动产生影响,且根据常识,国民收入也确实对贸易额会产生影响。因此,本章还加入了两个国家的国民收入(*gdp*1 和 *gdp*2)作为控制变量,为了使数字方便计算,依旧取自然对数(ln*gdp*1 和 ln*gdp*2)。在后文的稳健性检验部分,笔者则做变量替换,采用两个国家的人均国民收入(ln*gdppc*1 和 ln*gdppc*2)代替国民收入(ln*gdp*1 和 ln*gdp*2)纳入方程进行回归。

本章采用政体数据库 Polity Ⅳ 的民主水平的得分作为政体指数,政体指数区间范围为 –10 到 10 之间,区间外的数据需要全部剔除。政体指数反应国家政治稳定程度,得分越高越稳定,一国的政体指数得分越高则表明该国的民主化程度越高。国家 1 对国家 2 的出口额（exp1to2）和 GDP 都是以 2010 年美元计价得出的数值，单位为亿美元。样本的相关数据从 1948 年开始统计，因此本章选取 1948—2013 年全球 200 多个国家的动态非平衡面板数据进行分析，如表 8-1 所示。

表 8-1　　　　　　　　变量名称及数据来源

类别	名称	变量	定义以及数据来源
被解释变量	国家 1 对国家 2 的出口额（亿美元）	$lnexp1to2$	世界上 200 多个国家出口贸易额的自然对数值，数据来源于 WDI
解释变量	国家 1 的制度波动	$volatility1$	根据 polity1，采用公式计算出来的制度波动，polity1 来源于 Polity Ⅳ
	国家 2 的制度波动	$volatility2$	根据 polity2，采用公式计算出来的制度波动，polity2 来源于 Polity Ⅳ
控制变量	国家 1 的国民收入的自然对数（亿美元）	$lngdp1$	国家 1 国内生产总值（现价美元）的对数，数据来源于 WDI
	国家 1 的国民收入的自然对数（亿美元）	$lngdp2$	国家 2 国内生产总值（现价美元）的对数

2. 模型的构建。

本章采用 1948—2013 年，涵盖世界上 200 多个国家贸易量的面板数据进行分析。本章主要借鉴现有文献的方法，采用定量与定性相结合的方法，构建如下模型：

$$\ln(exp1to2_{it}) = \alpha_0 + \alpha_1 volatility1_{it} + \alpha_2 volatility2_{it} + \alpha_3 \ln(gdp1)_{it} + \alpha_4 \ln(gdp2)_{it} + u_i + v_t + \varepsilon_{it} \quad (8-2)$$

式（8-2）中下标 i 表示不同国家，t 表示不同年份，α_0 表示截距项，α_i 表示回归系数。$\ln(exp1to2)$ 表示国家 1 对国家 2 出口贸易额的自然对数值，$volatility1$ 表示国家 1 的制度波动，$volatility2$ 表示国家 2 的制度波动，$\ln(gdp1)$ 表示国家 1 的国民收入的自然对数值，$\ln(gdp2)$ 表示国家 2 的国民收入的自然对数值，u_i 表示个体固定效应，v_t 表示时间固定效应，ε_{it} 表示误差扰动项。

根据经济学理论常识，制度波动越大越不利于一国贸易，即 α_1 和 α_2 应为负数。GDP 表示该国的经济规模发达程度，经济发达国家可能更倾向于采取自由贸易政策，经济不发达甚至是落后的国家采取贸易保护政策的动机更强。因此，经济越发达的国家会进行更多的进出口贸易，即 GDP 与出口贸易额之间呈正相关关系，α_3、α_4 应为正数。

8.3.3 制度波动性的计算

本章运用 Hartwell（2018）里面衡量波动性的方式，来计算制度波动[①]。

计算制度波动使用的公式为：

$$volatility = (r_{it} - \bar{r}_{it})^2 \qquad (8-3)$$

$$\bar{r}_{it} = \log\left(\frac{p_t}{p_{t-1}}\right) \qquad (8-4)$$

式（8-4）中，p 是政体指数 polity 的简写，p_t 是 t 时刻的自变量，p_{t-1} 是自变量滞后一期。式（8-3）中，$\bar{r}_{it}$ 是 r 的平均数。$volatility$ 是 r 的离差平方，也是衡量波动性的变量。

8.4 实证分析

8.4.1 描述性统计

针对各变量进行描述性统计，表 8-2 给出了各个变量的平均值、标准差、最小值和最大值。由表 8-2 可以看出，各变量的数据存在明显差异。

表 8-2　　各变量的描述性统计

变量	变量含义	观测值个数	均值	标准差	最小值	最大值
lnexp1to2	贸易量的自然对数（亿美元）	650000	1.6582	3.5453	-27.9670	12.7346
volatility1	国家1的制度波动	1000000	0.0315	0.2445	0	5.2600
volatility2	国家2的制度波动	1000000	0.0315	0.2445	0	5.2600

---

① Hartwell, Christopher A. (2017). The impact of institutional volatility on financial volatility in transition economies. Journal of Comparative Economics.

续表

变量	变量含义	观测值个数	均值	标准差	最小值	最大值
$lngdp1$	国家1的国民收入的自然对数（亿美元）	1100000	24.7792	2.0587	19.0688	30.2538
$lngdp2$	国家2的国民收入的自然对数（亿美元）	1100000	23.6739	1.8348	19.0688	30.1227

8.4.2 多重共线性检验

为了防止出现异方差问题，本章对所有变量从数据源头进行控制。同时，为了避免自变量之间的多重共线性[1]对模型的参数估计、假设检验和显著性造成严重影响，所以需要首先对于面板数据进行共线性检验。通过考察方差膨胀因子值来判断，一般而言，判断多重共线性的标准是：①最大的 VIF > 10；②平均的 VIF > 1，两个标准必须同时满足。

通过检验，发现变量之间不存在严重的共线现象，如表8-3所示。

表8-3　　　　　　　各变量的多重共线性检验

变量	变量含义	VIF	1/VIF
$volatility1$	国家1制度波动	1	0.996
$volatility2$	国家2制度波动	1	0.997
$lngdp1$	国家1国民收入的自然对数（亿美元）	1	0.999
$lngdp2$	国家2国民收入的自然对数（亿美元）	1	0.999
Mean VIF		1	

8.4.3 Hausman 检验

因为本章使用非平衡的面板数据，而面板数据模型包含固定效应模型[2]和随机效应模型[3]，为了检验哪种模型可以更好地解释样本数据，需要先进行模型的识别，本章需要根据 Hausman 检验的结果来进行判断。

---

① 多重共线性是指线性回归模型中的解释变量之间由于存在精确相关关系或高度相关关系而使模型估计失真或难以估计准确。
② 在面板数据线性回归模型中，如果对于不同的截面或不同的时间序列，只是模型的截距项不同，而模型的斜率系数是相同的，则称此模型为固定效应模型。
③ 随机效应模型把固定的回归系数看作是随机变量。

Hausman 检验主要依据 H 统计量的数值判断是否接受原假设。原假设 H_0：个体效应与回归变量无关（选择面板随机效应回归模型）。备择假设 H_1 个体效应与回归变量相关（选择面板固定效应回归模型）。在给定的显著性水平下，如果 $H > X_\alpha^2(k)$，则应该选择固定效应模型；反之，当 $H < X_\alpha^2(k)$ 时，应该使用随机效应模型。

基于以上假设，对于总样本数据进行检验可知，Hausman 检验的 P 值为 0，拒绝原假设。所以，所有模型均应该设定为固定效应模型。

8.4.4 回归分析

本章的被解释变量为国家 1 对国家 2 的出口贸易额，核心解释变量为国家 1 和国家 2 的制度波动，其他变量均为控制变量，故第一个模型只把两国制度波动作为解释变量，第二个模型再加入其他控制变量，第三个模型采用固定效应模型，第四个模型采用随机效应模型。以固定效应模型为主，其他模型仅作为对照作用，回归结果如表 8-4 所示。

表 8-4　　　　　　　　制度波动对贸易影响回归表

变量	模型 1	模型 2	模型 3	模型 4
$volatility1$	-0.4331*** (-21.52)	-0.0968*** (-6.27)	-0.0275*** (-3.11)	-0.0256*** (-2.88)
$volatility2$	-0.3092*** (-15.52)	0.0224 (1.46)	-0.0373*** (-4.25)	-0.0339*** (-3.85)
$\ln gdp1$		1.0180*** (518.84)	0.3921*** (50.47)	0.6467*** (119.31)
$\ln gdp2$		0.9112*** (448.60)	0.8617*** (132.99)	0.7138*** (150.90)
_cons	1.7591*** (369.99)	-46.5682*** (-644.03)	-29.2989*** (-262.96)	-33.3227*** (-327.39)
N	572,019	536,890	536,890	536,890
R^2	0.0012	0.4563	0.1646	0.1632

注：*** 表示在 1% 水平上显著，** 表示在 5% 水平上显著，* 表示在 10% 水平上显著，括号里为标准误。

最后的回归方程结果如下所示：

$$\ln(exp1to2_{it}) = -29.2989 - 0.0275\, volatility1_{it} - 0.0373\, volatility2_{it} +$$
$$0.3921 \ln(gdp1)_{it} + 0.8617 \ln(gdp2)_{it} + u_i + v_t + \varepsilon_{it} \quad (8-5)$$

本章的核心解释变量是两国的制度波动,制度波动对贸易有显著的负面影响。当其他控制变量加入回归方程时,结论仍然成立,并且加入控制变量后 R^2 得到了显著提升,说明拟合优度得到了明显提高,回归方程的其他参数的正负性也大致符合经济理论。

国家1的制度波动每增加一个单位,国家1对于国家2的出口额显著减少2.75%;国家2的制度波动每增加一个单位,国家1对于国家2的出口额显著减少3.73%。控制变量加入了两国的国民收入,所估计的参数符号和经济理论结果相匹配。从方程里可以得知,出口国的国民收入每增加1%,出口贸易额就增加39.21%;进口国的国民收入每增加1%,出口国的出口贸易额就增加86.17%。

以上结果表明,出口贸易水平强烈依赖于本国和贸易伙伴的制度波动大小,以及它们的经济发展水平。当制度波动越小,国家的经济发展程度就越高,从而会促进贸易额的增长。

8.4.5 内生性问题

模型中是否存在内生性问题[①],需要进一步检验。一方面,如果一国贸易的出口额多,一定程度上会促进国家经济发展,从而使得一国政体更加稳定,制度波动减小,即存在反向因果关系。另一方面,本章最初设定的模型有可能遗漏了关键解释变量,从而产生内生性。因此,本章选取适当的工具变量,并采用两阶段最小二乘法(2SLS)进行回归检验,用来处理方程中存在的内生性问题。笔者分别选取出口国和进口国的制度波动的滞后两期变量,作为制度波动的工具变量,检验结果如表8-5所示。模型3是固定效应模型,其他模型均为对照:模型1只引入核心解释变量,模型2采用OLS回归,模型4采用随机效应模型。

表8-5　　　　　制度波动对贸易影响回归表(已处理内生性)

变量	模型1	模型2	模型3	模型4
$volatility1$	-9.6231*** (-7.46)	-3.1497*** (-4.10)	-4.2449*** (-3.91)	-3.1497*** (-4.10)
$volatility2$	-13.0903*** (-7.02)	-4.1867*** (-3.31)	-6.7962*** (-3.46)	-4.1867*** (-3.31)

---

① 模型中的一个或多个解释变量与随机扰动项相关。

续表

变量	模型1	模型2	模型3	模型4
lngdp1		0.7588*** (75.12)	0.3555*** (19.01)	0.7588*** (75.12)
lngdp2		0.6456*** (52.02)	0.7600*** (29.69)	0.6456*** (52.02)
_cons	1.0003*** (14.37)	-34.2121*** (-62.07)	-25.5914*** (-25.95)	-34.2121*** (-62.07)
N	521838	493082	493,082	493,082
R^2	0.0006	0.0473	0.0473	0.0473

注：*** 表示在1%水平上显著，** 表示在5%水平上显著，* 表示在10%水平上显著，括号里为标准误。

处理内生性之后，笔者发现，出口国与进口国的制度波动对于出口贸易额的负向影响仍然十分显著，两国GDP仍然对出口贸易额有着正向影响，且依旧显著。这个结论与基准方程的结论完全吻合，由此我们可以得出，制度波动对于贸易额确实存在显著的负向影响，此结论仍然成立。

8.4.6 稳健性检验

本章采用改变变量的方法进行稳健性检验①。对于方程中衡量一国经济发展水平的变量，用两国的人均收入（gdppc1 和 gdppc2）代替两国的国民收入（gdp1 和 gdp2），替换原本的控制变量，从而进行稳健性检验，如表8-6所示。模型3是固定效应模型，其他模型均为对照：模型1只引入核心解释变量，模型2采用OLS回归，模型4采用随机效应模型。

表8-6　　　　　制度波动对贸易影响回归表（对照）

变量	模型1	模型2	模型3	模型4
$volatility$1	-0.4331*** (-21.52)	-0.0511*** (-2.75)	-0.0259*** (-2.95)	-0.0262*** (-2.98)
$volatility$2	-0.3092*** (-15.52)	0.0607*** (3.28)	-0.0312*** (-3.58)	-0.0301*** (-3.46)
ln$gdppc$1		1.0708*** (295.18)	0.8639*** (115.77)	0.9481*** (140.57)

---

① 稳健性检验考察的是评价方法和指标解释能力的强壮性，也就是当改变某些参数时，评价方法和指标是否仍然对评价结果保持一个比较一致、稳定的解释。

续表

变量	模型 1	模型 2	模型 3	模型 4
ln$gdppc2$		0.7582***	1.2783***	1.1946***
		(208.83)	(191.62)	(194.53)
_cons	1.7591***	−14.3525***	−16.7135***	−18.0739***
	(369.99)	(−332.07)	(−284.99)	(−306.24)
N	572019	536890	536890	536890
R^2	0.0012	0.2092	0.1781	0.1778

注：*** 表示在 1% 水平上显著，** 表示在 5% 水平上显著，* 表示在 10% 水平上显著，括号里为标准误。

稳健性检验的结果表明，采用替代变量进行回归时，出口国与进口国的制度波动对于贸易的影响仍起到较为稳健的抑制作用，其他变量的系数也仍然显著，系数符号也与基准回归相同，且符合经济学常识。说明即使改变变量衡量方式，原模型仍然稳健，结论依旧成立。

8.5 机制分析

为什么制度波动会减少国家之间的贸易量？笔者认为，制度波动越大，说明一国政局越不稳定，政府工作效率低下，国家的安全稳定得不到保障。贸易的准入量下降，非关税壁垒增强，交易风险和交易成本上升，贸易量下降。制度也为人力资本的形成提供了保障，制度通过强制或者非强制的方式，实现了人力资本投入产出的良性循环，制度的波动会导致人力资本无法得到合理配置，进而使得经济效率受到损害。再者，制度的基本作用之一就是降低交易成本，把阻碍交易的因素尽可能地降低。另外，制度的不稳定会造成信息的不完全，信息的不对称会造成寻租现象，搜寻成本会越来越大，毁约的可能性也会增大。综上所述，有效的、稳定的制度，能够通过减少机会主义，减少信息的不对称，从而降低交易成本，促进贸易的良好发展；反之，不稳定、波动越大的制度，会增加交易成本，使得国家之间的贸易遭受负面影响。

8.5.1 制度波动通过影响人力资本从而影响贸易

人力资本是现代经济领域非常重要的因素，如果一国受到了制度波动的影响,那么这个国家的社会发展,以及财富积累也会受到影响。而如果此国的制度比较稳定,那么激励社会对人力资本的投入,使得国家的经济得到进一步发展。从宏观层面的角度来看,制度通过强制或者非强制的方式,规定政府、企业、家庭和个人在人力资本投资方面的权责和收益归属。从微观角度来看,制度也为微观主体的人力资本投资提供了良好的保障。人力资本投资的微观主体才愿意对人力资本做出投资,进而给社会经济带来正的外部性。制度规范了经济主体的行为,并保障竞争的公平,可以减少各种不确定性和经济风险,激励经济主体进行经济活动,推动经济发展。进一步而言,制度越稳定,经济主体与其他国家进行国际贸易的动机越大。所以,稳定的制度通过促进人力资本在经济活动中的活跃程度,来推动一国经济贸易的发展。

8.5.2 制度波动通过影响交易成本从而影响贸易

贸易往来存在一定的交易成本,所以国家制度的稳定程度也是影响贸易的关键因素之一。制度越稳定,人们活动的可预见性就越强,信息不对称性的情况就会越少,阻碍交易进行的各种因素也会减少,因此,机会成本也就越少。另一方面,产权制度越稳定,会方便人与人之间的交易,当资源的归属非常明确之后,事前定价和事后维权的费用会大大减少。此外,国际贸易会存在各种风险与不确定性,信息问题也相当严重,制度不稳定的情况下,信用环境会变得恶劣,贸易的完成需要大量的寻租成本,制度越不稳定寻租成本越大,违约的概率也越大。

8.6 结论和政策建议

8.6.1 结论

本章通过对文献的梳理,总结了国内外对于制度与国际贸易关系的研究现状,并对于制度波动和贸易的联系进行了更加深入的研究探索,根据相应的理论基础,对制度的波动对于贸易的影响进行了实证研究,得出以下结论:

随着经济全球化的日益发展，国与国之间的经济贸易活动逐渐深化，政治方面的因素对国际贸易的影响越来越大。政治是国际贸易的重要组成部分，而制度波动则会对一国的经济贸易产生影响。因此，更稳定、波动更小的政治制度可以促进贸易发展；制度波动程度越大，对于贸易发展越不利。此外，通常情况下，发展中国家的制度波动幅度比发达国家大，因此对于进出口市场的准入量较少，贸易受到限制，这意味着制度波动更小的国家在国际贸易中表现更好。

政治制度对于经济的影响是普遍的，例如繁琐的规章制度和挑剔的官僚机构常常被视为非关税壁垒，这将极大程度地影响贸易准入量。政治波动对于贸易的影响也可能是由于政治波动对于国际交易风险的影响，政治波动越大，国际交易风险也就越大。那么，政治制度的波动如何影响贸易量？笔者认为，制度是设计产生的，用以最大限度地发挥主体在经济领域中的作用，经济制度可能依赖于政治制度例如司法机构。政治制度集中在政治权力的规则和程序上，例如选举规则，以及对于行政人员的约束等，这些制度都将影响经济发展。国家级别的政治机构变化，包括宪法变迁和制度变迁，即宪法变革（政治波动）与贸易增长呈现负相关，因为制度波动存在损害产权的可能性，影响人力资本与交易成本，从而对贸易造成负面影响。

8.6.2 对策建议

中国对外贸易要迈向一个新的台阶，从贸易大国转变为贸易强国，就必须在制度方面进行修改和进步。根据前文的理论分析以及实证结果分析，为了促进中国对外贸易得到更稳定、更长远的健康发展，作者提出以下建议：

中国在进行国际贸易时，需要加强对于贸易伙伴之间的了解，不仅了解对方的经济实力，更要了解对方国家的政治制度、经济制度等诸如此类各项制度的实施情况，提高中国产品在其他国家的认可度，减少贸易摩擦从而降低贸易成本，提高贸易量。

随着中国在世界贸易地位的逐渐提高，我们必须不断进行对于制度的创新、探索，寻找更加稳定，民主程度更高的制度，才能适应当今世界贸易的发展潮流，充实、完善和调整法律规定，完善国家的法律环境，不断完善贸易协商制度和贸易摩擦应对制度，规避由于制度波动导致的对贸易的不良影响，巧妙应对贸易摩擦，增进彼此之间的了解，深化互惠互利，合作双赢，逐渐消除各种非关税壁垒。

本章以制度波动作为出发点，为政治对经济贸易的影响提供了新视角，这一战略也可以应用在其他经济决策领域。

第9章 制度转型对贸易的影响研究

摘 要

自 North（1990）提出"丢失的贸易之谜"以来，制度与贸易的相互关系一直是学者们研究的热点之一。而本章在研究制度与贸易的相互关系时，所关注的重点则为制度变迁会对贸易产生的影响。考虑到数据的可获得性以及指标对制度的解释力度等，本章将选取 Polity Ⅳ指数作为制度质量的衡量指标，即本章所需研究的制度变迁实质上是民主转型。

为了更好地对民主转型进行政策效果评估，本章将选用多期双重差分法实证研究民主转型对贸易的影响程度。在实证的过程中，本章发现了民主转型并不能对国际贸易产生显著影响，而且一些相关的估计系数也并不符合经济理论，但其控制变量的回归结果则表明了一国的 GDP 能对该国的贸易进出口产生显著的正向影响，同时，固定资产也有利于一国的贸易进口。

为了更好地解释模型中可能存在的问题，本章对模型进行了平行趋势假定检验、国家的异质性检验，以及机制检验。但平行假定趋势检验仅能表明在政策实施前期，民主转型并不能显著影响一国的国际贸易，且无法证明在政策实施后期，民主转型会对贸易产生的影响。在考虑到国家间存在的异质性问题后，模型的回归结果仍然表明民主转型对贸易并不存在显著的影响机制，但在对控制变量进行回归分析时，我们发现一国的 GDP 能明显促进该国的贸易进出口；而一国固定资产的增长则会明显抑制中上等收入及高收入国家的贸易出口，笔者认为这是因为中高收入国家固定资产的增长可能会造成该国的资产设施等过剩的后果，从而影响到一国的生产能力及贸易出口。考虑到民主转型可能会通过 GDP、资产等中间指标对一国的贸易产生影响，本章将对民主转型与 GDP、固定资产的相关关系进行机制检验,检验结果表明民主转型并不是通过 GDP、固定资产这两个指标影响贸易的。本章的实证结果似乎表明了民主转型并不能显著地影响一国贸易,即间接地证明了制度变迁对一国的贸易并未产生显著的影响。

9.1 引 言

国际贸易理论一直处于不断完善的过程中,其经历了古典国际贸易、新古典国际贸易、新贸易,以及新兴古典贸易理论这四大阶段。古典国际贸易理论主要以完全竞争市场为前提,侧重于解释产业间贸易;但逐渐完善的新兴古典贸易理论则深入到从要素禀赋、人力资本、信息技术、产业结构、专业化分工等角度解释贸易利益的产生来源。但不断发展的国际贸易理论依然不能很好地解释"丢失的贸易之谜",这主要是因为其忽略了一个重要因素——国家的制度差异会对贸易进出口产生的重要影响。

North(1990)围绕着制度以及经济发展的相关关系进行分析,表明制度在实施的过程中,会影响到政治、经济、文化等制度的设立,从而会对一国的进出口贸易产生影响。此后,学者们也开始重视制度在国际贸易中发挥的重要作用,制度与贸易的相互关系也就成为国际贸易学所研究的重点之一。相关的研究表明,如果一个政体具备合适的制度,则该政体的稳定性、公平指数、工作效率等也会相应提高,从而降低交易成本,改善该国的贸易环境,有利于该国贸易流量的提高(Anderson 等,2002;Jansen 等,2004;Krenz,2016)。而制度是指一种限制人们行为的规范准则,其质量的大小是无法进行具体测量的,但我们可以通过其他指标去衡量一个国家的制度质量好坏。现在衡量一个国家制度质量的指标主要 Kaufmann 指标、全球风险治理指标、国际风险指南等,这些指标均测量了一个国家民众的参与度以及选举的透明度等。为了能在时间跨度上充分满足研究的需求,本章将采取 Polity Ⅳ 指数作为衡量一个国家制度质量的指标,并研究一个国家在经历重大的制度变迁后,该国贸易流量所受到的影响程度。

技术进步在提高产品本身生产率的同时,还促进了国家间的贸易往来,进一步加快了全球化的进程。经济全球化使得全球各个国家形成"你中有我，我中有你"的基本格局，降低了国家间进行国际贸易的交易成本。交易成本的降低使得各国要素禀赋的比较优势得以充分发挥，有利于全球生产率的提高，从而促进世界经济的发展。而且各国在交换最终产品的同时，也交换了中间投入，这就使得世界的经济网络越发复杂，世界经济受国际贸易的影响程度也在逐渐提高。在过去的两个世纪中，贸易在不断地增长，已经彻底改变了全球经济，截止到 2014 年，国际贸易的出口量较 1913 年增加了 4000 多倍，全球出口商品的价值也已经接近全球经济产出的 25%。

Smith 提出的绝对优势理论和 Ricardo 提出的比较优势理论奠定了国际贸易研究的理论基础，而 Mill 提出的"互惠需求"概念、Marshall 制定的标准供需曲线等理论则进一步完善了国际贸易理论。此后，奥地利学派将机会成本引入供需均衡模型，这为 H－O 理论的提出奠定基础，证明了要素决定交易商品的价格竞争力。当时，这些理论还是能较好地解释国际贸易的一些相关现象。自第二次世界大战爆发以来，全球化进程越发明显，国际贸易以及国际分工都发生了较大的变化，很多经济现象都无法用传统的国际贸易理论进行解释。Leontief（1953）发现美国进口的资本劳动比率高于出口的资本劳动比率，这与 H－O 理论的观点阐述是相悖的，这种现象被称为里昂惕夫悖论。该悖论刺激了大量的实证研究，这些研究考察了不同国家和时期的进出口因素，但研究结果均是进一步证实了悖论的合理性（Bowen 等，1987；Duchin，1990；Trefler，1993）。学者们试图从不同的角度对此反常现象做出合理的解释，Keesing 从劳动效率差异化角度、Kenen 从人力投资差异化角度、Posner 从技术差异的角度、Vernon 则从产品生命周期的角度来解释该现象，但这些角度均不能很好地解释"贸易丢失之谜"。

自从 North（1990）提出制度对贸易的作用机制后，学界开始试图从制度差异化的角度对"贸易的缺失之谜"进行解释。学者们曾从产权、政治、经济、文化、制度变迁等角度对制度的作用机制进行探讨，认为这些因素的差异化均能直接或间接地对一国的贸易流量产生影响。其中经济制度能较为直接地影响该国的贸易流量，Easterly 等（2003）认为一国的政策自由化有利于该国的贸易发展。

如果一些政体存在严重的腐败现象、信息不对称等问题时，在该国进行国际贸易则要面临较高的交易成本，这会严重影响该国的贸易质量。如果大部分的研究均表明了制度差异会对国际贸易流量产生影响，欧盟、东盟、WTO等国际组织就会注意到制度的重要性，从而制定一些相关政策规范国家间的贸易行为。同时，一个国家也可以根据自身的实际情况制定相关政策规范其公民的行为，改善自身的贸易环境；企业也可以通过激励政策引进更多的优秀人才。

国际贸易理论一直处于不断发展的阶段，要素禀赋、科技创新程度、教育水平等均被认为是影响国家贸易量的重要因素，但同时我们也不能忽略国家的制度差异性也会对国家间的贸易额产生较大的影响。而本章与其他研究制度与贸易相关关系的文献有所不同，本章是从民主的角度出发研究民主转型对贸易产生的影响。该研究能为现有的制度与贸易关系的研究提供一个较新的角度，虽然已有相关学者对民主与贸易的关系进行研究，但针对民主转型与贸易关系进行实证分析的文献寥寥无几，这也是本章的创新点之一。

制度和贸易之间存在着相互促进的关系，适宜的制度将有利于一国进行国际贸易，但我们仍然无法得知在制度变化阶段会对贸易产生怎样的影响。而制度与民主之间的关系是相辅相成的，制度变迁往往意味着民主转型，故本章将以民主转型阶段作为衡量一国的制度变迁时期的指标，实证研究制度变迁对贸易的影响机制。

首先，本章回顾了制度与贸易的相关文献，发现民主与制度之间存在着较为密切的关系，故本章将使用民主作为制度的衡量指标。在对理论基础进行概述后，本章将实证分析民主转型对贸易流量的影响机制。其次，为了有效地避免实证模型中可能存在的内生性问题，本章将使用双重差分法实证分析制度变迁对贸易的影响程度。在实证分析后，本章还需要对模型的稳定性进行检验，以确定该模型是有效的；同时，本章将对模型进行机制检验，以判断民主转型是否会通过影响其他变量，从而间接地对一国的贸易流量产生影响。最后，本章将对一些重要观点进行归纳总结。

9.2 国内外研究进展

Anderson 和 Marcouiller（2002）通过研究政府制度的透明性，以及司法机关制定制度的可实施性对该国贸易额的影响程度发现，一个国家的制度质量会对贸易产生重大影响。一个制度质量相对较高的国家（或地区）一般会具有更加廉洁的政府机构，且机构的执行力相对较高，在该国进行国际贸易时所产生的制度成本是相对较低的，从而促进该国的国际贸易额。

Rodrick（2004）使用工具变量法对国家的制度、地理位置及贸易水平进行估算，测量三者对全球收入水平的影响程度，研究表明制度是影响全球收入水平的最重要因素。而一个国家的收入水平与其进出口贸易额之间是存在相辅相成的作用的，即一个国家的制度与贸易之间会存在着直接或间接的影响关系。Bhattacharyya（2009）在对制度和贸易的相关关系进行研究时发现，贸易和制度之间并不是存在着相互竞争的关系，而是存在着相互补充的关系，当一个国家的制度质量高于某个水平时，该国的贸易有助于其经济发展。一个国家的制度质量一般是无法直接估量的，一般是通过该国的腐败指数、民众的政治参与强度、选举的公开性等相关指标进行估量的，这些指标和一个国家的民主化程度的测量较为相似，即一个国家的制度与其民主化程度之间存在较大的关联。Yu（2010）发现一个国家的民主对其制度质量的提高具有促进作用，即一个国家的民主化程度越高，该国的制度质量也就相对越高。

在经济学的相关文献中，我们可以发现民主是有利于促进一个国家的经济发展的。Rodrick 和 Wacziarg（2004）的回归分析结果表明，民主并没有使低收入国家、种族分裂国家等的经济增长速度减缓，相反，民主化有利于短期经济增长，以及降低经济波动。Acemoglu（2014）对往年研究民主与经济增长的实证模型进行误差修正后，仍然认为民主化有利于经济增长。Heshmati 和 Kim（2017）选取了 144 个较为发达的国家作为实证的样本，把静态和动态模型相结合起来估计其生产函数，实证结果表明民主会对一个国家的经济产生较大的积极的影响，但贸易却在民主与经济增长之间起着负向的传导作用，这表明对民主国家和非民主国家的经济增长而言，贸易量的提高对前者的促进作用要低于后者。一国的贸易量与其经济发展程度相关，既然民主化有利于经济增长，那么民主化是否能有效提高其贸易量呢？

Milner 和 Kubota（2005）对发展中国家在 1970—1999 年的面板数据进行实证研究的时候发现，在劳动力丰富的进口国，其民主化程度越高，制度质量程度越高，对劳动者的保护力度也就越高，从而使进口贸易减少。但 Decker 和 Lim（2007）通过引力模型对民主和贸易的关系作实证分析，结果表明在对贸易的异质性进行有效控制后，民主化能有效提高贸易额。为什么会出现两种相悖的结论？Fritsch（2006）使用了1870—2000年的相关数据对贸易与民主全球化的关系进行实证分析，结果表明民主与贸易之间是存在着双向的积极关系的，但此结论并非在所有时期所有地区都成立（在布雷顿森林时代和劳动力稀缺的地区结论失效）。但是很多文献在研究贸易与民主之间的关系时，容易忽略模型自身存在的内生性，从而使实证结果产生偏差。

民主影响贸易有出口和进口两种渠道，出口国的民主化可以提高产品质量，使交易成本降低，从而促进贸易；而进口国的民主化为了实行本土保护主义，而增加贸易壁垒，从而降低贸易。Yu（2010）使用面板数据并通过控制民主的内生性，对民主与进出口的关系进行研究，发现民主能有效促进贸易。而Abeliansky和Krenz（2015）在使用了面板分位数估计框架的时候，发现在较低分位数时，民主和贸易存在着更强的相互关系（尤其是进口贸易），且民主化对贸易的影响是呈倒"U"形的，在民主化指数相对较高的时候，贸易额是边际递减的。

民主与贸易之间的关系看似是十分清晰的，但在一个国家的制度质量发生重大变化时（即民主转型），该变化对该国的贸易额产生的影响程度就非常具有研究意义了。以下章节将实证研究民主转型与贸易的相关关系。

9.3 模型、数据和变量

9.3.1 模型设定

为了更好地分析民主转型对该国贸易流量的影响程度，本章将分别研究民主转型对一国贸易出口额和进口额的影响，故本章的因变量为贸易出口额和进口额，重要变量则为一个国家是否历经民主转型。进口额与出口额的数据大小是显而易见的，但一国的民主化程度却是无法测量的，学界一般以自由之家和Polity Ⅳ指数对其进行衡量。自由自家在测量过程中，主要关注于自由和人权等问题，而且该指标的衡量方法并不是完全立足于客观事实的，存在一定程度的误差；而Polity Ⅳ则是更关注一国的制度本身，有利于研究一国的制度变化，而且该指数研究的时间跨度相对较大,有利于长期研究各国的民主变化。故本章将采用 Polity Ⅳ 指数作为衡量民主化程度的指标,再通过数据处理,使其成为可以衡量民主转型的重要变量。

Abeliansky 和 Krenz(2015)在对贸易和民主进行研究时,分析了 Acemoglu 等人对民主和贸易的有关论述,发现了以下的几个会对各国的贸易活动产生影响的因素:GDP、人口总量、资本与劳动力比率和民主的相互影响、土地与劳动力比率和民主的相互影响。理论经验也反映出一国的经济水平、贸易环境等,会对国家的贸易流量产生影响。在对一个国家的贸易流量进行研究时,我们可选取的变量较多,但本章考虑到数据的可获得性,以及可能存在的自相关问题,所选取的控制变量为 GDP 的年增长率,以及固定资产形成总额的年增长率。因为贸易的进出口主要是由该国的供需情况所决定的,而一国的 GDP 可以表示该国的收入水平,即该国的需求情况;一国的固定资产形成总额则可以表示该国的供给情况。

9.3.2 研究方法的选择

政策效果评估的方法一般为倾向得分匹配法(PSM)、工具变量法(IV)、断点回归法(RDD)、双重差分法(DID)。其中,PSM 一般用于研究观测数据,其能在减少偏差的基础上将实验组和对照组进行分类,从而有效地评估政策效果,但该模型成立的局限性条件相对较多。IV 能在处理内生性问题的基础上,推断相关变量的因果关系,但在实际应用时,难以为模型寻找到合适的工具变量。RDD 本质上为局部的随机试验,它能有效地推断断点处的因果关系,但该方法并不一定适用于断点外的其他样本。DID 在对政策效果进行评估时,虽然能较好地避免内生性问题,但在进行实证前需满足平行趋势假定这一基本前提。对这四种方法进行比较分析后,本章将选择双重差分法实证研究民主转型对贸易流量的影响。

常规的双重差分法一般可分为以下几类:2 期 2 组、2 期多组、多个时期 2 组、多期多组。其中,2 期是政策发生前后的两个时期,2 组是指只存在实验组和对照组两组实验。而本章所研究的样本为政策时点不同的多个国家,故本章应使用 2 期多组的 DID,即多期 DID。将根据 Beck 等(2010)提出的方法构建多期 DID 模型,方程的设定见式(9-1)所示:

$$Y_{st} = \alpha + \beta D_{st} + \delta X_{st} + A_s + B_t + \varepsilon_{st} \qquad (9-1)$$

式（9-1）中，下标的 s 表示不同的国家，下标的 t 表示不同的时间段，α 表示回归截距，β 表示民主转型对进出口贸易的影响程度，δ 表示控制变量对进出口贸易的影响程度，X 表示模型的控制变量，ε 表示误差扰动项。在发生政策变动的时候，进口贸易和出口贸易会受到不同程度的影响，两者甚至会呈现出一种反向变动的趋势，故本章在探讨民主转型对贸易的影响时，分别考虑民主转型对贸易进出口的影响，即 Y 在本章中表示国家的进口额或出口额。为了避免模型的多重共线性等问题，本模型将采用国家的个体固定效应 A 和时间固定效应 B 分别代替常规 DID 模型中的 treat 和 time 两个变量。而 D 则是本章的重点，其为 treat 和 time 的交互项。其中，1 表示国家经过民主转型后的时间点，0 则表示样本的其他时间点。在本章的模型设定中，实验组为经过民主转型的国家年份，而控制组则为没有经过民主转型的国家年份。

9.3.3　数据说明和描述性统计

本章所选取的数据主要来源为世界银行和政体数据集，除了 Polity Ⅳ 的相关数据来源于政体数据集外，其余数据均来自于世界银行。本章的初始样本为全球 217 个国家在 1960—2018 年的面板数据，在与 Polity Ⅳ 的相关数据进行匹配后，本章对初始样本进行了删减，经过初步整理后的样本为 145 个国家的面板数据。同时，为了保证数据的准确性以及增强数据的说服力，本章对一些国家独立前的相关数据进行了删减。此后，本章将通过观察 Polity Ⅳ 指数的变化情况，将初步整理的样本分为以下三类样本：存在民主转型、Polity Ⅳ 指数变化不明显、无法准确定义的样本。而本章所选取的研究对象则为前两类样本。

在基本选定了本章所要实证研究的样本后，还需要对存在民主转型的样本进行基本处理，即定义各个国家民主转型的年份，这也是本章的关键点。在定义民主转型年份的过程中，本章主要是比较分析某一国的 Polity Ⅳ 指数变动最大年份的前后情况，如果该国的 Polity Ⅳ 指数在该年前为负而年后则表现为正且处于稳定状态，则定义该年份为发生民主转型的第一年；反之，则观察 Polity Ⅳ 指数是否明显实现了从负值到正值的转变年份，如果该年的 Polity Ⅳ 指数也相对较大且后期的 Polity Ⅳ 指数较为稳定，则定义该年为民主转型的年份。

在基本确定数据的样本后,本章还需解决数据的缺失情况。对缺失数据进行处理的方法一般为直接删减数据和补齐数据两类,如果采用拟合的线性方程对数据进行补齐,将会使得数据样本存在着较多的异常值;如果直接删减数据,则会使得数据的样本容量大大降低,从而降低数据的解释力度。为了保证研究数据的准确性,本章将对缺失数据进行删减。在直接删减数据后,笔者发现了一个新的问题,即存在民主转型国家转型前的数据全部缺失的情况,为了更好地探讨民主转型对贸易的作用机制,本章将删除缺失民主转型前数据的国家。在经过一系列的剔除操作后,本章剩余的样本为103个国家在1961—2017年的部分数据。有关变量的描述性统计如表9-1所示:

表9-1　　　　　　　各变量的基本统计信息表

变量	变量含义	样本量	均值	最小值	最大值	标准差
Import（%）	商品和服务进口额年增长率	3803	6.291868	-69.5036	90.06849	12.72151
Export（%）	商品和服务出口额年增长率	3803	6.343792	-71.3549	444.3071	13.58453
reform	民主转型（虚拟变量0,1）	3803	0.261636	0	1	0.439583
Gdp（%）	国内生产总值年增长率	3803	3.839102	-34.8086	64.06846	4.33425
K（%）	固定资产形成总额年增长率	3803	5.661575	-76.3065	429.0563	15.94802

9.4　计量结果和分析

9.4.1　多期双重差分法分析

模型的回归结果如表9-2所示,本章使用了两种回归模型来评估民主转型对贸易进出口的影响,其中模型(1)仅显示了在个体和时间固定效应下的回归结果,模型(2)则是在模型(1)的基础上加入了会受国家和时间影响的其他控制变量。对于贸易进口,表9-2的结果表示,无论是否加入控制变量,民主转型皆不会对贸易出口产生显著影响。而对于贸易出口,表9-2的结果则显示,无论是否加入控制变量,民主转型皆会对贸易出口产生显著的负向影响,但模型(1)和模型(2)的回归系数绝对值都大于1,而本章的研究对象为贸易出口的增长率，即所得出的回归系数并不符合经济理论。笔者认为，出现这样的结果可能是因为模型自身的局限性问题、也可能是因为民主转型的滞后效应对国家的贸易额产生的影响、更可能是不同类型的国家对于民主转型的作用机制不一样等原因造成的。

表9-2　　　　　　　　　民主转型对贸易的总体影响表

变量	Import（%）		Export（%）	
	模型（1）	模型（2）	模型（1）	模型（2）
reform	-0.1940086 (1.153714)	-0.6586454 (0.7099998)	-1.963127* (1.070782)	-2.395327*** (0.8848161)
Gdp%		0.5823812*** (0.1521199)		1.425212*** (0.4619497)
K%		0.3124195*** (0.0720956)		-0.0731354 (0.0686824)
Constant	12.3474** (4.888853)	5.218929 (0.152)	6.657113*** (2.085348)	0.6476241 (2.178511)
Individual fixed effects	Yes	Yes	Yes	Yes
Period fixed effects	Yes	Yes	Yes	Yes
R^2	0.1148	0.3510	0.0809	0.2462
Observation	3803	3803	3803	3803

注：括号内的数值表示估计系数的标准误。*、**、*** 分别表示估计系数在10%、5%、1%的统计水平上显著。

本章将进一步分析控制变量对模型产生的影响，通过对比模型（2）与模型（1）中reform的显著水平以及R^2，本章发现控制变量除了能增强民主转型的显著性水平，还能增强方程的解释力度，即控制变量在该方程中是有效的。模型（2）表明了一国的GDP水平能显著地促进该国的进出口贸易，但GDP对出口贸易的影响程度明显高于进口贸易。本章认为，对于一国的进口额而言，GDP的增长能明显促进该国的消费购买力，从而增强其贸易进口额；而对于一国的出口额而言，GDP的增长意味着该国的生产能力在逐步增强，且投资额和需求的增加会为该国带来更多的生产力，连锁反应会使得该国的生产力大大增强，从而明显促进一国贸易出口额。而固定资产的增长能明显促进一国的贸易进口额，这可能是因为固定资产的增长使得该国的经济发展水平增强，从而促进该国进口贸易。

9.4.2 平行趋势假定检验

在使用双重差分法前,我们应对模型的平行趋势假定做出检验。平行趋势检验的方法一般为以下两种:一是通过比较控制组和实验组的因变量均值的时间趋势图,如果在政策实施前,两组的因变量均值呈现出相同的增长趋势,则证明模型符合平行趋势假定;二是通过比较交互项的估计系数时间趋势图,如果交互项系数在政策实施前不显著,则证明了模型存在平行趋势。由于本章实施政策的时点较多,故将使用第二种方法对模型进行平行趋势假定检验。

民主转型并不是在一个确定的时间点进行的,而是一个持续的过程,一般需要经过准备、决定和巩固的三个条件,即民主转型的滞后效应也会对贸易流量产生影响。由于本章的时间点较多,故将对民主转型前后的 15 年时间进行滞后分析,与其相对应的拟合回归方程设定如式(9-2)所示。其中 β_i 表示各时期的民主转型对贸易增长率的影响程度,D^{-i} 表示民主转型前的第 i 年,D^i 表示民主转型后的第 i 年。

$$Y_{st} = \alpha + \beta_1 D_{st}^{-15} + \beta_2 D_{st}^{-14} + \ldots + \beta_{30} D_{st}^{15} + A_s + B_t + \varepsilon_{st} \tag{9-2}$$

式(9-2)中拟合的回归系数 β_i 实际上就是交互项系数,即通过观察回归方程中估计系数的显著性情况就可以验证平行趋势假定是否存在。为了更直观地观测交互项系数的时间趋势,本章将对模型的回归系数以及其 95% 的置信区间进行图形绘制。民主转型对贸易进口的动态影响如图 9-1 所示,民主转型对贸易出口的动态影响如图 9-2 所示。在民主转型前的 15 年时间里,进出口贸易的交互项系数虽然并不一定等于 0,但其置信区间均经过 0 点,即表明在 D^{-i} 时期民主转型并没有对贸易进出口产生影响,即平行趋势假定得以验证。但是在民主转型后,其交互系数的置信区间大部分经过 0 点,这似乎说明了一国的民主转型并不影响其 D^i 时期的进出口贸易。笔者认为,这可能是因为民主转型的持续时间相对较长,在民主转型时,民主化对贸易的边际影响相对较低。因为民主化程度对贸易的影响是呈倒"U"形的(Abeliansky 和 Krenz,2015),即在民主化初期,民主对贸易的边际效应在逐步降低;在民主转型时,贸易对民主的敏感度在逐步降低,甚至可能为 0。

9.4.3 国家异质性检验

大部分的实证研究证明了民主与贸易之间存在着正相关关系;但也有相关

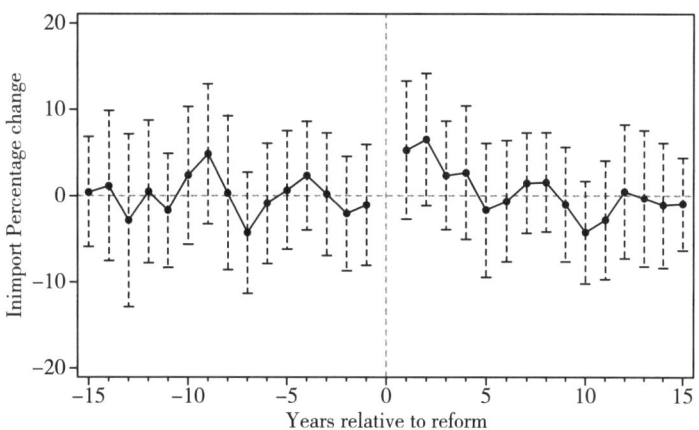

图 9-1　贸易进口的平行趋势假定检验图

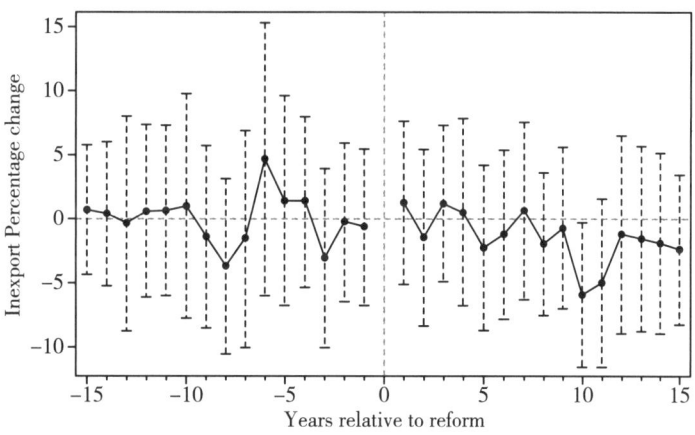

图 9-2　贸易出口的平行趋势假定检验图

文献认为部分低收入国家的民主转型会加剧一国的经济动荡，并不利于该国的经济贸易增长。由于国家的发展水平可能会影响到本章的实证结果，故本章将从国家发展水平的异质性角度，对上文所研究的国家进行分类，再对分类后的国家进行回归分析。有关低收入、中下等收入、中上等收入和高收入四类国家的回归分析结果如表9-3至表9-6所示[①]。在考虑了国家可能存在的异质性问题后，民主转型还是不能对贸易产生显著影响，且大部分回归结果的绝对值大于1，这并不符合经济理论。在对控制变量进行研究分析时，发现除了低收入国

---

① 本章将按照世界银行2017年7月1日的收入分组标准对国家进行分类，其分组标准为：低收入国家的人均GDP小于1005美元（指现价美元，下同），中下等收入国家的人均GDP为1006—3955美元，中上等收入国家的人均GDP为3966—12235美元，高收入国家的人均GDP大于12235美元。

家的 GDP 对贸易进口额没有产生显著影响外，其他国家的 GDP 均会对贸易产生显著影响，且总体上和国家分类的 5 个回归结果均表明了民主转型对贸易出口的影响程度高于贸易进口。而一国的固定资产增长率对各个国家的贸易进口额具有显著的促进作用，但对于中上等收入和高收入国家而言，固定资产增长率会对其贸易出口额产生显著的抑制作用。笔者认为，当一国的经济发展水平较高时，固定资产的持续增长会造成该国固定资产等设施过剩的后果，从而增加了该国生产的边际成本，这并不利于一国的生产力增长，同时会使得该国的贸易出口额降低。

表 9-3　　　　　　　　　低收入国家回归结果表

变量	Import（%）		Export（%）	
	模型（1）	模型（2）	模型（1）	模型（2）
reform	-0.216965 (2.852142)	-0.4496677 (2.294436)	-1.56549 (1.844896)	-1.312085 (1.722717)
Gdp（%）		0.1829988 (0.5464232)		0.9021615* (0.4352273)
K（%）		0.3148459** (0.1199885)		0.0737079 (0.1403546)
Constant	22.32424*** (0.9041012)	22.06041*** (2.548097)	-5.324663*** (0.6213969)	-8.979909*** (2.194842)
Individual fixed effects	Yes	Yes	Yes	Yes
Period fixed effects	Yes	Yes	Yes	Yes
R^2	0.1416	0.2617	0.1632	0.2363
Observation	314	314	314	314

注：括号内的数值表示估计系数的标准误。*、**、*** 分别表示估计系数在 10%、5%、1% 的统计水平上显著。

表 9-4　　　　　　　　　中下等收入国家回归结果表

变量	Import（%）		Export（%）	
	模型（1）	模型（2）	模型（1）	模型（2）
reform	-1.948557 (2.20778)	-2.364531 (1.595505)	-2.457031 (1.952218)	-2.750473 (2.010127)
Gdp（%）		0.2227827* (0.1301542)		1.807782* (0.8838734)

续表

变量	Import（%）		Export（%）	
	模型（1）	模型（2）	模型（1）	模型（2）
K（%）		0.2379784***		-0.0542383
		(0.0832401)		(0.0754183)
Constant	8.835384**	2.671489	12.26633***	-1.777487
	(3.819021)	(2.120883)	(4.227533)	(3.284891)
Individual fixed effects	Yes	Yes	Yes	Yes
Period fixed effects	Yes	Yes	Yes	Yes
R^2	0.1240	0.2825	0.0992	0.2954
Observation	984	984	984	984

注：括号内的数值表示估计系数的标准误。*、**、*** 分别表示估计系数在10%、5%、1%的统计水平上显著。

表9-5　　　　　　　　　　中上等收入国家回归结果表

变量	Import（%）		Export（%）	
	模型（1）	模型（2）	模型（1）	模型（2）
reform	0.114937	0.1819393	-2.361911	-1.992986
	(1.831712)	(0.9486946)	(1.728494)	(1.34898)
Gdp（%）		0.6421531***		1.331956***
		(0.1403318)		(0.1514141)
K（%）		0.4521092***		-0.1078609**
		(0.0595044)		(0.0486661)
Constant	2.472278	-2.477627	7.242903*	1.782763
	(3.888646)	(2.572835)	(3.566654)	(3.140331)
Individual fixed effects	Yes	Yes	Yes	Yes
Period fixed effects	Yes	Yes	Yes	Yes
R^2	0.1828	0.4747	0.1357	0.2839
Observation	1034	1034	1034	1034

注：括号内的数值表示估计系数的标准误。*、**、*** 分别表示估计系数在10%、5%、1%的统计水平上显著。

表9-6　　　　　　　　　　高收入国家回归结果表

变量	Import（%）		Export（%）	
	模型（1）	模型（2）	模型（1）	模型（2）
reform	-0.4649047	-0.3867017	-3.832139	-4.12171**
	(2.618238)	(0.751155)	(2.763834)	(1.938969)
Gdp（%）		0.7610379***		1.032482***
		(0.1547233)		(0.1008149)

续表

变量	Import（%）		Export（%）	
	模型（1）	模型（2）	模型（1）	模型（2）
K（%）		0.3620918***		-0.0962564**
		(0.0517377)		(0.0417406)
Constant	16.23885***	2.389418	11.90941**	4.945621
	(4.135963)	(2.726753)	(4.88829)	(4.407952)
Individual fixed effects	Yes	Yes	Yes	Yes
Period fixed effects	Yes	Yes	Yes	Yes
R^2	0.3101	0.6165	0.2342	0.3802
Observation	1471	1471	1471	1471

注：括号内的数值表示估计系数的标准误。**、*** 分别表示估计系数在5%、1%的统计水平上显著。

9.5 机制检验

由上文的研究分析可知，一国的 GDP 和固定资产均会对贸易产生显著影响，那么一个国家的民主转型就可能会通过影响一国的 GDP 和固定资产，而间接地对一国的贸易流量产生影响。本章将通过回归方程分别研究民主转型对 GDP、固定资产形成总额的影响程度，所得的回归结果如表9-7所示。表9-7的结果显示，一国的民主转型并不能显著地对一国的 GDP 和固定资产形成总额产生影响，即民主转型并不能通过这两个控制变量间接地对一国的贸易产生影响。

表9-7　　　　　　　模型的机制检验表

变量	GDP 的年增长率	固定资产形成总额的年增长率
reform	0.346432	0.8414371
	(0.4433889)	(1.45895)
Constant	4.917071***	13.65109***
	(0.8639115)	(4.834129)
Individual fixed effects	Yes	Yes
Period fixed effects	Yes	Yes
R^2	0.1137	0.0574
Observation	3803	3803

注：括号内的数值为标准误；*** 表示1%的统计水平上显著。

9.6 结 论

本章的主要目的是研究制度变迁对贸易的影响,由于一国的民主化程度与制度质量之间存在着相互作用的关系,故本章以一国的民主化程度来衡量其制度质量。为了更好地研究制度变迁对贸易的影响情况,本章引入了民主转型作为制度变迁的衡量指标。由于 Polity Ⅳ 指数的衡量标准能较好地反映一国的制度质量,本章采用了该指数对一国的民主转型时间点进行定义。即本章的研究重点为民主转型对贸易的影响机制,通过该实证研究,本章能较为准确地得出制度变迁与国际贸易间的相互关系。

本章通过多期双重差分法对民主转型与贸易的关系进行实证分析,但实证结果似乎都证明了一国的民主转型并不会对该国的贸易产生显著影响,即间接证明了制度变迁可能不会对一国的进出口贸易产生影响。本章的实证结果并不一定具有准确性,因为本章在处理数据以及构建方程时,存在着一些局限性。首先,本章在选取变量的时候,仅考虑到一些年化增长率的变量,这在经济学中难以分析解释变量对被解释变量的影响程度,例如,一国的贸易增长率下降并不能代表该国的贸易额下降。其次,本章的数据存在着严重的缺失值,这会使得本章的研究样本量大大降低,同时减弱了本章实证研究结果的可信度。再者,本章在定义各国民主转型的时间点时,仅考虑到了 Polity Ⅳ 指数变动最大的年份,以及其前后变动趋势,因此,对数据的处理并不严谨,这也会使得数据的科学性以及严谨性大大降低。最后,本章所采用的数据为非平衡面板数据,而经典文献使用多期双重差分法进行实证研究的样本一般为平衡面板数据,模型可能存在的设定偏误,这也可能会降低实证结果的可信度。

虽然本章的实证结果并没有证明民主转型与贸易间的相互关系,但本章的实证分析仍然是具备一定的现实意义的。在对民主转型与贸易的相关关系进行实证分析的过程中,本章发现在民主转型前期,一国的民主化水平会逐步增高,这会影响到民主对贸易的边际效应,从而降低贸易流量对民主化的敏感度。随着民主化程度的不断增强,民主对贸易的影响解释力度将会不断下降,在民主转型时,民主对贸易的边际效应可能接近于 0,这也能较好地解释为什么本章会出现民主转型与贸易之间不存在显著关系的结论。同时，本章在对国家的异质性进行检验时发现，固定资产的增长将会对中高收入国家的贸易出口产生负向影响，这也说明了当中高收入国家的固定资产增长率上升时，将会造成该国的资产设施等存在过剩的情况。一国在实施相关的政策时，应注意到固定资产过剩可能带来的后果，并结合自身的实际情况，制定出与该国的发展目标相匹配的有效制度。

第10章 海盗对贸易的影响研究

——基于中国企业行为的视角

摘 要

在以往的研究中,我们已经知道经济因素会对贸易产生各种正面或负面的影响,这种影响是很直接的,而非经济因素对贸易的影响则较为间接。近年来,随着国际政治关系愈加错综复杂,各种影响国际贸易贸易的非经济因素也逐渐浮出水面,与此相关的问题也逐渐成为学者们的关注焦点,而恐怖主义也是其中一个研究焦点。

本章使用2000—2006年受索马里海盗攻击的次数来估计海盗强度,发现2004年海盗攻击次数大幅增长。并通过分析中国所有工业企业2000—2006年的出口的月度数据,使用双重差分法(DID),将出口路线通过亚丁湾的国家(即受到索马里海盗影响的出口国)设为实验组,而将出口路线不经过亚丁湾的国家设为对照组,而政策冲击时点设为2004年1月。结果发现索马里海盗的猖獗降低了贸易的绝对量,但是相对贸易额却仍然上涨了约16%。继续分析其原因我们发现一个可能的解释是:外商独资企业、中外合作企业和中外合资企业在海盗增加时仍然倾向于增加出口相对量,而国有企业、集体企业、私营企业等出口均降低。

10.1 引 言

在过去的研究中,学者们的关注焦点往往是经济因素对贸易量的影响,一般来说都是研究商品价格、关税、配额、国家经济发展水平等因素对两国间贸易量的影响。而实际上影响贸易的因素有很多,不仅包含经济因素,政治、军事、制度等许多非经济因素对贸易仍然有或多或少的影响,国际上"政冷经热"现象也频有发生,有关非经济因素的研究相比较而言目前则仍然有所或缺,国内外学者则越来越关注这方面的内容。由于恐怖主义的文献相对较少,本章则主要关注海上恐怖主义对一国出口量的影响,以期对这方面的研究做一个小小的补充。

从全世界看,每年约有12%的贸易商品通过苏伊士运河,因此这些贸易也就极易受到索马里海盗的影响。2000—2010年期间,由于海盗袭击事件增加,各国双边贸易量减少,仅为每年1.7%—1.9%。在考虑贸易损失的绝对值时,2000—2010年每年因为海盗的出现所造成的损失约为250亿美元,而绝大多数损失归少数国家承担,其中包括欧盟、中国、日本等,他们总共承担了大约70%的损失。而中国作为出口大国,自然也受到了不小的影响。据表10-1显示,2006年,中国是世界上受到索马里海盗带来的损失第二大的国家(地区),尽管当时其GDP还未超过日本,但是索马里海盗给中国带来的损失量却超过日本损失量的50%左右。因此,本章会量化索马里海盗到底给中国企业出口带来了多大的影响。

表10-1　2006年部分国家贸易受到索马里海盗影响程度大小　　单位:亿美元

国家或地区	GDP	各国通过苏伊士运河的贸易量	各国通过苏伊士运河贸易量占比(%)	各国每年的贸易损失	各国占全球贸易损失的份额(%)
欧盟	129720.00	5577.63	0.04	109.37	44.01
中国	28600.00	1020.00	0.17	20.00	8.05
日本	45900.00	666.00	0.13	13.06	5.26
阿拉伯联合酋长国	2870.00	590.00	0.46	11.57	4.66
印度	8840.00	584.00	0.40	11.45	4.61
美国	124200.00	446.00	0.03	8.75	3.52
韩国	7820.00	335.00	0.13	6.57	2.64
中国香港	1860.00	302.00	0.10	5.92	2.38

资料来源:Burlando(2015)。

对于索马里海盗的猖獗程度的判断,我们首先遵循现有的海盗活动测量文献,将索马里海盗猖獗程度定义为索马里周围发生的海盗袭击总数,这些"袭击"包括成功的劫持和登船,以及试图登船和在船上被枪击等。而根据以往资料显示,2000—2010年,海盗在亚丁湾和索马里海岸的袭击数量增加了7倍,越来越多的劫持事件发生在离索马里越来越远的地方,不断升级的海上不安全因素确实导致了贸易量的减少,这表明索马里海盗仍然是影响通过苏伊士运河进行贸易的一个全球性问题。2000—2009年,索马里海盗通常采用更先进的武器和运输系统,大大改进和完善了他们的设备和组织结构,从这个方面来讲,索马里海盗袭击次数将会增加。

对于海上航线是否会受到海盗影响的认定,本章主要参考Burlando等人(2015)的方法,如果贸易出口国和进口国的贸易路线通过印度洋或亚丁湾,我们就认定两国之间的贸易要应对索马里海盗。由于COMTRADE数据库不包括海上航线的信息,这些路线通过连接贸易国对的最短海上路径来推断,然后我们确定最短路径是否通过印度洋或亚丁湾,根据表10-2,我们可以知道中国出口到哪些国家和地区将会受到索马里海盗的影响(其中标注为其他others的国家或地区是因为航线过多,具有争议,需剔除该部分数据,对于中国出口到各国是否受到索马里海盗的影响详见附录1)。根据Burlando等人的方法,中国出口到欧洲和非洲其他地区的贸易将会受到索马里海盗的影响。

表10-2　　各国家地区贸易对贸易是否受海盗影响

	路线	亚丁湾	马六甲海峡	印度洋	远东	其余非洲地区
	主要受何种海盗威胁	索马里海盗	马六甲海盗	印度次大陆海盗	远东海盗	中西非海盗
从	到					
东部非洲	欧洲	1	0	0	0	0
	美洲北部	1	0	0	0	0
	非洲其他地区	1	0	0	0	1
	印度次大陆	0	0	1	0	0
	马六甲	0	1	1	0	0
	远东	0	1	1	1	0
南部非洲	欧洲	0	0	0	0	1
	非洲其他地区	0	0	0	0	1
	印度次大陆	0	0	1	0	0
	马六甲	0	1	1	0	0
	远东	0	1	1	1	0

续表

路线		亚丁湾	马六甲海峡	印度洋	远东	其余非洲地区
主要受何种海盗威胁		索马里海盗	马六甲海盗	印度次大陆海盗	远东海盗	中西非海盗
从	到					
非洲其他地区	美洲北部	0	0	0	0	1
	美洲西南部	0	0	0	0	1
	美洲东南部	0	0	0	0	1
	欧洲	0	0	0	0	1
	印度次大陆	1	0	1	0	1
	马六甲	1	1	1	0	1
	远东	1	1	1	1	1
印度次大陆	美洲北部	1	0	1	0	0
	美洲西南部	0	0	1	1	0
	美洲东南部	1	0	1	0	0
	欧洲	1	0	1	0	0
	马六甲	0	1	1	0	0
	远东	0	1	1	1	0
东南亚	美洲北部	0	1	0	1	0
	美洲西南部	0	1	0	1	0
	美洲东南部	0	1	0	1	0
	欧洲	1	1	1	0	0
	远东	0	1	0	1	0
远东	美洲北部	0	0	0	1	0
	美洲西南部	0	0	0	1	0
	美洲东南部	0	0	0	1	0
	欧洲	1	1	1	1	0

资料来源：Burlando（2015）。

在进行以上基础工作之后，使用双重差分法（DID），将从中国出口的航线经过亚丁湾国家的设为实验组，将不经过亚丁湾国家的设为对照组。设立政策时点后来进行双重差分回归，以期得出结果。

另外，我们还将研究不同类型的企业对索马里海盗增多后的不同应对措施，观察其在索马里海盗增加后是否增加或减少出口到受到索马里海盗影响的国家或地区的出口量。本章中所涉及的企业类型一共有国有企业、外商独资企业、集体企业、私营企业、中外合资企业、中外合作企业六种。国有企业是由国家对其资本拥有所有权或者控制权，政府的意志和利益决定了国有企业的行为，而国有企业目标的设立主要在于调节国家经济运行，追求国有资产的保值而不是增值，即它的运行不是以盈利为目的，而是以不亏损为目标的。而集体企业也称集体所有制企业，指生产资料和产品由社会主义劳动群众集体占有的企业，从其性质上讲，集体企业也是社会主义性质的企业组织，集体企业从属于政府，因此，集体企业和国有企业从本质上讲有些相似。我们倾向于认为，在索马里海盗增加时，即海运风险增加，海上运输成本增加时，这两类企业由于其主要经营目标是不亏损，它们将会减少对受海盗影响的国家地区的出口量。而私营企业（即民营企业）是自负盈亏的，在海盗增加时为了避险也会减少贸易量。但是外商独资企业和中外合资企业由于有外商的参与，对于出现海盗风险后，其应对措施将不确定。由于企业有外部注资，而从中国出口到受索马里海盗影响的国家和地区，包含欧洲和部分非洲国家，在海盗增加后，欧洲注资的企业可能会因为和欧洲本土企业有合作关系，欧洲本土企业可能会转嫁一部分海盗损失，而在当时中国的国内环境（2000—2006年）使得中国的劳动力十分廉价，外商在中国攫取的利润可能远大于由于海盗的出现所带来的损失。因此，外商独资企业和中外合作企业可能不会采取相关行动，而中外合资企业由于海盗成本还能转嫁到中国本土企业，可能还会愈加冒险。中外合作企业和中外合资企业由于合资方式不同，中外合作企业的中外双方不以投资数额、股权等作为利润分配的依据，而是通过签订合同具体确定各方的权利和义务，即利益、风险分配都是不确定的，因此，不能确定中外合作企业在海盗袭击次数增加后将会如何应对。本章将着眼于这一点，研究不同企业类型将会增加还是减少贸易量，以及其增减的数额。

由于中国对于影响贸易的非经济因素的研究较为匮乏，而且在以往的研究中，学者们大都是研究国内环境恶化后，本国企业如何应对的问题，基本上没有涉及国内企业如何应对世界上共有的冲击的问题。本章则通过研究国内所有出口企业共同应对的世界性冲击——海盗问题。通过分析国内所有出口企业在索马里海盗明显增多后是否会减少对亚丁湾地区的出口额，以及具体减少了多少贸易额，来对这方面的研究内容做一点补充，并且将中国的出口企业按照企业类型的不同分别分析，以确定不同企业应对海盗猖獗的不同方式。这即为本章创新点。

本章的不足主要由于采用了整理后的中国海关数据库，经整理后数据收集有些失误，导致没有控制变量，而且随着海盗的增加，贸易额百分比也增加的结果有些不符合常理,但也能说明一些问题。另外估计策略有一个缺点,即反向因果关系,我们不能确定索马里海盗袭击次数的增多是因为通过亚丁湾的船只数量增多了还是单纯的海盗增多,抑或者袭击次数减少时是否是因为护卫舰的增多导致了海盗袭击减少。

10.2 国内外研究进展

1. 外交。

早在 1989 年,Pollins 就指出:国家间关系友好或关系敌对对贸易流动有显著影响,各国可调整贸易关系以满足安全和经济福利目标。1990 年,Pollins 采用公共选择方法建立双边贸易流动模型,利用国际冲突与合作及收入来预测进口水平,提出外交对商业的影响是显著的,并且在任何情况下都符合模型预测。Head 和 Ries(2010)利用双边贸易数据来评估加拿大从 1994 年开始定期派遣贸易特派团的作用,结果发现这些特派团似乎并没有造成贸易的增加。同年,Nitsch 使用了大量的数据集,涵盖了 1948—2003 年期间法国、德国和美国元首的旅行活动。他的结果却表明,国家和官方访问确实与出口呈正相关。一次典型的国事访问可以使双边出口增长 8%—10%。Rose(2007)发现外国使团的存在确实与出口正相关。而每增加一个领事馆,出口就会略微增加 6%—10%。并且第一个外国特派团对出口的影响大于连续的特派团,外交部门在边际上促进了出口。

2. 政治冲突。

对于政治冲突方面,Michaels 和 Zhi(2010)在考察美国和法国 2002—2003 年两国关系的恶化后发现,日益恶化的态度使双边贸易减少了 10%—12%。Davis 和 Meunier(2011)却发现负面事件数量的变化并没有改变美国或日本与 152 个国家的双边经济交流。Mityakov 等(2013)发现,美国与另一个国家关系的恶化减少了美国在 1962—2000 年期间从该国的进口额。

3. 军事冲突。

对于军事冲突,Martin,Mayer 和 Thoenig(2010)发现即使在贸易对经济有利、军事冲突使贸易量减少、领导人理性的模式下,贸易促进和平的传统观点也不完全正确,因为多边贸易开放减少了双边贸易时对某个国家的依赖,以及双边冲突的代价，对全球贸易更加开放的国家发起战争的可能性更高。对于邻近国家，贸易对它们发生军事冲突的可能性有着巨大影响。Acemoglu 和 Yared（2010）也表明，在过去 20 年里，经历更大规模军事化的国家与其邻国或贸易伙伴的贸易增长相对较小，这表明尽管信息技术取得了重大进展，鼓励全球化，但是否开放贸易仍然是一种政治选择。

4. 政治制度。

对于各国政治制度的影响，Mansfield（2000）通过分析 1960—1990 年期间制度类型对贸易的影响来验证这一假设。这种分析的结果证实，民主国家之间比民主和专制国家之间的贸易量更高。Aidt 和 Gassebner（2010）发现即使在控制了官方贸易政策后，独裁政府的进口也远远少于民主政府。

5. 制度质量。

而有关制度质量，Me'on 和 Sekkat（2010）利用 1990—2000 年期间的一组国家，研究制度框架的不同维度对出口总额、制成品出口和非制成品出口的影响程度。可以看到，制成品出口受到制度质量的积极影响，但出口总额和非制成品出口均未受到影响。Yan（2018）利用 1996—2013 年覆盖 192 个国家的大型面板数据集和标准引力模型调查了相对较好（相对于其合作伙伴的制度质量）的制度质量对出口的影响。其结果显示，一个制度质量相对较好的国家能获得至少 4% 的出口溢价收益。

6. 腐败。

腐败有双重作用：索贿和避税（Dutt 和 Raca，2010）。即进口国的海关官员可能向出口商索贿，但他们也可能允许出口商规避关税壁垒。他们预测在低关税环境下，腐败会阻碍贸易，但在名义关税较高时，腐败可能会产生促进贸易的效果。在低腐败水平下，贸易促进效应占主导地位，即在高关税水平下，贸易流量是腐败的倒 U 形函数。De Jong 和 Bogmans（2011）将出口经济中的腐败与进口经济中的腐败区分开来，他们也发现在一般情况下，腐败阻碍了国际贸易，而向海关行贿则增加了进口。这种影响在海关效率低下的进口国最为明显。边境的高等待时间大大减少了国际贸易。因此，腐败的影响是不确定的。

7. 恐怖主义。

对于恐怖主义因素，Nitscha 和 Schumacher（2004）的研究结果表明，恐怖主义行动减少了贸易量。具体来说，恐怖主义事件增加 1 倍，与双边贸易减少约 4%。本章主要参考的 Burlando 等（2015）通过利用索马里海盗传播和强度的变化来量化索马里海盗的影响程度,并以此估计其对国际贸易量的影响,尽管与税收的定义不同,Burlando 等人将海盗行为称为"海盗税"来具体衡量海盗对贸易量的影响。他们发现 2000—2010 年,索马里海盗的行为加剧使得每年通过亚丁湾的大宗商品贸易减少了(即海盗税为)4.1%。Egger 和 Gassebner(2017)利用双边贸易的月度数据,结合恐怖主义事件和相关死亡人数的月度数据,来阐明恐怖主义对贸易的影响。他们发现国际恐怖主义对双边和多边贸易的影响,如果有的话,也只是在中期(袭击/事件发生后 1 年半以上)。单纯从短期来看,国际恐怖主义对贸易的影响也是非常小的。

10.3 模型数据与变量

10.3.1 模型选定

本章主要使用了双重差分法(DID)对索马里海盗的猖獗对贸易的影响进行分析。双重差分法是一种估计因果效应的计量方法,其往往应用在测量政策效应的影响上,它的基本思想类似于生物化学实验中的控制变量法。为了得出政策效应影响的净影响,首先将全部数据分为两组:实验组和对照组。实验组即受到该政策影响的样本组,而对照组则为未受到此政策影响的样本组。另外设立一个政策时点,在此时点有一个政策冲击,以此时点为界限,前后又可以分为两组数据,因此我们可以设立两组虚拟变量:时间虚拟变量和决定实验组和对照组的虚拟变量。此时则可以通过两次差分,即可以计算实验组在政策实施前后某个指标的变化量,同时计算对照组在政策实施前后同一指标的变化量,然后计算上述两个变化量的差值,就可以反映政策对处理组的净影响。

一般来说,最基础的双重差分模型为 $YiN = \alpha_1 \times dt + \alpha_2 \times du + \alpha_3 \times dt \times du + \varepsilon_i$,$du$ 为分组虚拟变量,对照组的 $du = 0$,即该组为未受到政策冲击影响的样本组,实验组的 du 则等于 1。而在假定的政策冲击的时点后所观测到的样本则设定为 $dt = 1$,在此之前的数据的 $dt = 0$。因此,我们可以得到政策实施前,实验组 Y 减去对照组 Y 等于 α_2;在政策实施后,实验组 Y 减去对照组 Y 则等于 $\alpha_2 + \alpha_3$,此时两者的差值即为倍差值，也就是要研究的政策净效应的大小。即我们只需要关注虚拟变量的交互项前的系数，而别的系数则不是我们所重点关注的。

而双重差分法有几个基本假设，即共同趋势假设（实验组个体如果没有接受干预，其结果的变动趋势将与控制组的变动趋势相同）、共同区间假设（总体中必须有实验组和控制组样本，且时间变化后必须也存在实验组和控制组个体）、外生性假设（可以观测的协变量外生于政策干预，不会受到政策干预的影响）、SUVTA（政策冲击只影响实验组，不会对控制组产生交叉影响，或政策干预不会有溢出效应）。只有满足其基本假设才能使用双重差分法来进行估计，否则就要使用调整后的双重差分法，如 PSM - DID、三重差分法等方法估计。

双重差分法的优点如下：第一，双重差分法可以很大程度上避免内生性问题的困扰：政策相对于微观经济主体而言一般是外生的，因而不存在逆向因果问题。此外，使用固定效应估计一定程度上也缓解了遗漏变量偏误问题。第二，传统方法下评估政策效应，主要是通过设置一个政策发生与否的虚拟变量然后进行回归，相较而言，双重差分法的模型设置更加科学，能更加准确地估计出政策效应。第三，双重差分法的原理和模型设置很简单，容易理解和运用，而双重差分法估计的本质就是面板数据固定效应估计，并不像空间计量等方法一样让人容易出错。

10.3.2 数据来源

对于索马里海盗侵袭的数据，本章仍然参考了 Burlando 等（2015）的方法，在国际海事局（IMB）通过国际商会（ICC）商业犯罪服务部门收集有关实际报告、企图抢劫和抢劫案件的信息，这是 1991—2011 年间最全面的海盗数据。对于每一个报道的事件，IMB 列出了日期、地理坐标、海盗的可疑来源国和事件的结果（即尝试登船、登船、劫持等）。该数据库详细记载了索马里海盗在这 21 年间的 1186 次袭击数据，但考虑到统计误差，索马里海盗攻击商船的次数只有可能更多。根据该数据库的结果（见图 10-1），海盗活动在 2004 年后明显增加（2000—2006 年间），因此，政策冲击时点设为 2004 年 1 月。

对于中国所有企业在 2000—2006 年间的出口数据，我们参考了中国海关数据库的统计。中国海关数据库详细记载了中国所有企业的进出口数据，包括金额、商品数量、商品单价、消费地区、海关口岸、企业类型、贸易方式等。而本章主要研究的数据只有贸易金额、出口国、（出口）企业类型、时间四个因

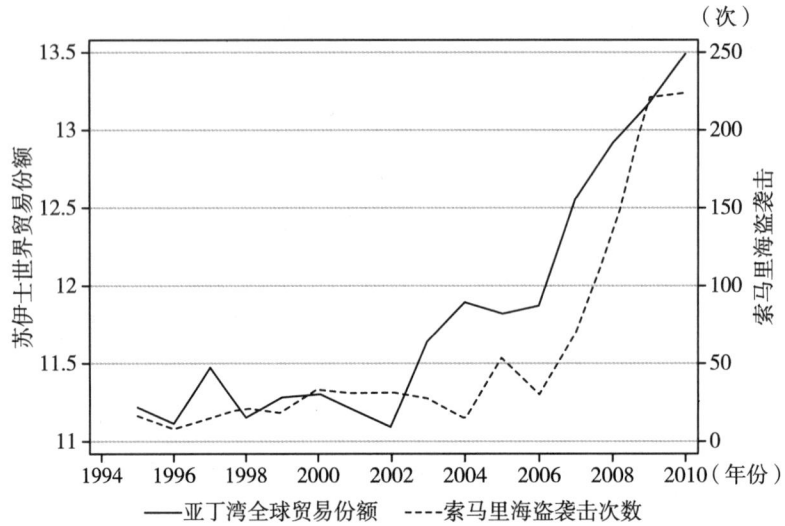

图 10-1 索马里海盗各年间袭击次数

资料来源：Burlando（2015）。

素，其余因素在本章的研究中被认为是不重要的因素，已被舍去。这导致了本章的模型缺少控制变量，对后续模型的建立有不利影响。

10.3.3 数据说明和描述性统计

中国海关数据库中各企业的出口时间月度的格式为 200012，而 country 虚拟变量值为 1 或 0 的取值在本章前文和附录中均有提及，time 虚拟变量在前文也有提及，在 2004 年 1 月后的样本数据该值为 1。中国海关数据库出口的企业的类型分为国有企业、外商独资企业、集体企业、私营企业、中外合资企业、中外合作企业、其他、个体工商户和缺省值，而由于中国海关数据库中 2004 年前企业类型没有个体工商户这一项，可能之前归类于其他或缺省值，因此，我们将其归类于在"其他"中，本章不涉及研究"其他"类型的企业。

表 10-3 各变量的描述性统计

变量	变量含义	均值	标准差	最小值	最大值	观测值个数
yuedu	出口的时间	200390.4	187.1593	200001	200612	47544839
jiner	出口额	47589.75	448489.2	1	2.39e+08	47544839
country	虚拟变量：是否受索马里海盗影响	0.3069417	0.461225	0	1	47544839

续表

变量	变量含义	均值	标准差	最小值	最大值	观测值个数
time	虚拟变量：海盗猖獗时点前后	0.6131083	0.4870385	0	1	47544839
sumjiner	出口往控制组或对照组国家的金额总和	1.37e+10	1.03e+10	2.37e+9	4.36e+10	168
lnjiner	出口额的自然对数	9.001166	1.950044	0	19.29034	47544839
lnsumjiner	出口往控制组或对照组国家金额总和的自然对数	23.05755	0.7858436	21.58418	24.49751	168

10.3.4 模型实证分析

本章使用双重差分法（DID），其基本思路前文已经说明，而本章中设定实验组和对照组的思路是中国所出口到的国家的航线是否会受到索马里海盗的影响，即是否通过亚丁湾或苏伊士运河。由于不知道每一艘船只的航行路线，只能通过经验判断和假设，但一般而言，出口国是欧洲和一部分非洲国家的航线一定会受到索马里海盗的影响，于是本章根据 Burlando 等（2015）的方法来确定实验虚拟变量的值。通过对索马里海盗历史数据的观测，索马里海盗在 2004 年后袭击次数明显增多，可能是因为海盗的技术进步等因素所导致，因此在 2004 年前的样本数据中，时间虚拟变量设置为 0；在 2004 年后的样本数据中，时间虚拟变量则设定为 1。

为了说明索马里海盗对中国企业出口的影响程度，本章拟建立以下模型：

$$SUMJINER = \beta_0 + \beta_1 \times COUNTRY + \beta_2 \times TIME + \beta_3 \times COUNTRY \times TIME + \varepsilon_0$$

(10-1)

式（10-1）中 β_0 是影响贸易但不随时间和海盗影响的其他因素，ε_0 为误差项，COUNTRY 为实验虚拟变量，TIME 为时间虚拟变量。但是，索马里海盗增多的效应对贸易量所带来的改变更多的是相对值而不是绝对值，因此，我们将 SUMJINER 取自然对数为 lnSUMJINER，其模型设定为：

$$\ln SUMJINER = \beta_0 + \beta_1 \times COUNTRY + \beta_2 \times TIME + \beta_3 \times COUNTRY \times TIME + \varepsilon_0$$

(10-2)

在进行双重差分法之前，我们需要对实验数据进行平行趋势检验，即控制组和实验组在受到海盗影响前趋势大体相当。因此，为了验证本章双重差分法模型的合理性，本章进行了平行趋势检验，其结果如图10-2所示（图10-2横坐标的时期其具体含义为：2000年1月为时期1，2006年12月为时期84，1个月为1个时期，其中索马里海盗大幅增长时为时期48，在图中以虚线标出），在索马里海盗大幅度增加前，实验组和对照组的出口量大体保持相同趋势；而在索马里海盗大幅增加后，实验组和对照组出口量逐渐出现明显变化。因此，本章使用的双重差分模型满足平行趋势假定。此时，我们可以利用这两个模型来进行双重差分法。

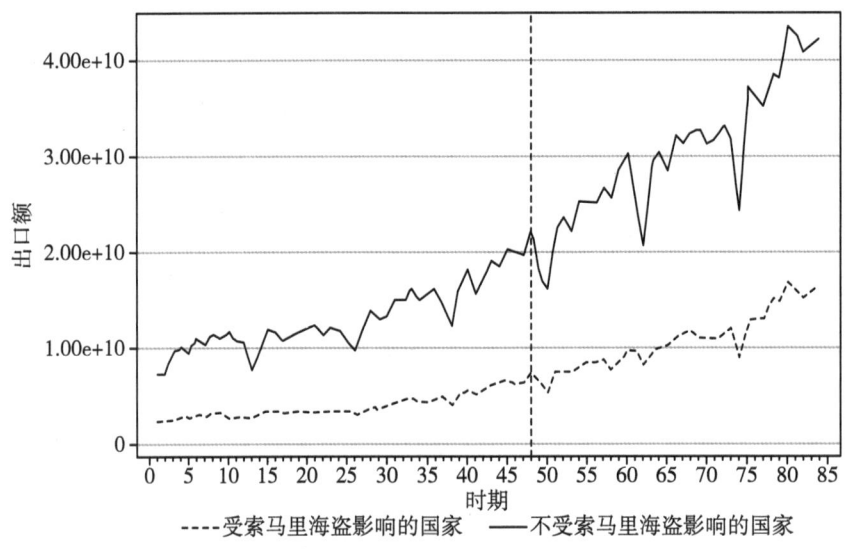

图 10-2　平行趋势检验

首先，我们对所有企业的出口进行双重差分分析，其分析结果如表10-4所示：

表 10-4　　　　　　　　　　对所有企业的回归结果

	(1)	(2)
	sumjiner	lnsumjiner
time	17351917084.444 *** (1302897872.911)	0.848 *** (0.0566)
country	-9206685077.333 *** (556678790.012)	-1.210 *** (0.0578)

续表

	（1）	（2）
	sumjiner	lnsumjiner
_diff	-10506387861.333***	0.160*
	（1412258885.793）	（0.0857）
_cons	13166298538.667***	23.26***
	（526171689.023）	（0.0391）
Obs.	168	168
R-squared	0.842	0.878

Notes: Standard errors are in parenthesis. *** $p<0.01$, ** $p<0.05$, * $p<0.1$.

其结果表明，由于索马里海盗的增加，受到索马里海盗影响的中国企业出口航线上的贸易量的绝对额减少了约105亿元，其结果在1%的置信水平下较为显著。这个结果说明了索马里海盗的猖獗的确对贸易量有消极的影响。但是根据表10-4第（2）列显示，在海盗增多的情况下，所有企业的相对出口量却增加了16%，这一点远远与我们的经验事实不符。对于我们的惯性思维而言，海盗增加会导致企业在出口到目的地时考虑海盗风险，对于航线受到海盗影响的目的地的出口将会承担额外的海盗风险，导致出口商品遭到损失，这一点我们可以将其称为"海盗成本"。企业为了盈利，出口将会考虑各种成本，海盗成本也会考虑在内，因此，企业将会倾向于减少出口到受海盗影响地区的商品，转而出口到不受海盗影响的地区。因此，不管是绝对贸易量还是相对贸易量均降低，表10-4的回归结果和此处显然不符，本章将继续研究其原因。

我们对中国海关数据库中对已有数据进行了统计，得出了出口企业的企业类型，以及不同类型企业的不同运营目标，因此，我们认为：在索马里海盗变得猖獗后，不同类型企业所出口的贸易量将会有不同的变化，后文将探讨每一种不同的企业在面对索马里海盗的威胁时将如何应对，他们是否会在索马里海盗变多后降低出口量。回归结果如表10-5和表10-6所示。

表10-5　　　　对不同企业类型的回归结果（模型1）

变量	国有企业	中外合资企业	外商独资企业	私营企业	集体企业	中外合作企业
	sumjiner	sumjiner	sumjiner	sumjiner	sumjiner	sumjiner
time	2719951731.556***	3045543892.444***	6025640218.667***	4565106722.806***	943478680.000***	237502879.778***
	（248794136.869）	（213289184.017）	（445974948.570）	（367084392.215）	（67743689.393）	（20126511.941）

续表

变量	国有企业	中外合资企业	外商独资企业	私营企业	集体企业	中外合作企业
	sumjiner	sumjiner	sumjiner	sumjiner	sumjiner	sumjiner
country	-3387905821.333*** (147742265.392)	-1970168558.000*** (101332308.570)	-2484555540.000*** (186976783.311)	-359513986.417*** (97929660.800)	-523571388.500*** (51819572.689)	-318437833.750*** (16202417.270)
_diff	-1526205200.889*** (271147919.137)	-1902251109.556*** (228250608.899)	-4206743364.889*** (469225249.212)	-2361670074.028*** (419475765.529)	-502192489.722*** (73307038.763)	-145941702.694*** (21352480.485)
_cons	5282922394.667*** (138885561.913)	2587439346.667*** (96253897.861)	3218098832.000*** (179122874.331)	618528811.417*** (90779171.951)	834801629.333*** (48623409.245)	401091362.000*** (15092773.933)
Obs.	168	168	168	168	168	168
R-squared	0.883	0.877	0.835	0.724	0.827	0.899

注：括号中为标准误；*** $p<0.01$，** $p<0.05$，* $p<0.1$。

表 10-6　　　　对不同企业类型的回归结果（模型 2）

变量	国有企业	中外合资企业	外商独资企业	私营企业	集体企业	中外合作企业
	lnsumjiner	lnsumjiner	lnsumjiner	lnsumjiner	lnsumjiner	lnsumjiner
time	0.419*** (0.039)	0.789*** (0.052)	1.090*** (0.071)	2.626*** (0.186)	0.832*** (0.071)	0.494*** (0.046)
country	-1.024*** (0.038)	-1.459*** (0.062)	-1.517*** (0.086)	-0.816*** (0.234)	-0.980*** (0.089)	-1.655*** (0.080)
_diff	0.068 (0.057)	0.284*** (0.084)	0.215* (0.111)	0.042 (0.260)	0.118 (0.099)	0.355*** (0.087)
_cons	22.371*** (0.027)	21.641*** (0.037)	21.822*** (0.055)	19.653*** (0.170)	20.453*** (0.065)	19.773*** (0.041)
Obs.	168	168	168	168	168	168
R-squared	0.902	0.898	0.864	0.693	0.774	0.879

注：括号中为标准误；*** $p<0.01$，** $p<0.05$，* $p<0.1$。

其结果显示，在索马里海盗明显增加之后，上述研究的六种不同类型的企业的绝对贸易量均减少，其原因可能是大部分企业趋向于避险而不是盈利，导致在海盗增加以后贸易量趋向于减少，而国有企业、中外合资企业、外商独资企业、私营企业、集体企业、中外合作企业的贸易额减少量分别约为 15 亿元、19 亿元、42 亿元、23 亿元、5 亿元、1.4 亿元，但是对于贸易额变动的相对量却不尽相同。国有企业、私营企业和集体企业在海盗增加时其贸易变化相对量并不显著，但是中外合资企业、外商独资企业和中外合作企业在索马里海盗增多的情况下，倾向于增加对受索马里海盗影响地区的出口量，其增量百分比大约为28.4%、21.5%和35.5%，而且这个值在1%的置信水平下都十分显著。其原因可能是外商相比于国有企业趋向于承担风险，或者外商认为由于中国的廉价劳动力所节约的成本大于将会面临的索马里海盗风险所带来的损失，而且受到海盗影响的地区为部分非洲地区国家和欧洲地区国家，其中欧洲国家在2000—2006年对中国的投资十分巨大，因此，许多中国出口的货物将会出口到欧洲外商的本国，也可能就会有一些护卫船只保护由中国出口到欧洲的船只。总之由于各种可能的原因，这些受到外资影响的企业就会倾向于在索马里海盗增加的时候依然增加相对出口量。而对于中外合作企业而言其合作性质比较特殊，一般来说合作方式通过合同确定，所以我们不能确定其合作类型，但是其合作方式一般不为股份制企业，而外资则更倾向于冒险，因此也将会增加出口相对量，且其幅度也要略大于外商独资企业和中外合资企业的增长幅度。

这也可以解释表10-4回归结果中，海盗增加后所有企业出口相对量增长这一条不符合客观事实结论的一部分原因，在我们的研究中发现外商独资企业、中外合资企业和中外合作企业的贸易减少的绝对量占所有企业出口总量减少的60%以上，而这些企业在海盗增加后都倾向于增加相对出口量，因此，将会导致所有企业的出口相对量也趋于上升。

10.4 结　论

我们利用索马里海盗风险的急剧增加研究了海上不安全因素对中国企业出口到受海盗影响的国家的贸易量的影响。从2000—2010年，索马里海盗在亚丁湾和索马里海岸的袭击次数增加了7倍，而且越来越多的劫持事件发生在离索马里越来越远的地方。本章的结果表明，不断升级的海上不安全因素确实导致了中国企业出口到受索马里海盗影响国家的贸易量的减少，这表明索马里海盗对中国的贸易的确产生了负面影响，而从全球视角上看，索马里海盗也仍然是影响通过苏伊士运河进行贸易的国家的一个全球性问题。

在本章中，我们使用了中国海关数据库中2000—2006年中国所有企业的出口数据，并进行筛选，尝试性地将中国出口到各国的贸易量的信息与海盗袭击频率的信息结合起来，通过双重差分法确定索马里海盗对中国出口贸易的影响。我们的双重差分模型将从中国出口的并通过海盗水域进行贸易的国家与不通过海盗水域进行贸易的国家之间，由于索马里海盗出现次数的变化后的贸易量的差额进行了比较。本章主要使用了一种替代并量化索马里海盗的风险措施，即索马里海盗袭击的次数。我们估计索马里海盗的行为减少了从中国出口到受影响国家的出口量，从绝对额上看，减少了约105亿元的贸易金额，但是可能由于一些模型设计勘误或者未观察到的数据，如国内护卫舰的增多或一些未经统计的遗漏数据，这说明模型设定方面存在一些问题，缺少了一些控制变量，如果能找到缺失的控制变量，模型将会更加正确地解释索马里海盗对中国企业出口的影响。由于本章数据收集处理的问题，暂时无法找到其他的控制变量，希望后来的研究者能寻找别的数据补充，找到更多控制变量，逐步完善这个模型。而所有企业出口的相对出口额却增加了16%，我们推测是因为不同类型的企业相对出口额不同而导致的，因此我们继续分析不同企业类型的出口额变化。

在我们发现企业类型将会影响其出口到受海盗影响的国家或地区贸易量的大小后，根据我们新的双重差分估计，我们计算出，在索马里海盗袭击次数增加后，不管是什么企业类型，在海盗变得猖獗后，出口到受影响的国家的贸易量均会减少，但是中国的国有企业、私营企业和集体企业不管在什么置信水平下，其出口到受海盗影响的地区的相对贸易额的增减百分比都不是很显著。相反，中国的中外合资企业、合作企业和外商独资企业在海盗增加后，其出口到受索马里海盗影响的地区的贸易额反而增加了28.4%、35.5%和21.5%。这可能是基于各个类型的企业的目标不同所导致的结果不同。国有企业和集体企业由于其所有者是政府或者国家，其运营目标主要是维持经济稳定，保持国有资产不受到损失，而不是盈利指标，所以更加趋向于避险，因此贸易量会减少。而私营企业由于其所有者是个人，需要自负盈亏，在海盗出现后，大多数人同样倾向于风险规避，因此贸易量也会减少。但是，这也是不确定的，从另一种角度上看，可能由于海盗增加贸易量减少后，中国的出口商品价格趋向于增加，也有风险偏好者增加出口贸易，也可能由于国有企业拥有更多的护卫舰，这导致贸易额相对量变化不显著。中外合资企业和外商独资企业由于有外资的参与，这些企业和国际企业的交流更加紧密。而且欧洲大部分地区均受到索马里海盗的影响，而在索马里海盗增加后，由于与国内中外合资企业和外商独资企业有合作关系的欧洲本土企业会增加对商船的护卫或者相比于在中国的人工成本而不在乎海盗损失等原因，反而会增加对受海盗影响地区的出口。中外合作企业由于有部分外资参与，但其合作方式不固定，而且其一般不为股份制企业，外资可能更加倾向于冒险，因此也将会增加出口相对量，而且其幅度也要略大于外商独资企业和中外合资企业的增长幅度。

第11章 领导人特征对国际贸易的影响研究

——基于OECD国家的经验证据

摘 要

外交决策在一国的国际交流合作和国际贸易发展中发挥着重要的作用。研究外交领导人在国际贸易中扮演的角色十分重要，因为他们的决策可以影响贸易政策的有效性及经济的发展。近年来，国内外学者围绕领导人个人特征的研究成果颇丰，但与国际贸易联系起来的相关研究较少。

本章集中阐述了领导人个人特征对国际贸易理论上的影响。文章围绕23个OECD国家的310名外交领导人数据实证分析了领导人性别、年龄、政治意识形态、教育背景等潜在特征对国际贸易规模和国际贸易质量的影响，并给出一定的政策建议。

本章是运用实证研究方法进行的专题研究，共分六个部分：第一部分，讨论了非经济因素与国际贸易的关系，以及领导人个人特征和贸易之间的潜在联系；第二部分，描述了本章的数据来源，并对领导人特征的相关数据进行了描述统计；第三部分，阐述了国际贸易规模和国际贸易质量的衡量，并介绍本章使用的计量模型及方法；第四部分，分别针对国际贸易规模和国际贸易质量两个方面的回归结果进行分析；第五部分，以汇报国家之间民主程度不同为依据，分为两组并分别检验，考察回归结果是否具有稳健性；第六部分，得出本章的研究结论。研究结果表明尽管贸易规模的不断扩大在极大程度上依赖于本国的经济增长，领导人的个人特征也对贸易规模产生不可忽视的影响，这种影响可能集中于进口、出口或对进出口贸易均产生影响。领导人特征对国际贸易质量的影响有促进作用也有阻碍作用。领导人趋于保守，阻碍贸易发展，在法律和经济管理方面的高学识会阻碍贸易竞争力的提升。当考察不同国家的不同民主程度时，领导人特征对国际贸易规模的影响是不稳健的，对国际贸易质量的影响具有稳健性。

本章的创新主要体现在第一次将领导人特征与国际贸易规模及国际贸易质量结合，对此部分的理论研究补充有益的参考。探究了领导人个人特征在一国国际贸易发展中发挥的作用，能够为国际贸易实践中领导人的选任提供政策参考。

11.1 引 言

国际贸易博弈中，政府经常通过政治手段试图干预贸易的发展。学者研究发现，领导人的一些特征如性别、政治意识形态、教育背景及任职经验等会对领导人的决策产生影响，从而影响政策实施的有效性。比如，财政部长就职期限每增加一年所带来的经验累积会使国家的债务和 GDP 的比率不断下降（Moessinger，2014）。主要负责国家对外合作和国际贸易的外交领导人，其决策在国家对外贸易甚至整个经济发展中起到至关重要的作用。外交领导人的个人特征是否会对国际贸易规模和国际贸易质量产生影响具有实际意义，因为外交领导人的决策对国际贸易发展的影响会直接带来国家经济的发展与变化。一方面，选题具有一定的理论意义。近年来，国内外学者围绕领导人个人特征的研究成果颇丰，但与国际贸易联系起来的相关研究较少。本章第一次把领导人个人特征和国际贸易的规模及质量联系起来。另一方面，选题具有一定的应用意义，即研究外交领导人在一国国际贸易中发挥的作用，探究外交领导人的个人特征是否影响本国国际贸易规模以及是否能促进国际贸易质量。研究可以为国家对外贸易的发展、选任外交部长及与对外贸易有关的政府职员提供政策参考。

本章的研究目的是将领导人个人特征与国际贸易发展建立联系，对此方面的研究提供有益的参考，并为具体实践提供政策参考。研究的主要内容是一国外交领导人个人特征和一国国际贸易之间的潜在联系。将领导人特征与国际贸易规模及国际贸易质量结合，探究领导人个人特征在一国国际贸易发展中发挥的作用。文章将运用23个经济合作与发展组织（Organization for Economic Co-operation and Development，简称OECD）研究国家外交领导人数据实证分析领导人性别、年龄、政治意识形态、教育背景、经验积累等潜在特征对国际贸易规模和国际贸易质量的影响。进一步结合汇报国家民主程度的实际情况进行分组检验，考察这种影响是否稳健，并给出一定的政策建议。

文章引用外交领导人个人特征数据、相应的政府首脑个人特征数据（Andreas Fuchs，2018），并从UN Comtrade数据库统计了所列国家对应年份的进出口流量。用国家固定效应和年份固定效应的最小二乘法估计模型，使用政府首脑水平上聚类的稳健标准误进行回归。控制相应政府首脑和议会成员的相关特征来检验真正源于外交领导人特征的影响。在进行贸易规模和贸易质量的估计时，均在国家固定效应和年份固定效应的基础上进行排除政府首脑相应特征、加入政府首脑相应特征和引入政府首脑固定效应三个步骤的分析。考察贸易规模时，分别对出口和进口流量进行回归；考察贸易质量时，引入贸易竞争力作为指标。之后，以经济学家智库（The Economist Intelligence Unit，简称The EIU）2018年发布的民主指数（Democracy Index）衡量所列国家的民主程度，将汇报国家分为两组，运用相同的计量方法分别对两个组别进行贸易规模和贸易质量的稳健性检验。

11.2 文献综述

作为非经济因素的领导人特征，与国际贸易联系紧密。领导人自身特征集中表现在性别、政治意识形态、教育背景、经验积累等方面。外交领导人在塑造国家外交行为、政策选择、WTO贸易争端的处理等方面发挥着重要作用。

11.2.1 领导人对国际贸易的影响

领导人在塑造国家外交行为中发挥着重要作用。领导人的更替影响国家间的贸易关系，专制政权的领导人换届会深刻地改变两国的关系，导致贸易的大幅度下降，而民主政权的领导变革对贸易几乎没有影响（McGillivray，2004）。

Dreher 运用联合国大会的关键票代表国家在外交政策上的立场，探究了领导人在制定外交政策立场中的作用。拥有新领导人的国家在关键选票上的投票频率要比美国高得多，领导层的更迭更有可能导致一个国家和美国之间更紧密的联系，国家领导人有根据自己的喜好制定内外政策的偏好（Dreher，2013）。

外交领导人的特点和能力在其政策选择方面发挥着重要作用。外交政策与国内政策一样，可能因领导人所代表的特定利益而有所不同。当一位更依赖不同社会团体支持的新领导人上台时，外交政策最有可能发生变化（Mattes 等，2015）。

外交领导人做出的决策会对国际贸易产生一定影响。政府为减少交易成本而制定的正式规则和非正式做法的质量和效力的差异，为经合组织国家之间不成比例地相互贸易及与非经合组织国家进行贸易的趋势产生影响（Henri 等，2005）。国有企业比私有企业控制的贸易更为有效，政府利用政治干扰国际贸易。随着政府主导经济的国家（如中国、印度）在全球经济中获得实力，政治化的贸易决策将会增加（Davis 等，2017）。

领导人影响 WTO 贸易争端的发起，也影响到正在进行的争端的解决（Bobick 和 Smith，2013）。贸易争端是由国内政治驱动的，而贸易争端的爆发是由国家内部领导层的更迭所驱动的。领导人的更迭使各国更有可能提出新的申诉，并被其贸易伙伴起诉。非民主国家领导人变更争端发起的影响要比民主国家大得多（Rosendorff 和 Smith，2018）。

因此，理解外交领导人在国际贸易中扮演的角色十分重要，因为他们的决策可能会同时影响贸易规模和贸易质量，进一步影响贸易的有效性，从而带来经济的增长和发展。

11.2.2 领导人特征的表现

首先，领导人性别会对决策产生影响。女性通常更加支持国际合作，而对军事方面表现得比较消极。外交政策在政治进程中具有突出地位且发挥重要作用时，性别差异表现明显（Togeby，1994）。谈判和交易中，女性被认为较为容易妥协，因为女性自身通常更加保守且对自身的晋升不太看重（Solnick，2001）。此外，议会中的性别比例同样能发挥作用，女性代表倾向于强调和平与社会正义，会影响到外交政策，特别是国家发展合作方面（Breuning，2001）。男性和女性有不同的国家安全政策偏好，议会中的女性代表可以减少冲突的行为（Kuziemko 和 Werker，2006）。

其次，政治意识形态会对领导人决策产生影响。左倾的政治意识形态会对市场机制的实施产生更加强烈的干预（Tingley，2010）。在某一特定国家，政治意识形态对国家政策实施的影响也普遍存在。就美国而言，当总统和国会的领导更倾向于自由而不是保守时发展问题得到更多重视（Fleck 和 Kilby，2006）。而在德国，保守政府相比左翼政府在处理国家援助的分配时，更容易受到商业利益和政治战略的诱导（Dreher 等，2015）。

再次，领导人特征体现在教育背景方面。印度政治家的教育背景可以有效降低其在政治上的机会主义，其教育背景和业绩有着系统的联系（Besley，2005）。中央银行家的教育背景和就职经验会影响到他们对通货膨胀率决定的偏好（Göhlmann and Vaubel，2007），在国外民主国家受到教育的个人可以在本国促进民主制度（Spilimbergo，2009）。政府首脑的教育背景和专业背景关系到市场化改革的实施（Dreher，2009）。领导人教育程度的异质性很重要，教育程度较高的政治领导人会在其任期内带来较高的经济增长率（Besley，2011），这表明教育背景以及职业发展中积累的经验会对领导人的决策产生影响。

最后，领导人的经验积累也会对决策产生影响。很多学者针对财政部长个人特征的研究发现，专业经验比教育背景更有影响力。财政部长具有作为前议会议员的政治经验和较长的任职期限会使预算赤字减少（Jochimsen 和 Thomasius，2014）。财政部长的就职期限会影响国家的债务和 GDP 的比率。在选举年或 GDP 负增长时期经验尤为重要，有经验的财政部长通常使债务与 GDP 的比率变得更小（Moessinger，2014）。

综上所述，领导人对国际贸易影响的文献集中在研究领导人更迭、决策、国事访问等行为在国际贸易中的作用，以及领导人所代表的利益集团在国际贸易中发挥的作用。同时，对领导人性别、政治意识形态、教育背景、经验积累等方面个人特征的研究成果也颇多，领导人个人特征对金融、财政、制度、经济增长率等方面影响巨大。我们发现，将领导人个人特征与国际贸易联系起来的文献甚少。本章将把领导人个人特征与国际贸易结合，同时考察领导人特征对贸易规模和贸易质量的影响，确定领导人个人特征在一国国际贸易中发挥的作用。希望对此部分的理论研究补充有益的参考，并能够为国际贸易实践中领导人的选任提供政策参考。

11.3 数据来源及数据描述

11.3.1 数据来源

本书应用的数据集包括 23 个国家的领导人特征数据和贸易流量数据，所列国家都属于经济合作与发展组织。本书引用发展部部长个人特征数据、相应的政府首脑个人特征数据（Andreas Fuchs，2018）[1]，并定义领导人为外交领导人，即贸易国主要负责外交事务的政府成员，而外交部部长通常也是负责国家之间援助发展的发展部长。贸易数据来源于 UN Comtrade 数据库，统计了所列国家对应年份的进出口流量。此数据集共获得了 881 个观测值，包括 1967—2012 年间 23 个 OECD 国家的 310 名领导人，每个国家最多 46 年。

11.3.2 数据描述

如表 11-1 所列数据，出口和进口变量描述了汇报国家在汇报年份的国际贸易流量。贸易质量变量运用贸易竞争力指数，表示汇报国家的国际贸易竞争实力。[2] 人均 GDP、开放程度、政府支出、负债、政治全球化、殖民地相关历史等变量刻画了汇报国家除贸易以外其他经济、政治方面的状况。因为女性代表会影响到外交政策（Breuning，2001），议会中的女性代表可以减少冲突的行为（Kuziemko and Werker，2006），引入女性在议会中的比例并预测此控制变量将会对贸易量的增加和贸易竞争力的提升产生正向的影响。

---

[1] 数据集中 80% 的发展部部长和外交部部长是同一位领导人，几乎全部的发展部部长都在外交部工作。

[2] 贸易竞争力指数（Trade Competitiveness Index）如式 $TC = \dfrac{X_{it} - M_{it}}{X_{it} + M_{it}}$，表示一国进出口贸易的差额占进出口贸易总额的比重。其中，t 代表特定的年份，X 代表某一年的出口流量，M 代表某一年的进口流量，i 表示某一产业或某一产品种类。

表 11-1　贸易数据及领导人特征数据的描述统计

Variable name	Obs	Mean	Std. Dev.	Min	Max
(log) export	881	24.77	1.50	20.69	28.04
(log) import	881	24.83	1.47	20.61	28.47
Quality Trade	881	-0.03	0.13	-0.55	0.31
(log) GDP per capita	858	10.41	0.39	9.11	11.53
Openness	867	66.00	42.79	9.68	352.90
Gov. expenditure	867	18.68	3.76	8.09	28.06
Debt	881	52.72	31.80	0.00	238.03
Political globalization	813	87.06	9.79	48.12	98.43
(log) Colonial history	881	16.64	1.32	12.97	19.57
Female minister	881	0.21	0.41	0	1
Female gov. head	881	0.07	0.25	0	1
Female parliament	873	17.22	12.13	0.00	47.30
Age minister	876	53.77	8.26	31	95
Age gov. head	881	55.89	7.28	37	77
Right-wing minister	881	0.32	0.40	-0.50	1.00
Right-wing gov. head	881	0.32	0.36	-0.50	1.00
Right-wing parliament	881	0.27	0.18	-0.43	0.78
Ideological difference	881	0.26	0.44	0	1
Ideological difference (more right-wing)	881	0.13	0.34	0	1
Ideological difference (more left-wing)	881	0.12	0.33	0	1
Right-wing minister (election manifesto)	877	-3.32	19.89	-58	48.46
Prof. dev. coop. minister	881	0.16	0.36	0	1
Prof. dev. coop. gov. head	881	0.05	0.21	0	1
Economics & business minister	881	0.21	0.41	0	1
Economics & business gov. head	881	0.30	0.46	0	1
Economics minister	881	0.18	0.39	0	1
Economics gov. head	881	0.22	0.41	0	1
Business, commerce, or finance minister	881	0.03	0.17	0	1
Business, commerce, or finance gov. head	881	0.09	0.29	0	1
Law minister	881	0.37	0.48	0	1
Law gov. head	881	0.43	0.50	0	1
Medicine, public health, or pharmacy minister	881	0.01	0.12	0	1
Medicine, public health, or pharmacy gov. head	881	0.01	0.10	0	1
Nat. sciences, math, engineering, agr. minister	881	0.05	0.22	0	1
Nat. sciences, math, engineering, agr. gov. head	881	0.05	0.22	0	1
Political science or other social sciences minister	881	0.28	0.45	0	1
Political science or other social sciences gov. head	881	0.23	0.42	0	1
Teaching, social work, or pedagogics minister	881	0.09	0.29	0	1

续表

Variable name	Obs	Mean	Std. Dev.	Min	Max
Teaching, social work, or pedagogics gov. head	881	0.02	0.14	0	1
Tenure minister	881	2.96	2.29	1	15
Tenure gov. head	881	4.33	3.15	1	18
General ministerial experience minister	881	35.52	27.48	12	180
Tenure + General ministerial experience minister	876	55.12	43.65	12	252
Head of government in the future	881	0.06	0.24	0	1

关于领导人自身的特征，先对外交领导人和政府首脑分别设置了性别上的二元变量，当领导人为女性时值为1。对于政治意识形态，采用了-1至1之间的5个值刻画政党及其对应的意识形态，具体为-1表示未改革的社会主义和共产主义，-0.5代表现代社会主义，0代表社会民主党，0.5表示保守党，1代表自由主义（Bjørnskov和Potrafke，2011）。政府整体的意识形态也会对决策产生影响，如左翼政府能促进双边赠款援助的增长（Brech，2014）。同样，引入议会中政府成员的平均意识形态作为控制变量，之后设置二元变量刻画外交领导人和政府首脑之间政治意识形态的差异，探究其对国际贸易的影响。

领导人的经验特征主要表现在三个方面。首先，运用二元变量刻画了领导人就职之前是否有国际合作的经验。其次，在经济管理、金融、法律、政治、医学以及自然科学方面对领导人的高等教育背景进行了描述。最后，领导人经验还表现在任职期间积累的经验。因为任职时间长短会影响财政部长的财政政策实施效果（Jochimsen和Thomasius，2014；Moessinger，2014），可以用任职时间的长短表示领导人的经验积累，任职时间（按月统计）越长，领导人经验越丰富。

11.4　计量模型与计量方法

11.4.1　计量模型

为了探究外交领导人在国际贸易规模扩大和国际贸易质量提升过程中发挥的作用，笔者试图建立领导人特征和国际贸易规模、国际贸易质量之间的联系。

式（11-1）所示，模型将以下解释变量对贸易流量进行回归，检验领导人潜在的特征对贸易规模的影响，包括领导人的性别、年龄、政治意识形态和经验等。模型主要引入领导人四个方面的经验，包括领导人前期在国际合作方面积累的经验、任职的时间、在经济管理方面所受的教育及在法律方面所受的教育。同时，运用女性在议会中的比例和议会中政府官员的平均意识形态两个控制变量进一步考察。我们将贸易规模模型中的所有解释变量滞后一年，因为各国对双边贸易的谈判通常在前一年进行。

$$\log(Totaltrade_{it}) = \beta_1 \log(Totaltrade_{it-1}) + \beta_2 Gender_{it-1} + \beta_3 Age_{it-1} + \beta_4 Ideology_{it-1} + \sum_l \beta_{5l} Experience_{ilt-1} + \sum_m \beta_{6m} Control_{imt-1} + \eta_i + \mu_i + u_{it} \quad (11-1)$$

式（11-2）构造了领导人特征对国际贸易质量的回归模型。模型引入滞后一期的出口与进口的差额，考察一国贸易竞争力对前期的依赖。而性别、年龄、政治意识形态、领导人经验和控制变量都设定为同期，这是因为一旦贸易谈判决定了贸易规模，贸易规模对贸易质量的影响是直接的。此外，在这个模型中，除了女性在议会中的比例和议会中政府官员的平均意识形态两个控制变量，还引入了人均 GDP、开放程度、政府支出、负债、政治全球化、殖民地相关历史等变量①，因为考虑到影响贸易质量的因素通常更加广泛。

$$QualityTrade_{it} = \gamma_1 \ln QualityTrade_{it-1} + \gamma_2 Gender_{it} + \gamma_3 Age_{it} + \gamma_4 Ideology_{it} + \sum_l \gamma_{5l} Experience_{ilt} + \sum_m \gamma_{6m} Controls_{imt} + \eta_i + \mu_i + v_{it}$$
$$(11-2)$$

以上两个模型中，i 代表汇报贸易国家，t 代表年份，l 表示对领导人经验描述的四种度量方法，而 m 表示模型中引入的控制变量。

11.4.2 国际贸易规模和国际贸易质量的衡量

1. 国际贸易规模的衡量。

本章运用汇报国家在汇报年份的出口流量和进口流量衡量国际贸易规模，

---

① 人均 GDP、开放程度、政府支出、负债、政治全球化、殖民地相关历史数据来源于 Andreas Fuchs, Katharina Richert. Development minister characteristics and aid giving. European Journal of Political Economy, 2018: 186-204。

将领导人特征分别对出口、进口流量进行回归分析。所用进出口流量数据来源于 UN Comtrade 数据库（SITC1 商品分类标准）。

2. 国际贸易质量的衡量。

本章运用贸易竞争力指数（Trade Competitiveness Index，简称 TCI）衡量国际贸易质量，表示汇报国家的贸易状况在国际中的竞争力。贸易竞争力指数如式（11-3）所示，表示一国进出口贸易的差额占进出口贸易总额的比重。其中，t 代表特定的年份，X 代表某一年的出口流量，M 代表某一年的进口流量，进出口流量数据同样来源于 UN Comtrade 数据库。式中 i 表示某一产业或某一产品种类。因为本章研究领导人特征对国际贸易质量的影响，此时 i 指汇报国家的贸易竞争力，描述的是某国贸易产品总体。

$$TC = \frac{X_{it} - M_{it}}{X_{it} + M_{it}} \tag{11-3}$$

该指标作为贸易总额的相对值，剔除了经济膨胀、通货膨胀等宏观因素方面波动的影响。其值越接近于 0 表示竞争力越接近于平均水平。该指数为 -1 时表示该产业只进口不出口，越接近于 -1 表示竞争力越薄弱。该指数为 1 时表示该产业只出口不进口，越接近于 1 则表示竞争力越大。

11.4.3 计量方法

为了检验真正源于领导人特征的影响，进行实证分析时进一步控制了相应政府首脑的相关特征。政府首脑的想法在很大程度上影响甚至决定外交领导人的决策（Lundsgaarde，2013），因此控制政府首脑的相应特征可以避免错误地将政府首脑的决策归因于外交领导人。这种表现在政治意识形态和性别方面最为突出，因为在选任外交领导人时，政府首脑通常会带有政治意识方面的导向。同样，在立法方面，议会中议员的性别比例也可能会影响外交领导人。所以模型引入了女性官员在议会中的比例和议会成员的平均意识形态作为控制变量，减少对外交领导人自身特征的贸易效应产生的影响。

笔者的研究使用了国家固定效应和年份固定效应的最小二乘法估计模型及政府首脑水平上聚类的稳健标准误。在进行贸易规模和贸易质量的估计时，均在国家固定效应和年份固定效应的基础上进行排除政府首脑相应特征、加入政府首脑相应特征和引入政府首脑固定效应三个步骤的分析。在考察贸易规模时，分别对出口和进口流量进行回归。

值得注意的是，模型中包括滞后被解释变量，此时固定效应的估计可能会导致不一致估计量的后果。但因为每个国家的平均统计年份都在 32 年以上，不一致估计量的问题在使用最小二乘法对贸易规模回归时便可以忽略不计。

11.5 领导人特征对国际贸易影响的实证结果分析

11.5.1 领导人特征对国际贸易规模的影响

表 11－2 显示了领导人特征对进出口贸易流量的回归结果。所有结果均采用个体固定效应和年份固定效应模型。(1)—(4)列显示了固定汇报国家的回归结果，其中，第(1)列和第(4)列显示了排除政府首脑相应特征的结果；第(3)列和第(4)列加入政府首脑的个人特征，考察外交领导人特征的真正影响；第(5)列和第(6)列代表了政府首脑固定效应下的回归结果。回归分析时分别考虑了出口和进口的情况。回归结果中 R^2 均高于 90%，模型具有极强的解释力。

表 11－2 领导人特征和贸易规模（1967—2012 年）

Variables	(1) lnexport	(2) lnimport	(3) lnexport	(4) lnimport	(5) lnexport	(6) lnimport
Lagged DV	0.8600*** (0.027)	0.8440*** (0.021)	0.8570*** (0.027)	0.8400*** (0.022)	0.5770*** (0.043)	0.5490*** (0.039)
Female minister	0.0132* (0.007)	0.0081 (0.006)	0.0127* (0.007)	0.0067 (0.007)	0.0154 (0.011)	0.0128 (0.011)
Female gov. head			0.0046 (0.012)	0.0031 (0.012)		
Female parliament	0.0007 (0.001)	－0.0011 (0.001)	0.0007 (0.001)	－0.0011 (0.001)	－0.0002 (0.002)	－0.0025 (0.020)
Minister's Age	0.0005 (0.000)	0.0009* (0.000)	0.0006 (0.000)	0.0010** (0.000)	0.0002 (0.001)	0.0003 (0.001)

续表

Variables	(1) lnexport	(2) lnimport	(3) lnexport	(4) lnimport	(5) lnexport	(6) lnimport
Gov. head's Age			5.46e-05 (0.000)	-0.0003 (0.000)		
Right-wing minister	0.0095 (0.008)	-0.0020 (0.007)	0.0208* (0.012)	0.0045 (0.012)	0.0389** (0.020)	0.0152 (0.019)
Right-wing gov. head			-0.0178 (0.013)	-0.0103 (0.019)		
Right-wingparliament	-0.0157 (0.027)	0.0270 (0.033)	-0.0056 (0.029)	0.0343 (0.034)	0.0923* (0.053)	0.1300** (0.051)
Ideological difference	0.0215*** (0.008)	0.0180** (0.008)	0.0219*** (0.008)	0.0173** (0.001)	0.0240* (0.014)	0.0196 (0.014)
Prof. coop. minister	0.0130* (0.007)	0.0012 (0.007)	0.0139** (0.006)	0.0009 (0.007)	0.0200** (0.010)	0.0125 (0.013)
Prof. coop. gov. head			0.0043 (0.009)	0.0123 (0.009)		
Tenure minister	0.0009 (0.001)	0.0010 (0.001)	0.0005 (0.001)	0.0007 (0.001)	0.0019 (0.002)	0.0007 (0.002)
Tenure gov. head			-4.42e-05 (0.001)	0.0002 (0.001)		
Economics & business minister	0.0013 (0.007)	0.0017 (0.007)	0.0032 (0.007)	0.0031 (0.007)	0.0119 (0.013)	0.0007 (0.012)
Economics & business gov. head			-0.0072 (0.006)	-0.0048 (0.007)		
Law minister	0.0115* (0.006)	0.0042 (0.007)	0.0115* (0.007)	0.0040 (0.007)	-0.0043 (0.010)	-0.0113 (0.010)
Law gov. head			-0.0010 (0.006)	-0.0017 (0.007)		
Constant	3.1750*** (0.588)	3.5060*** (0.480)	3.2320*** (0.610)	3.5970*** (0.501)	9.4000*** (0.963)	10.0500*** (0.900)
Country FE	Yes	Yes	Yes	Yes	No	No
Gov. head FE	No	No	No	No	Yes	Yes
Year FE	Yes	Yes	Yes	Yes	Yes	Yes

续表

Variables	(1)	(2)	(3)	(4)	(5)	(6)
	lnexport	lnimport	lnexport	lnimport	lnexport	lnimport
Observations	847	847	847	847	847	847
R – squared (within)	0.995	0.994	0.995	0.994	0.960	0.949
Number of countries	23	23	23	23	—	—
Number of gov. heads	—	—	—	—	188	188

注：括号中的数值为标准误；*** $p<0.01$，** $p<0.05$，* $p<0.1$.

首先，关注控制变量。滞后一期的被解释变量均表现出在1%水平上极高的显著性，系数为正且数值较大，表明一国的贸易规模随着贸易发展不断增加。随着贸易规模扩大带来的经济增长，贸易合作进一步加深，总体表现为不断增长的贸易量。女性在议会中的比例变量的系数具有不确定性，且没有表现出显著性，表明议会中女性代表对贸易规模的增长并没有起到重要作用。与此不同的是，在政府首脑固定效应模型的回归中，右倾的政府平均意识形态对贸易规模的扩大产生正向积极的影响，至少在10%的水平上，可能因为更加保守的政府不容易做出双边贸易制裁等冲动的行为，更加有利于贸易谈判的进行，从而促进贸易量的平稳增长。政府平均意识形态的影响在国家固定效应时并不显著。

其次，讨论感兴趣的外交领导人自身的特征。领导人的性别、年龄和政治意识形态均对贸易规模产生一定影响。领导人的性别对出口贸易量的增长有一定积极的影响。未引入政府首脑特征和引入政府首脑特征时，领导人性别均在10%的水平上显著。而领导人的年龄至少在10%的水平上对进口贸易量有正向的显著影响。这可能是因为随着领导人年龄的增长，自身的经验以及在议会中的威望都有所增加，更能促进贸易谈判，从而增加贸易量。领导人的政治意识形态及其与政府首脑意识形态的差异对贸易量的变化产生一定的作用。领导人自身的政治意识形态影响出口规模，引入政府首脑特征时在5%水平上显著，固定政府首脑时在10%水平上显著，这种影响都是促进出口贸易规模的扩大，表明越保守的领导人越利于出口增长。值得注意的是，领导人和政府首脑的意识形态的差异对贸易规模的扩大产生强烈的影响。除了政府首脑固定效应下的进口规模，无论是出口还是进口，意识形态的差异都产生正向的显著作用。在国家固定效应下，对出口规模的显著影响达到1%的水平，对进口规模的显著影响达到5%的水平。结果的呈现可能由于外交领导人和政府首脑的意识分歧导致其决策和行为的分歧，更有利于激烈辩论下最理性决策的产生，对贸易量的增加产生更加有利的影响。

最后，领导人的经验对贸易规模的影响主要体现在四个方面。排除政府首脑特征、引入政府首脑特征和固定政府首脑特征三种回归模式下，领导人就职前在国际合作方面的经验对出口规模都产生显著的积极影响，至少在10%的水平上显著。领导人任职时间所带来的经验并没有带来显著的贸易量的变化。至于领导人的高等教育背景，集中于经济管理和法律两个方面。然而经济管理方面的教育背景并不能显著影响贸易规模，这可能是因为议会的力量过强，即使外交领导人有经济管理方面的经验也会被议会中财政部长等主要政府官员的观点抵消。值得注意的是，领导人在法律方面的教育背景会带来贸易规模的变化，集中于出口方面。未引入政府首脑特征时，领导人法律方面的教育背景对出口量的增长产生10%水平上显著的积极影响，引入政府首脑的影响后，领导人以法律背景对出口量仍然产生10%水平上的积极显著影响。说明领导人在法律方面越有学识，就越能影响贸易规模。这可能是因为国际贸易合作中或者议会谈判中需要法律方面的辅助。所以，领导人就职前在国际合作方面的经验积累和领导人在法律方面的高等教育基础的确能够促进贸易规模扩大，领导人经验越丰富，贸易量越大。

综上所述，尽管贸易规模的不断扩大在极大程度上依赖于本国的经济增长，领导人的个人特征也对贸易规模产生不可忽视的影响，这种影响可能集中于进口、出口或对进出口贸易均产生影响。女性领导人、右倾领导人、任职前国际合作经验丰富的领导人和法律教育背景丰富的领导人更容易对出口贸易量增长产生积极影响；年龄更高的领导人对进口贸易规模的扩大发挥较大的作用。外交领导人和政府首脑的政治意识形态差异的作用同时促进出口量和进口量的增加，是作用较明显的一个变量。值得关注的是，对于贸易规模，个人特征的影响仅体现在外交领导人自身，政府首脑个人特征并没有显著作用，表11-2中，第（3）列和第（4）列引入政府首脑个人特征后，政府首脑的性别、年龄、政治意识形态和经验等特征都没有对贸易规模的变化产生显著作用。

11.5.2 领导人特征对国际贸易质量的影响

表11-3显示了领导人特征对国际贸易质量的影响即国际贸易竞争力的回归

结果。引入国际贸易竞争力指标作为被解释变量后，第（1）列和第（2）列排除对前期出口和进口之间差值的依赖，第（3）列至第（5）列引入这种依赖。所有检测结果均在年份固定效应下进行。第（1）列至第（3）列引入汇报国家固定效应，其中，第（1）列排除政府首脑相应特征，第（2）列引入政府首脑相应特征，考察外交领导人特征的真正影响第（3）列，同时引入对前期出口、进口之间差值的依赖和政府首脑相应特征。第（4）列取消对汇报国家的固定效应，进行混合回归。第（5）列引入政府首脑固定效应考察领导人个人特征对贸易竞争力的作用。

表 11-3　领导人特征和贸易质量（1967—2012 年）

Variables	(1) TC	(2) TC	(3) TC	(4) TC	(5) TC
Lagged (Export – Import)			0.0017*** (0.000)	0.0040*** (0.000)	0.0005*** (0.000)
(log) GDP per capita	0.2780*** (0.057)	0.3050*** (0.055)	0.2660*** (0.046)	0.1240*** (0.032)	-0.2970*** (0.092)
Openness	0.0004 (0.001)	0.0005 (0.001)	0.0001 (0.000)	-0.0002 (0.000)	-0.0003 (0.000)
Gov. expenditure	0.0032 (0.004)	0.0036 (0.004)	0.0014 (0.003)	0.0014 (0.002)	-0.0081** (0.004)
Debt	0.0002 (0.000)	0.0002 (0.000)	0.0001 (0.000)	-0.0004 (0.000)	0.0009*** (0.000)
Political globalization	-0.0011 (0.001)	-0.0011 (0.001)	-0.0004 (0.001)	-0.0010 (0.001)	0.0004 (0.001)
(log) Colonial history	-0.2460*** (0.039)	-0.2570*** (0.039)	-0.2000*** (0.032)	0.0011 (0.001)	-0.1950** (0.076)
Female minister	-0.0008 (0.009)	-0.0017 (0.009)	-0.0061 (0.008)	-0.0019 (0.013)	0.0010 (0.007)
Female gov. head		0.0415** (0.017)	0.0258* (0.013)	0.0161 (0.020)	
Female parliament	0.0008 (0.001)	0.0002 (0.001)	0.0009 (0.001)	9.67e-05 (0.001)	-7.18e-05 (0.001)

续表

Variables	(1) TC	(2) TC	(3) TC	(4) TC	(5) TC
Minister's Age	5.97e−05 (0.001)	−8.51e−05 (0.001)	−0.0001 (0.000)	−0.0005 (0.001)	−0.0003 (0.000)
Gov. head's Age		0.0012** (0.001)	0.0009* (0.001)	0.0016 (0.001)	
Right-wing minister	−0.0160 (0.011)	−0.0142 (0.012)	−0.0045 (0.011)	0.0091 (0.018)	−0.0013 (0.009)
Right-wing gov. head		−0.0030 (0.013)	−0.0069 (0.011)	−0.0254 (0.018)	
Right-wing parliament	0.0636 (0.043)	0.0688 (0.044)	0.0413 (0.041)	−0.0634* (0.035)	0.0439 (0.032)
Ideological difference	0.0205** (0.009)	0.0243*** (0.009)	0.0192** (0.007)	0.0227** (0.009)	−0.0220*** (0.008)
Prof. coop. minister	0.0067 (0.010)	0.0058 (0.010)	0.0039 (0.008)	0.0165 (0.014)	0.0139 (0.010)
Prof. coop. gov. head		0.0007 (0.017)	−0.0022 (0.014)	−0.0047 (0.014)	
Tenure minister	−0.0005 (0.001)	−1.71e−05 (0.001)	−0.0004 (0.001)	−0.0016 (0.002)	0.0009 (0.001)
Tenure gov. head		−0.0027** (0.001)	−0.0022** (0.001)	−0.0037** (0.001)	
Economics & business minister	−0.0192** (0.008)	−0.0227*** (0.008)	−0.0189*** (0.007)	−0.0049 (0.012)	0.0012 (0.007)
Economics & business gov. head		0.0178* (0.010)	0.0040 (0.009)	−0.0245 (0.018)	
Law minister	−0.0145* (0.008)	−0.0122 (0.010)	−0.0103 (0.006)	−0.0072 (0.012)	−0.0094* (0.006)
Law gov. head		0.0281*** (0.009)	0.0223*** (0.007)	−0.0130 (0.015)	
Constant	−0.3460 (0.655)	−0.5730 (0.645)	−0.7230 (0.537)	−1.2160*** (0.285)	4.9930*** (1.339)
Country FE	Yes	Yes	Yes	No	No

续表

Variables	(1) TC	(2) TC	(3) TC	(4) TC	(5) TC
Gov. head FE	No	No	No	No	Yes
Year FE	Yes	Yes	Yes	Yes	Yes
Observations	786	786	778	778	778
R – squared（within）	0.477	0.507	0.596	0.641	0.322
Number of countries	23	23	23	—	—
Number of gov. heads	—	—	—	—	176

注：括号内的数值为标准误；*** $p<0.01$，** $p<0.05$，* $p<0.1$。

研究领导人特征对贸易质量的影响时，引入了较多因素进行综合考察。引入滞后一期的出口与进口量之差后，其对贸易竞争力有正向显著影响，但系数较小。相比于前期依赖对贸易规模的较大决定作用，贸易质量对前期的依赖显得比较微弱。不固定政府首脑特征时，人均GDP对贸易竞争力产生1%水平上极其显著的正向影响，表明贸易竞争力依赖于前期的贸易质量状况和国内经济发展状况。人均GDP变量的系数较大，可以引起12%—30%的贸易质量提升，表明人均GDP是贸易质量提高的关键因素之一。但固定政府首脑特征时，显著影响变成了负向，即阻碍贸易质量提升。国家的开放程度和国家的全球化程度对贸易竞争力没有显著影响，这可能与选取的数据有关，汇报OECD国家的国家开放程度普遍较高，对贸易质量的影响减弱了。未引入政府首脑个人特征时，政府支出和负债对贸易竞争力没有作用。采用政府首脑固定效应时，政府支出产生5%水平上负向影响，负债产生1%水平上显著正向作用。殖民地的相关历史对贸易竞争力的影响为负向。其中，国家固定效应下，殖民地的历史在1%水平上对贸易质量具有显著的负向影响，采用政府首脑固定效应时，这一影响的显著水平为5%，殖民地历史的影响程度均较大，影响了20%—25%的贸易质量。可以发现，历史上殖民地的人口越多，殖民统治越强，贸易竞争力越小。

关于外交领导人自身的特征，我们同样关注了领导人性别、年龄、政治意识形态、经验等因素。外交领导人性别并没有对贸易质量产生显著的直接影响。但引入政府首脑个人特征时，政府首脑是否为女性对贸易竞争力产生了5%和10%水平上显著的正向影响。一方面，说明政府首脑若为女性，将有利于贸易竞争力的提升。这符合预期的推断，正如女性领导人通常会更加注重贸易利益的分配（Hicks 等，2016）。另一方面，可能女性在政治活动中通常表现比较优柔寡断，相比男性政府官员更能做出理性的决策。另外，妇女在议会中的比例在五种类型的回归中均没有表现出显著作用。外交领导人的年龄对贸易质量没有产生影响。但国家固定效应下，领导人越年长，越促进贸易竞争力的提高，且这种正向影响至少在 10% 水平上显著。这也可能与领导人思想和决策的理性特点有关，年龄越大越理性，这将会影响贸易竞争力的提高。领导人政治意识形态的作用体现在议会中的平均意识形态以及领导人与政府首脑的差异。第（4）列混合回归下，议会中政府官员的平均意识形态对贸易竞争力产生了 10% 水平的显著负向影响。这表明，整个议会的政治意识形态越趋于保守，越不利于贸易竞争力提高。和意识形态差异对贸易规模的影响类似，外交领导人与政府首脑意识形态的差异显著影响贸易质量的变化，在 1% 和 5% 的水平上显著。国家固定效应和混合回归中，这种影响为正向，即促进贸易竞争力的提升；政府首脑固定效应下，这一显著影响为负，即阻碍贸易竞争力的提升。因此，外交领导人与政府首脑意识形态的差异对贸易质量的影响具有不确定性，更多地，政府首脑和外交领导人的政治意识形态差异越大，越有利于提高贸易竞争力，因为政府首脑经常干涉外交领导人的事务，而双方在政治意识形态上的立场不一致可能导致针对贸易发展政策的激烈讨论，使政策制定过程更加理性，最终达到最优的解决办法。综合以上对领导人性别、年龄及政治意识形态等个人特征的阐述，可以发现政治活动中理性促进贸易质量提升，而保守是阻碍贸易质量提升的重要因素。

领导人的经验累积是否会对贸易质量产生影响？首先，无论是外交领导人还是政府首脑，就职前从事国际合作工作的经验在五种回归模型下均没有影响，领导人处理国际合作有关工作的经验不能提升国家在国际贸易中的竞争力。其次，尽管领导人任职期限的长短不会对贸易质量产生显著影响，但政府首脑任职期限越长，越阻碍贸易竞争力的提升，这种影响均在 5% 水平上显著。国际贸易竞争力的提升与政府决策密切相关，政府首脑任职期限的阻碍作用可能因为，在重大外交决策战略方面，政府首脑的主导作用明显，任职期限长的政府首脑更容易做出贸易保护等保守的利己行为。关于领导人的高等教育背景，出乎意料的是，领导人在法律和经济管理方面的学识会对贸易竞争力提高产生负向影响，并且此时领导人经济管理方面的学识产生的影响非常显著，达到 1% 显著水平。这或许因为领导人高等学识越丰富，越容易倾向保守，比如，过度施行贸易保护主义等。然而，政府首脑在法律和经济管理方面的学识都对贸易竞争力的提升产生显著的积极促进作用，更有利于全局决策，提升贸易质量。

综上所述，国际贸易质量对本国经济的发展状况有一定的依赖性，但没有贸易规模的依赖性强，领导人特征对国际贸易质量也产生了强烈的影响。在考察贸易竞争力变化时，政府首脑个人特征的作用似乎更加明显，比外交领导人发挥了更大的作用。一方面，政府首脑为女性、年龄增长及受教育水平较高时，会导致其思想和决策趋于理性，从而促进贸易质量提高。从而政府首脑任职期限的增长会直接阻碍贸易质量提高。而外交领导人对国际贸易质量的作用主要体现在高等教育背景方面，在法律和经济管理方面的学识会使其趋于保守，而阻碍贸易竞争力的提升。另一方面，政府首脑和外交领导人在政治意识形态上的差异则会对贸易质量的提升在通常情况下起到极其显著的促进作用。

11.6 稳健性检验

汇报国家民主程度不同时，是否会得到稳健的结果呢？The EIU 每年发布民主指数（Democracy Index），以 0—10 分的评分来衡量和检测世界各国的民主程度。笔者根据 2018 年按国家列式的民主指数将汇报国家分为两个组别。挪威等 15 个汇报国家属于全面民主（Full democracy），韩国等 8 个汇报国家属于有缺陷的民主（Flawed democracy）。以相同的计量方法分别对两个组别进行贸易规模和贸易质量的回归检验，回归结果见附表1—附表4。

如附表1和附表2所示，贸易规模依然极大地依赖于前一期，系数和显著性都保持着稳健性。对于全面民主的国家，外交领导人的性别、年龄、就职前经济合作的经验及外交领导人和政府首脑之间意识形态的差异等变量依然保持相似的显著性，其他变量不再显著。与此相反的是，对于有缺陷的民主的国家，只有外交领导人和政府首脑的政治意识形态及领导人就职前对外合作的经验和法律方面的专业积累依然保持显著性。而此时，政府首脑就职前及就职期间经验的积累对贸易规模表现出 1% 和 10% 水平上的阻碍作用，外交领导人任职期间经验的积累在 10% 水平上起到促进作用，这与预期是一致的。总体而言，领导人特征对贸易规模的影响是不稳健的。

如附表 3 和附表 4 所示，类似于贸易规模，贸易质量对前期的依赖保持稳健性，依赖程度较小。当国家全面民主时，除了负债水平外，其他经济政治方面的控制变量都保持稳健性。性别、政治意识形态及差异、就职经验的积累、经济法律方面的学识等变量的系数和显著性均保持稳定。当国家处于有缺陷的民主时，政治经济因素带来的影响与前文不同，但性别、年龄、政治意识形态差异、就职期间的经验积累及经济法律方面的学历等变量均与前文回归结果一致。此外，对于有缺陷的民主，外交领导人和政府首脑就职前对外合作的经验至少在 10% 的水平上显著地对贸易竞争力的提升起到促进作用。总之，我们认为，领导人特征对贸易质量的影响结果是稳健的。

11.7 结　论

本章运用 23 个 OECD 国家的 310 名领导人特征数据（包括对应政府首脑相应特征数据）和国际贸易数据构建回归模型，实证分析了领导人特征是否会对国际贸易的发展产生影响。文中用汇报国家在汇报年份的进出口流量刻画贸易规模，用贸易竞争力指数衡量贸易质量。之后分别用领导人性别、年龄、政治意识形态、经验等方面的特征对贸易规模和贸易质量建立回归。

进行实证分析的过程中，在国家固定效应和时间固定效应的基础上逐步考察领导人特征对国际贸易规模和质量的影响。首先，剔除相应政府首脑特征初步考察。其次，引入相应政府首脑特征考察外交领导人特征对国际贸易产生的净作用。最后，引入政府首脑固定效应。

研究发现：尽管贸易规模的不断扩大在极大程度上依赖于本国的经济增长，领导人的个人特征也对贸易规模产生不可忽视的影响，这种影响可能集中于进口、出口或对进出口贸易均产生影响。领导人性别、政治意识形态、就职前经验以及法律方面的学识对贸易规模影响较大。外交领导人和政府首脑的政治意识形态的差异的作用同时促进出口量和进口量的增加，是作用较明显的一个变量。对于贸易规模，个人特征的影响仅体现在外交领导人自身，政府首脑个人特征并没有显著作用。

然而，尽管国际贸易质量依赖于本国经济的发展状况，领导人特征对国际贸易质量也产生了强烈的影响。政府首脑个人特征的作用似乎更加明显。政府首脑为女性、年龄增长及较高教育水平都会促进贸易质量提高，而政府首脑任职期限的增长会直接阻碍贸易质量提高。外交领导人对国际贸易质量的作用主要体现在高等教育背景方面，在法律和经济管理方面的高学识会阻碍贸易竞争力的提升。政府首脑和外交领导人在政治意识形态上的差异则会对贸易质量的提升在通常情况下起到极其显著的促进作用。

当考察不同国家的民主程度不同时，领导人特征对国际贸易规模的影响是不稳健的，对国际贸易质量的影响具有稳健性。

11.8 结　语

通过本章的初步研究，得出的结论是外交领导人自身特征的确在某国的国际贸易发展中起到十分重要的作用。这种作用在贸易规模扩张和贸易质量提升中产生巨大影响。不同方面的特征可能促进国际贸易发展，也可能阻碍国际贸易发展。国际贸易领导人特征会影响贸易政策的有效性，从而对国家的经济增长与发展产生影响。发展中扮演的角色的研究也具有实际意义，可以为国家对外贸易的发展、选任外交部部长及与对外贸易有关的政府职员提供政策参考。

附表1　　领导人特征和贸易规模（Full democracy）

Variables	(1) lnexport	(2) lnimport	(3) lnexport	(4) lnimport	(5) lnexport	(6) lnimport
Lagged DV	0.8550*** (0.034)	0.8400*** (0.024)	0.8480*** (0.036)	0.8290*** (0.025)	0.5950*** (0.054)	0.5650*** (0.050)
Female minister	0.0112 (0.008)	0.0084 (0.007)	0.0107 (0.008)	0.0072 (0.007)	0.0195 (0.012)	0.0186* (0.010)
Female gov. head			0.0045 (0.014)	0.0034 (0.013)		
Female parliament	-3.05e-05 (0.001)	-0.0018 (0.001)	-0.0002 (0.001)	-0.0019 (0.001)	0.0010 (0.002)	-0.0020 (0.003)
Minister's Age	0.0008 (0.001)	0.0012* (0.001)	0.0009 (0.001)	0.0014** (0.001)	0.0010 (0.001)	0.0008 (0.001)

续表

Variables	(1)	(2)	(3)	(4)	(5)	(6)
	lnexport	lnimport	lnexport	lnimport	lnexport	lnimport
Gov. head's Age			0.0003	-6.69e-05		
			(0.001)	(0.001)		
Right-wing minister	0.0074	0.0047	0.0197	0.0183	0.0358	0.0248
	(0.009)	(0.009)	(0.015)	(0.017)	(0.026)	(0.026)
Right-wing gov. head			-0.0245	-0.0294		
			(0.022)	(0.031)		
Right-wing parliament	0.0101	-0.0285	0.0525	0.0268	0.1160	0.1330
	(0.048)	(0.059)	(0.057)	(0.070)	(0.092)	(0.097)
Ideological difference	0.0284***	0.0196**	0.0302***	0.0214**	0.0510***	0.0443***
	(0.010)	(0.010)	(0.011)	(0.010)	(0.016)	(0.017)
Prof. coop. minister	0.0153	0.0018	0.0142*	0.0008	0.0263*	0.0186
	(0.010)	(0.009)	(0.008)	(0.009)	(0.014)	(0.017)
Prof. coop. gov. head			0.0110	0.0094		
			(0.011)	(0.011)		
Tenure minister	0.0005	0.0011	-0.0002	0.0004	0.0007	0.0002
	(0.001)	(0.001)	(0.001)	(0.001)	(0.002)	(0.002)
Tenure gov. head			5.44e-05	6.61e-05		
			(0.001)	(0.001)		
Economics & business minister	0.0083	0.0055	0.0103	0.0093	0.0134	-0.0029
	(0.010)	(0.010)	(0.010)	(0.010)	(0.018)	(0.016)
Economics & business gov. head			-0.0046	-0.0146		
			(0.010)	(0.009)		
Law minister	0.0134	0.0095	0.0145	0.0126	-0.0036	-0.0150
	(0.009)	(0.010)	(0.010)	(0.010)	(0.012)	(0.012)
Law gov. head			0.0022	0.0004		
			(0.011)	(0.010)		
Constant	3.1990***	3.5130***	3.3360***	3.7590***	8.8140***	9.5160***
	(0.741)	(0.542)	(0.803)	(0.566)	(1.221)	(1.148)
Country FE	Yes	Yes	Yes	Yes	No	No
Gov. head FE	No	No	No	No	Yes	Yes
Year FE	Yes	Yes	Yes	Yes	Yes	Yes
Observations	594	594	594	594	594	594
R-squared (within)	0.995	0.993	0.995	0.994	0.958	0.947
Number of countries	15	15	15	15	—	—
Number of gov. heads	—	—	—	—	111	111

注：括号中的数值为标准误；*** $p<0.01$，** $p<0.05$，* $p<0.1$。

附表 2　　领导人特征和贸易规模（Flawed democracy）

Variables	(1) lnexport	(2) lnimport	(3) lnexport	(4) lnimport	(5) lnexport	(6) lnimport
Lagged DV	0.8220*** (0.031)	0.8470*** (0.047)	0.8200*** (0.034)	0.8270*** (0.057)	0.3700*** (0.061)	0.3980*** (0.062)
Female minister	0.0127 (0.018)	-0.0041 (0.021)	0.0175 (0.021)	-0.0037 (0.026)	0.0114 (0.027)	0.0025 (0.032)
Female gov. head			0.0021 (0.042)	-0.0033 (0.059)		
Female parliament	0.0014 (0.002)	0.0003 (0.002)	0.0011 (0.002)	0.0009 (0.002)	-0.0013 (0.002)	0.0007 (0.003)
Minister's Age	0.0001 (0.001)	0.0006 (0.001)	0.0001 (0.001)	0.0006 (0.001)	-0.0015 (0.001)	-0.0009 (0.001)
Gov. head's Age			-0.0003 (0.001)	-0.0011 (0.001)		
Right-wing minister	-0.0002 (0.012)	-0.0224 (0.015)	0.0218 (0.019)	-0.0330 (0.023)	0.0359* (0.020)	-0.0376 (0.036)
Right-wing gov. head			-0.0225 (0.017)	0.0179 (0.023)		
Right-wing parliament	0.0107 (0.042)	0.1230*** (0.046)	0.0280 (0.040)	0.1330*** (0.044)	0.0774 (0.058)	0.1870*** (0.064)
Ideological difference	-0.0003 (0.013)	0.0114 (0.013)	-0.0091 (0.014)	0.0093 (0.016)	-0.0165 (0.012)	-0.0290 (0.019)
Prof. coop. minister	0.0150 (0.011)	0.0101 (0.011)	0.0169 (0.012)	0.0061 (0.011)	0.0305* (0.016)	0.0107 (0.023)
Prof. coop. gov. head			-0.0610*** (0.019)	-0.0285 (0.036)		
Tenure minister	0.0034 (0.003)	-0.0036 (0.003)	0.0047 (0.003)	-0.0020 (0.003)	0.0069* (0.004)	0.0026 (0.005)
Tenure gov. head			-0.0035* (0.002)	-7.65e-05 (0.003)		
Economics & business minister	-0.0064 (0.010)	0.0002 (0.012)	0.0004 (0.013)	6.45e-05 (0.015)	0.0202 (0.015)	0.0305 (0.022)
Economics & business gov. head			-0.0117 (0.011)	0.0068 (0.014)		

续表

Variables	(1) lnexport	(2) lnimport	(3) lnexport	(4) lnimport	(5) lnexport	(6) lnimport
Law minister	0.0157* (0.009)	-0.0050 (0.010)	0.0129 (0.010)	-0.0047 (0.010)	0.0213 (0.015)	0.0101 (0.017)
Law gov. head			0.0043 (0.010)	0.0007 (0.012)		
Constant	4.1530*** (0.694)	3.5750*** (1.056)	4.2350*** (0.763)	4.0960*** (1.302)	14.4100*** (1.383)	13.8700*** (1.440)
Country FE	Yes	Yes	Yes	Yes	No	No
Gov. head FE	No	No	No	No	Yes	Yes
Year FE	Yes	Yes	Yes	Yes	Yes	Yes
Observations	253	253	253	253	253	253
R-squared (within)	0.997	0.997	0.998	0.997	0.983	0.971
Number of countries	8	8	8	8	—	—
Number of gov. heads	—	—	—	—	77	77

注：括号中的数值为标准误；*** $p<0.01$, ** $p<0.05$, * $p<0.1$。

附表3 领导人特征和贸易质量（Full democracy）

Variables	(1) TC	(2) TC	(3) TC	(4) TC	(5) TC
Lagged (Export - Import)			0.0016*** (0.000)	0.0028*** (0.000)	0.0007*** (0.000)
(log) GDP per capita	0.3470*** (0.062)	0.3540*** (0.061)	0.3230*** (0.052)	0.1110*** (0.035)	-0.3050*** (0.104)
Openness	-0.0002 (0.001)	1.58e-05 (0.001)	-0.0003 (0.000)	-0.0006*** (0.000)	-0.0003 (0.000)
Gov. expenditure	-0.0026 (0.004)	-0.0029 (0.004)	-0.0033 (0.003)	-3.73e-05 (0.002)	-0.0076 (0.005)
Debt	0.0008*** (0.000)	0.0009*** (0.000)	0.0008*** (0.000)	0.0007** (0.000)	0.0010*** (0.000)
Political globalization	0.0005 (0.001)	0.0002 (0.001)	0.0007 (0.001)	-0.0013 (0.001)	0.0005 (0.001)
(log) Colonial history	-0.2470*** (0.039)	-0.2340*** (0.038)	-0.1840*** (0.031)	-0.0008 (0.001)	-0.2590*** (0.087)

续表

Variables	(1) TC	(2) TC	(3) TC	(4) TC	(5) TC
Female minister	0.0057 (0.009)	0.0015 (0.010)	-0.0055 (0.009)	-0.0037 (0.012)	-0.0031 (0.007)
Female gov. head		0.0411** (0.016)	0.0261** (0.013)	0.0202 (0.014)	
Female parliament	0.0015 (0.001)	0.0007 (0.001)	0.0012 (0.001)	-0.0011 (0.001)	-0.0002 (0.002)
Minister's Age	2.57e-05 (0.001)	-0.0003 (0.001)	-0.0002 (0.001)	-0.0014* (0.001)	-0.0009 (0.001)
Gov. head's Age		-7.33e-05 (0.001)	-0.0003 (0.001)	0.0005 (0.001)	
Right-wing minister	-0.0238* (0.013)	-0.0219 (0.014)	-0.0100 (0.013)	0.0084 (0.019)	-0.0121 (0.012)
Right-wing gov. head		0.0006 (0.016)	-0.0079 (0.014)	-0.0194 (0.020)	
Right-wing parliament	0.1470** (0.058)	0.1560** (0.064)	0.1050* (0.060)	-0.1160** (0.049)	0.0819 (0.055)
Ideological difference	0.0267** (0.011)	0.0266** (0.011)	0.0191* (0.010)	0.0098 (0.010)	-0.0168* (0.009)
Prof. coop. minister	0.0135 (0.012)	0.0080 (0.012)	0.0036 (0.011)	0.0146 (0.015)	0.0147 (0.011)
Prof. coop. gov. head		-0.0011 (0.016)	-0.0068 (0.013)	-0.0133 (0.021)	
Tenure minister	-0.0002 (0.002)	0.0002 (0.002)	-0.0002 (0.001)	0.001 (0.001)	0.0021* (0.001)
Tenure gov. head		-0.0015 (0.001)	-0.0011 (0.001)	-0.0028** (0.001)	
Economics & business minister	-0.0160** (0.008)	-0.0220*** (0.008)	-0.0168** (0.007)	-0.0106 (0.010)	-0.0068 (0.009)
Economics & business gov. head		0.0275** (0.012)	0.0089 (0.010)	0.0152 (0.015)	
Law minister	-0.0114 (0.010)	-0.0131 (0.009)	-0.0120 (0.008)	-0.0269** (0.011)	-0.0185** (0.008)

续表

Variables	(1) TC	(2) TC	(3) TC	(4) TC	(5) TC
Law gov. head		0.0312*** (0.011)	0.0235*** (0.009)	−0.0109 (0.012)	
Constant	−1.6600** (0.700)	−1.8160** (0.703)	−1.8650*** (0.588)	−0.9240*** (0.303)	5.2010*** (1.200)
Country FE	Yes	Yes	Yes	No	No
Gov. head FE	No	No	No	No	Yes
Year FE	Yes	Yes	Yes	Yes	Yes
Observations	545	545	540	540	540
R-squared (within)	0.614	0.639	0.706	0.710	0.383
Number of countries	15	15	15	—	—
Number of gov. heads	—	—	—	—	102

注：括号中的数值为稳健标准误；*** $p<0.01$，** $p<0.05$，* $p<0.1$。

附表4　领导人特征和贸易质量（Flawed democracy）

Variables	(1) TC	(2) TC	(3) TC	(4) TC	(5) TC
Lagged (Export − Import)			0.0014*** (0.000)	0.0037*** (0.001)	0.0003 (0.000)
(log) GDP per capita	0.0843 (0.148)	0.1320 (0.163)	−0.0572 (0.166)	0.0492 (0.046)	−0.5890*** (0.218)
Openness	−0.0011 (0.001)	−0.0010 (0.001)	−0.0012 (0.001)	0.0018** (0.001)	0.0005 (0.002)
Gov. expenditure	0.0198*** (0.007)	0.0181*** (0.006)	0.0135*** (0.005)	−0.0100** (0.005)	−0.0058 (0.006)
Debt	−5.43e−05 (0.001)	−6.38e−05 (0.001)	−0.0003 (0.001)	4.18e−05 (0.000)	0.0011* (0.001)
Political globalization	−0.0039** (0.002)	−0.0032** (0.001)	−0.0018 (0.001)	0.0022 (0.001)	0.0003 (0.002)
(log) Colonial history	−0.1030 (0.171)	−0.1770 (0.161)	−0.2290 (0.153)	0.0130*** (0.003)	−0.3810 (0.264)
Female minister	−0.0360** (0.016)	−0.0275 (0.017)	−0.0234 (0.015)	−0.0216 (0.037)	0.0300* (0.016)

续表

Variables	(1) TC	(2) TC	(3) TC	(4) TC	(5) TC
Female gov. head		0.0143 (0.050)	0.0261 (0.043)	−0.0166 (0.070)	
Female parliament	−0.0005 (0.002)	0.0002 (0.002)	0.0007 (0.002)	−0.0060** (0.003)	0.0009 (0.002)
Minister's Age	−0.0008 (0.001)	−0.0008 (0.001)	−0.0005 (0.001)	0.0013 (0.001)	0.0009 (0.001)
Gov. head's Age		0.0021** (0.001)	0.0013 (0.001)	0.0053*** (0.001)	
Right-wing minister	−0.0110 (0.017)	0.0020 (0.018)	0.0094 (0.018)	0.0355 (0.025)	0.0084 (0.012)
Right-wing gov. head		−0.0204 (0.017)	−0.0168 (0.017)	−0.0487* (0.028)	
Right-wing parliament	0.0231 (0.059)	0.0334 (0.060)	0.0068 (0.056)	−0.0687 (0.057)	0.0067 (0.037)
Ideological difference	−0.0145 (0.013)	−0.0179* (0.011)	−0.0065 (0.011)	0.0618*** (0.020)	−0.0256*** (0.008)
Prof. coop. minister	0.0101 (0.018)	0.0110 (0.016)	0.0184 (0.014)	0.0499** (0.024)	0.0182 (0.015)
Prof. coop. gov. head		0.0259 (0.024)	0.0486* (0.027)	0.0459 (0.056)	
Tenure minister	−0.0030 (0.003)	−0.0023 (0.003)	0.0009 (0.003)	−0.0077 (0.005)	7.46e−05 (0.003)
Tenure gov. head		−0.0051** (0.002)	−0.0037* (0.002)	−0.0082** (0.004)	
Economics & business minister	−0.0134 (0.016)	−0.0033 (0.016)	−0.0081 (0.016)	−0.0151 (0.024)	0.0038 (0.010)
Economics & business gov. head		−0.0031 (0.014)	0.0024 (0.012)	−0.0462** (0.020)	
Law minister	−0.0069 (0.011)	−0.0053 (0.011)	−0.0021 (0.008)	−0.0151 (0.017)	0.0046 (0.009)

续表

Variables	(1)	(2)	(3)	(4)	(5)
	TC	TC	TC	TC	TC
Law gov. head		0.0336**	0.0318**	-0.0106	
		(0.014)	(0.013)	(0.020)	
Constant	0.7960	1.2710	3.9130	-1.0950***	11.3600**
	(3.777)	(3.732)	(3.669)	(0.362)	(5.427)
Country FE	Yes	Yes	Yes	No	No
Gov. head FE	No	No	No	No	Yes
Year FE	Yes	Yes	Yes	Yes	Yes
Observations	241	241	238	238	238
R-squared (within)	0.405	0.473	0.532	0.811	0.477
Number of countries	8	8	8	—	—
Number of gov. heads	—	—	—	—	74

注：括号中的数值为稳健标准误；*** $p<0.01$, ** $p<0.05$, * $p<0.1$.

第12章 国际贸易政策政治经济学（文献综述）

摘　要

贸易政策干预水平是经济的内生变量，贸易政策是不同经济个体、集体决策者等异质利益集团在既定偏好和社会制度下共同作用的均衡结果。本章将详细梳理长期分析贸易政策政治经济的理论模型并进行详细比较，在短期内国家农业贸易政策也进行了大幅度和频繁调整，进一步农业贸易政策应对国际价格波动的短期调整及影响。在分析贸易政策政治经济学基础上，对贸易协定的制定影响因素也进一步进行了梳理，并对近50年的研究文献进行了深入评述和研究展望。

12.1　贸易政策政治经济学模型

贸易政策分析基于政治经济学模型的基础上，在发达国家和发展中国家具有相同的分析框架（Drazen，2008）。农业贸易政策政治经济学模型在分析时，总体框架和工业贸易政策分析框架没有本质的差异，只是在建模时会考虑农产品的特别属性。

政治理性引致经济非理性，这源于贸易政策的政治经济学分析视角（盛斌，2006）。贸易政策的内在收入分配效应引发政治市场主体——公众、政府与利益集团间的利益博弈，从而决定贸易政策的内生形式和程度。贸易政策的收入分配效应为集团游说和贸易政策制定提供了理论依据。主要有长期视角的 Heckscher – Ohlin – Samuelson 模型（H – O – S 模型）和短期视角的特定要素模型（Samuelson – Jones 模型）。H – O – S 模型理论强调影响利益集团收益变化的是拥有生产要素种类的不同（Bhagwati，1982；Mayer，1984；Magee，1989），而特定要素模型解释利益集团是由要素所有者归属不同生产部门决定的（Goldberg 和 Maggi，1999；Gawande 和 Bandyopadhyay，2000；Gawande 等，2006；王孝松，2010）。结合贸易利益分配理论和公共选择分析方法，以政策决策机制为切入点来研究贸易政策决定因素。这就是本项目研究的主要文献依据，即"贸易政治经济学"或者称为"贸易政策内生化"理论（Baldwin，1996）。

本项目主要探讨国际贸易政策政治动因，因此，对"幼稚工业理论"（Friedrich，1841）、"最佳关税理论"（Johnson，1953）、"市场失灵理论"（Bhagwati，1971）相关文献不再进行详细讨论。政策干预理论可以追溯到 Olson（1965），他提出了"集体行动"的概念，并提供了政策形成和随时间变化的分析框架。随后，Peltzman（1976）将收入分配理论运用到贸易政策分析，他认为贸易政策本质上是一种经济管制政策，其真正目的是在不同部门间起到收入转移的作用。Hillman（1982）在 Peltzman（1976）理论基础上，改进了政府的目标函数，该目标函数不与两部门绝对利润有关，而是两部门相对利润的函数。随后，Mayer（1984）基于 H – O – S 模型和中间选民模型建立了贸易保护政治经济学模型，政府会选择一个最优的贸易保护程度来最大化选民的政治目的，不仅仅是为最大化社会福利（包括生产者剩余、消费者剩余和关税收入）Baldwin（1989）。关于政府目标函数的不同，在 20 世纪 80、90 年代，经济学家也提出了政策偏好函数（Rausser 和 Freebairn，1974），政治支持函数（Hillman，1982），政治偏好函数（Bullock，1994）和"保守"社会福利函数（Corden，1997）等。同时，政治献金概念的提出极大地拓展了贸易政策政治经济学的研究视野。虽然 Magee（1989）首次提出了利益集团通过政治献金的手段影响政策决策者，但是，1994 年 Grossman 和 Helpman 构建的"保护待售"模型极大地推动了该方向的研究，不仅为贸易政策决定背后机制提供了坚实的微观理论基础，也为后续贸易政治经济学研究提供了研究框架，成为奠基之作。不仅可以在完全竞争市场结构下对贸易政策的形成机制进行分析，在更加贴近现实的垄断竞争框架下也得到了验证（吴韧强和刘海云，2009），并且适用于发展中国家（Chang，2005）。

因为"保护待售"模型没有考虑选举竞争的因素,王孝松等(2011)将执政者追求选民支持以及权利委派因素嵌入到模型中,探究了执政者、行政机关同选民及利益集团之间的博弈关系。但模型中对于政治献金可以换取选票,选民数量与净福利成绩等于政治支撑等假设还需进一步的验证(顾振华,2015)。在最近的研究中,将厂商异质性问题(Bombardini,2008;Abel-Koch,2013),中间品投入(刘海云和吴韧强,2007;Gawande,2012)等因素嵌入"保护待售"模型中。国内一些学者也注意到异质性企业与贸易政策之间所存在的理论逻辑与现实关联。在理论或经验上,对于中国经济转型过渡期间的出口退税、生产补贴以及双重偏向型贸易政策的内在理论机制及福利内涵进行了一系列富有前瞻性的探索(王孝松和谢申祥,2010;苏振东等,2012;钱学锋等,2016)。然而,这仅仅是国内学界对于异质性企业与内生贸易政策研究的良好开端。

虽然中国的政治制度与西方国家存在比较明显的差异,但是"保护待售"模型也为学者研究中国贸易保护提供了借鉴思路。盛斌(2002)依据中国的实际情况,首次应用新政治经济学模型对中国工业贸易保护进行了理论分析。在盛斌模型中,政府目标函数主要包括劳动收入、要素收入、转移收入和消费者剩余之和的形式。由于消费者相对被压制,并且由于人数众多的消费者存在"免费搭便车"问题,专有要素收入和劳动者收入被赋予了更大的权重,而不是效仿 Baldwin(1989)赋予相同的权重。研究发现,政府越是看中的行业,贸易保护程度越高,该模型理论预测也得到了中国现实数据的支持。

李坤望和王孝松(2008)在 Evans 和 Shane(2006)研究基础上,将美国对中国的反倾销税率和反倾销案件申诉者的政治献金联系起来,阐释后者对前者的影响机制和结果。反倾销税代替关税的拓展和改进是非常有益的,为研究中国问题提供了新的视角。以技术性贸易壁垒为例,鲍晓华和朱钟棣(2006)深入分析了"国家利益"和"集团利益"特征指标对技术性贸易壁垒形成的混合影响,从侧面检验了贸易政治经济学在中国的适用性。王孝松和谢申详(2010)在"国家利益"模型和"集团利益"模型及混合模型理论框架基础上,使用产品层面数据验证发现,中国的出口退税政策是政府兼顾国家利益和国内各种利益相关群体诉求的结果,着重强调国家利益和集团利益相互交织,体现利益集团在国家政策制定上的影响。"保护待售"模型中政府目标函数体现出政治捐献增加对社会福利的不利影响,魏福成、邹薇和马文涛(2014)刻画了利益集团阻碍经济发展的情形。无论经济发展条件是否得到改善，利益集团都会增大对政治权利的投资，导致经济绩效下降。

贸易政策政治经济学在工业贸易领域得到了国内外学者的广泛关注。而农产品贸易政策的研究也是学者关注的焦点之一。其研究框架与工业品贸易政策经济学是类似的。只是随着国际农产品价格波动，国家为减轻国家价格波动蔓延到国内市场，积极利用贸易政策来维持国内物价稳定。基于"保护待售"模型，将损失厌恶和参考依赖的行为特征嵌入模型（Freund 和 Özden，2008；Tovar，2009）来分析为什么逐渐衰落的行业也受到较高的贸易保护，这与新政治经济学模型预测是相违背的，但对农产品贸易保护政策形成研究较少。Zissimos（2017）对不同制度背景下谷物贸易政策的形成机制进行研究，但是其是国家在面临长期冲击情境下分析的。虽然，李勤昌（2010）对中国农产品贸易保护制度的政治经济学进行了系统梳理，但是主要是从长期进行分析的，没有分析农业贸易政策对国际农产品价格波动的调整机制，也没有对政策调整背后的政治动因进行揭示。因此，理论和实证剖析中国农业贸易政策短期形成机制成为亟待研究的问题，这也成为本项目主要的创新突破口之一。

12.2　短期农业贸易政策应对国际价格波动及影响

短期内国家利用农业贸易政策应对国际农产品价格波动的政治动因及贸易政策对国际价格波动的反向作用受到广泛学者的关注，并且这两方面的研究内容是关联在一起的。分析框架第一阶段研究国家应对国际价格波动采取政策的动因，第二阶段分析和衡量农业贸易政策对国际农产品价格波动的影响。不论在国际农产品价格上升阶段（Abbott，2011；Anderson，2012；Martin 和 Anderson，2011），还是下降阶段（Thennakoon 和 Anderson，2015）国家都会试图通过调整农业贸易政策来稳定国内物价。国家防止国内价格随着国际价格下跌是为了保护生产者的利益，而防止国内价格上涨是为了保护消费者的利益。并且在这两个阶段国家调整和改变农业保护的程度是相同的（Anderson 和 Nelgen，2012）。因此，构建农业贸易政治经济学模型时，生产者和消费者福利会被赋予相同的权重，这与盛斌模型（2002）是有区别的。

国际农产品价格上涨时，粮食出口国会为减少出口而提高出口的限制或者减少出口补贴，而粮食进口国则会减少进口限制或者增加进口补贴。进出口国家采取的贸易政策会增加国际农产品市场的需求而减少供给，导致国际价格进一步的上涨（假定国际价格初始波动是外生的）。可能单一国家的行为不会对国际价格产生影响，但若干进口国或者若干进口国同时采取集体行动（Collective action）就会产生较大的影响（Anderson 和 Nelgen，2012；Thennakoon 和 Anderson，2015）。而这种影响会产生"乘数效用"（multiplier effect），大国农业贸易政策改变对国际价格进一步波动的影响最大（Giordani 等，2016）。进出口国为达到国内的政治经济目标而采取的"以邻为壑"的单边贸易政策，会进一步扰乱国际农产品市场。但是，国家农业贸易政策并不能有效稳定国内物价，因为贸易政策隔离国内外市场的效用会进一步被国际农产品价格上涨或者降低抵消掉（Anderson，2015）。Giordani 等（2016）认为，模型是在"保护待售"模型基础上构建的，依据国家的目标函数来分析国家采取改变农业贸易政策政治动因（第一阶段），然后分析贸易政策改变对国际农产品价格波动的影响（第二阶段）。Anderon 和 Nelgen（2011）在 Corden（1997）政府偏好函数的基础上纳入损失厌恶和参考依赖的行为经济学因素，分析得出在国际价格上升阶段，发展中国家比发达国家改变农业贸易保护的程度更大。在 WTO 谈判中，农产品贸易自由化是贸易自由化的最大阻碍之一。当今，农产品仍得到较高的贸易保护程度，实际上，农业保护水平比 WTO 规定的保护上限低很多，甚至一些农产品的保护水平是无上限的（Beshkar 和 Bond，2017），这为政府利用贸易政策达到国内政治经济目标提供了空间和便利，也为国内利益集团游说提供了机遇。

12.3　贸易协定理论研究

国际贸易协定设计的三个最重要的因素包括：互惠（Reciprocity）、非歧视性（Nondiscrimination）和关税约束（Tariff binding，Bagwell 和 Staiger，2016）。国家之间签订贸易协定为了获取互惠的贸易利益，以避免由于使用贸易条件效应而导致的"囚徒困境"局面（Bagwell 和 Staiger，2011）。这与国家在面临国际价格波动时，国家采取农业贸易政策导致世界价格波动的情形是类似的。从

1948年关税贸易总协定生效开始,到1995年世界贸易组织成立,多国积极参与国际组织的贸易谈判。截至2016年,世界各国已经签订267个双边协定和区域贸易协定(Grossman,2016)。自由贸易协定极大地推动了全球贸易自由化。2013年,美国关税水平已经降至4.3%,中国工业产品的关税也基本降至10%以下。世界各国所有产品关税水平都在25%以下,但是食品类关税水平仍旧维持在42%以上(Grossman,2016)。多哈回合谈判在2015年以失败告终,主要阻碍也来自于农业贸易保护领域。为什么农业贸易协定不能在国家之间达成?政治经济学的方法非常适用来解释国家为什么签订自由贸易协定(丘东晓,2011),并为我们理解农业贸易协定步履维艰的谈判提供一种思路,尤其有助于理解为什么国际农产品价格波动阶段国家频繁采取农业贸易政策。

Grossman和Helpman(1995)在"保护待售"模型基础上构建了两国在贸易协定中游说集团的作用。Krishna(1998)把Grossman和Helpman(1995)扩展到非完全竞争情形。然而Grossman和Helpman(1995)研究是在给定游说形成的初始关税情况下,政府对自由贸易协定做的决策。而游说集团也可以对自由贸易协定直接游说(Maggi和Rodriguez-Clare,1998;Qiu,2004;Buzard,2017)。深入到企业层面,在一个双头垄断和产业内贸易模型框架下,每个企业都希望政府对进口征税,但同时对他国推动自由贸易以利于其出口,生产率高的企业会支撑自由贸易协定,而效率低的企业则游说贸易保护(Qiu,2008)。

依据以上理论模型分析框架,国家为满足国内不同利益集团的诉求而采取单方面的农业贸易政策,不仅扰乱了国际农产品市场,也不能完全达到政府设定的目标。国家之间若能达成可持续的贸易政策协定,共同解决无序的国际农产品市场现状成为研究的突破。在农业自由贸易协定形成中,经济发展水平、农业发展水平、贸易能力、农业资源禀赋、政策制定者偏好和农业部门的有效政治能力发挥着重要作用(姚蕾和田志宏,2007)。多边合作机制可能会改善这种扰乱国际市场的农业贸易政策。在合作达成之初,进出口国会协定好价格,不论进口国和出口国的利润是否为零。但是,一旦有市场价格波动,进出口的利润不再平衡,期初协定的贸易政策也将失去效力(Hull,2006)。当国际市场价格波动时,生产者或者消费者的利益将会受到不同程度的影响,生产者和消费者会游说国家通过改变贸易政策来维持福利最优(Martin和Anderson,2012)。

Thennakoon(2015)在政府目标函数中借鉴Freund和Özden(2008)、Tovar(2009)的思路嵌入损失厌恶和参考依赖,分析国内均衡价格背离参考依赖价格时，对生产者和消费者的福利影响。均衡价格偏离参考依赖价格会导致政府目标福利函数的损失，这个建模方法与 Bagwell 和 Staiger（2001，2005）的研究思路是一致的。在贸易协定中，进口国为防止出口国报复性贸易政策，积极与出口国进行合作，以期达成持续的农业贸易合作机制。但是在 Thennakoon（2015）模型中并没有刻画初期国际价格波动的来源，也很难在连续合作框架下达到实际的政策效果，政策制定者不会同意放弃稳定国内物价的权利（Abbott，2012）。Cardell 和 Kerr（2014）认为这样的协定体系是不可能实现的，因为出口国政策突然改变是短暂的，可能囿于进口国自身贸易量水平不足，并不担心贸易伙伴报复性措施，唯有两国进口量增长相同的情况下才会实行互惠的贸易协定（Raimondos 和 Woodland，2018）。Gouel（2016）认为政府贸易协定的目标函数不仅包含了利益集团的利益驱使，同时嵌入了二次型价格稳定动机，其本质与损失厌恶特征相类似（Guel，2016）。在动态贸易协定游戏中，关税限制起着非常重要的作用。如果贸易双方的贸易政策都是严格限制的，那么两国的贸易量会达到足够高的程度，该结果也得到 Kuenzel（2017）研究证实。

12.4　文献评述

根据上述代表性文献的梳理不难发现，对农业贸易指标衡量仍旧是以长期为基准，难以对短期政府政策改变和调整做出有效度量。在农业贸易保护政治经济学研究及在中国情境的实际运用、国家政策单一政策如何与国内政策协调、国家之间农业贸易协定背后外生冲击等都需要在现有文献基础上进一步研究。具体而言，现有农业贸易政策政治经济学研究在以下几个方面存在局限，有待改进：

第一，已有关于农业贸易保护使用的测度指标，不仅不能有效衡量短期内（季度或者月度）政策的调整。同时，也没有将农产品产业链纳入指标测度中。如果不能有效衡量短期内贸易政策的调整，也就不能从本质把握国家农业贸易政策应对国际农产品价格波动的反应。同时，在现有农业贸易保护指标测度中，都是将某种农产品作为最终产品来计算其贸易保护程度的，若能将农产品加工产业链纳入考虑，能更准确地考察谁是真正的生产者和真正的消费者，也为政治经济学建模中,政府需要对生产者和消费者赋予权重提供更符合现实的依据。

第二,农业贸易保护政治经济学模型中,缺乏对中国政治制度背景下的准确刻画,同时忽略了农产品价格上升阶段的政治动因建模,因此,难以对农产品上升和下降时政府维持价格稳定提供完整的分析框架。国外相关研究主要集中在多党国家的利益集团游说模型,虽然学者对中国实际背景下从侧面进行了建模处理,但是构建一般性符合中国实际的农业贸易保护政治经济学模型仍是研究亟待突破的问题。同时,根据政治经济学模型,国家会给予上升行业更多的贸易保护,而衰退行业或者是价格降低行业保护水平较低。政府面临价格波动时,会使用贸易政策维持国内物价稳定,依据中国情境理论分析和实证检验其背后动因对理解中国农业贸易政策,提供有效的贸易政策具有重要现实意义。

第三,现有农业贸易政策政治经济学建模中,假设只政府单一使用贸易政策,而忽略国内其他政策使用,难以有效解释和分析国家采取多种政策的原因,以及政策之间的协调影响和效果。国家在面临国际农产品价格波动时,模型假定国家仅仅利用贸易政策来稳定国内农产品市场。在现实中,国家也会使用国内政策与之相配合,如国内储备政策。而国家使用两种政策的政治动因是什么?会对贸易政策偏好的利益团体造成哪些影响?两种政策如何协调稳定国内物价?效果如何?两种政策协调对国际农产品价格波动会产生什么影响?在目前的文献中仍难以找到合理的解释,相应缺乏一定的理论和政策模拟研究。

第四,农产品贸易协定模型中未能刻画初始生产冲击影响,不能有效解释国家之间难以达成可持续的自由贸易协定的原因,也难以提出国家应如何与贸易国建立农业贸易协定的政策建议。通过现有文献分析得到,学者对国家面临国际农产品价格波动时所构建的贸易协定模型,并没有深入考察农产品生产和消费的特殊性。农产品生产极易受到外生冲击的影响,而消费者在短期内也必须消费农产品。因此,生产冲击发生地点和时间的不确定性等重要因素没有在已有模型中刻画出来,也未得到实证检验。

第13章 价格稳定偏好对国际贸易政策的影响研究

摘　要

政府对待国内与国外市场的态度决定了其贸易政策，由各国不同的贸易政策的共同效果产生了对国际各个领域市场的冲击，合理或者不合理的贸易政策不仅影响一国及其他国家的人民稳定生活，更对国际市场的稳定以及全球的经济产生了巨大冲击。特别是对于农产品而言，作为生产和生活基础品的粮食，它的价格稳定与否对各国人民生活质量的影响举足轻重。不仅如此，对于一国的政府而言，能否预测并且及时避免国际市场价格波动带给国内市场的冲击，能够影响政府在国内的政治地位。近些年来，国内外学者围绕政府的贸易政策对国际市场价格的冲击这一主题的研究成果颇为丰富，笔者基于国内外专家学者的结果上，从政府目标函数模型上来探讨政府的哪些行为政策对国际市场有冲击作用，作用大小或者作用在哪里。

本章以国际农业市场为例，建立政府目标函数模型，将消费者剩余、生产者剩余、国家税收、储存者利益以及政府的损失厌恶纳入其中，围绕政府的目标函数探讨政府所考虑的利益集团，根据政府目标函数的最大化求解结果，分析了政府对不同利益集团做出的相应政策，以及施行政策所受到的影响因素，并且分析政府政策对国际市场价格的再次冲击，就函数模型的结果提出个人的看法，得出相应的政策结论，并就本章模型的结论提出相关的政策建议。本章系运用建立函数理论模型对该专题进行的研究，全文分五个部分：第一部分是概述全球大环境引出研究课题。第二部分是本章的研究理论基础与文献综述，梳理了近些年来针对这一问题的国内外学者的观点。第三部分介绍全球农产品价格波动的内涵及与政府行为政策的相关性。第四部分构建政府目标函数模型，对模型求解并分析结果，得出结论。第五部分就结果提出相应的政策建议。

13.1 引　论

随着经济全球化进程的发展，世界各国的经济贸易联系变得更加密切，科学技术的进步推动了各国经济的飞速发展，在这种国际大环境的背景之下，各国政府和人民逐渐将关注的目标从经济发展、个人财富累积转移到了生活品质的层面上，其中食品问题便成为人民最为关注的焦点。农产品作为食品领域的重要组成，不可避免地成为各国政府和人民的关注焦点。世界上的发达国家及部分发展中国家都逐渐提高了各国食品的检验检疫标准，旨在保护国内食品的安全，以严格的标准提高全国的食品安全水平。除此之外，各个国家还将侧重点放在了食品价格的稳定上，尤其是农产品价格的稳定，因为农产品价格的波动对粮食安全的影响性更加重大。农产品价格的稳定，关系到社会稳定的重要国民生计问题，是各国政治稳定①、经济发展的前提基础。如图 13-1 所示，1960—2015 年世界食品价格波动的曲线图②，从其中我们看到，国际食品价格第

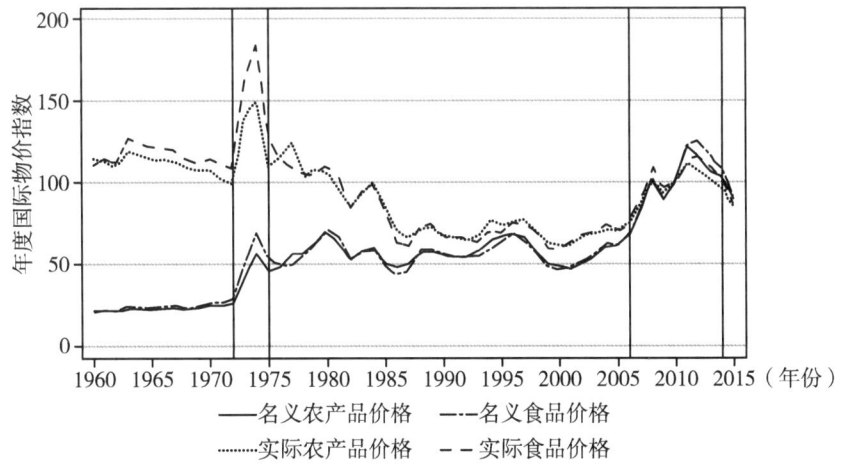

图 13-1　1960—2015 年世界食品价格波动的曲线图

---

① 粮食价格波动关系到国内贫富的差距（Martin，2013）。
② 图片来源：闫文收，Origin of Production Shocks, Agricultural Price Spikes and Trade Policy, 2018。

一次巨幅波动在 1970—1975 年之间，随后全球经济恢复、生产力发展、粮食产量剧增、食品价格下降，但继 2008 年全球金融危机过后，国际粮食价格的波动幅度达到历史最高点①，各国政府也意识到稳定国际食品价格与国内食品价格的重要性所在，作为基础产品的农产品，其价格波的波动和市场运行体制与各国国民经济的健康发展息息相关。所以，各国经济学家也将研究目标转移到了各国政府的行为与其指定的相关贸易政策及农产品价格波动方面的理论上面。

13.2　研究的理论基础与文献综述

13.2.1　政府面对世界农产品价格波动的反应

国际农产品市场价格发生波动时，将会给世界各国的国内市场带来冲击，各国政府会积极地采取某些贸易措施来应对国际价格变动带给国内市场的冲击，但是，这些贸易措施将会更大幅度地增加国际市场价格的变动。从微观经济学的角度上来看，在一个市场中，某种商品价格的上涨，都是该种商品日益稀缺的信号；价格下降，同样意味着该种商品的供给大于需求，从这个层面分析，再结合政府为了国内食品安全的考虑，能够很好地解释政府应对国际市场价格冲击所采取的措施。Dissanayake（2014）分析到，各国政府会采取多样化的贸易政策来改变进出口的限制，以缓冲国际价格对国内价格的冲击。他们会在世界价格下降期间增加对进口的关税，反之在价格下降的时候减少这种限制，在极端价格变化时期，比如，2008 年全球食品价格上涨的高峰期，许多国家减少了出口补贴，甚至实施了出口配额的限制及出口禁令。Chesnokova（2010）同样分析到，食品价格高涨可能会引发各国政府一系列的旨在限制粮食出口国出口的措施，并促进食品进口国的进口。同样，食品价格低廉可能导致出口国家政府提高出口促进措施和进口国家收紧进口限制。在 2006—2008 年的国际粮食价格飙升时期，至少有 17 个国家完全禁止至少一种农产品贸易（Bouet 和 Debucquet，2010）。在 2010—2014 年期间，在 73 个贸易政策中，有 24 个国家对至少一种农产品

---

① 2018 年以后，国际粮食价格超规格大幅度上涨（包宗顺，2011）。

（Liefert 和 Westcott，2016）征税。为了使国内市场的波动最小化，政府试图通过贸易干预使国内市场免受国际市场的影响。国际食品价格的上涨导致一些粮食贸易盈余国家提高出口壁垒，一些食品出口国降低了对主食的进口限制。相反，当价格下跌时，他们会提高出口壁垒（Anderson 和 Thennaoon，2015）。以全球水稻市场为例，2006—2008 年间，世界水稻价格上涨近50%，这就是各国同时进行贸易政策的后果（Martin 和 Anderson，2008）。经济学者闫文收（2018）在其论著中还提到，国内存储政策可以在贸易政策面前稳定价格，并且可以通过增加国家的市场力量来强化价格绝缘的贸易政策。然而，这两种价格稳定工具对国际市场价格的影响却截然相反，在农产品价格波动变化巨大的背景下，国内公共存储政策是一种可行的方法，在农产品价格波动的情况下稳定国内价格，并限制其在限制政府贸易政策方面的作用。

13.2.2 政府的行为动因

当一国国内市场遭到国际市场价格波动的冲击时，国家政府会采取贸易措施来缓解这种冲击，上文也曾经提到，政府采取贸易措施的后果很容易导致部分集体甚至整个国际福利的损失，政府这种保护行为的动机何在？特别是在中国，在 2000 年以前，中国政府的政策目标集中于工业行业，并实行反农业政策；2000 年以后，中国政府将政策目标转移到支持农业产业和贸易上，这虽然缓解了农业部门相对衰落的速度，这些扭曲的政策对社会整体的资源配置效率、社会福利和长期的经济增长都有着不利影响（Yan，2018）。从全国福利水平上来说，政府有理由采取必要的贸易措施来缓解国际市场的冲击。政府的行为可能存在三种目的：提高国家整体利益、保护对国家财政收入有重要贡献的行业、保护国内进口替代产业（盛斌，2002）。为了农民的福利和农业经济的繁荣发展，制定农业保护政策，通过公共授权来提供粮食安全，以此推动农业的崛起（Anderson 和 Martin，2008）。闫文收（2018）也提到，政府行为最大的动因就是保持经济稳定，使社会福利最大化，以获得民众的政治支持。盛斌（2002）提出了国家利益假说模型、利益影响假说模型，结合政治因素及经济因素，解释了政府从整个国家利益出发，为了自身目的对某些工业行业提供的保护政策，为的是巩固自身的经济地位，同样也可以作为农产品生产行业的引申解释。闫文收（2018）以中国新疆的棉花产业作为案例研究，结合中国国内的政治敏感因素，通过建立政府目标函数模型进行实证检验，解释了政府的行为动机，为中国棉花保护的令人困惑的变化提供了一个合理的解释——国内政治稳定。Grossman 和 Helpman（1994）开发了一种货币贡献模型，即国内行业巨头为了保证自己的利益，通过向政府提供竞选资金来求得政府的保护政策，为贸易保护政策分析提供的有效的微观基础模型已经成为贸易保护的主要政治经济模型。因为，通过明确地对政府行业的互动进行建模，它从第一原则中得出了一套关于保护的决定因素的可测试的预测。政府之所以在不同的行业实施低效政策，其目的就在于维护国内经济市场稳定，由此保证自己的政治地位。那么如何解释政府对某一行业，提供特殊的政策支持？比如，2000 年后农业扶持政策。Grossman 和 Helpman（1994）模型已经成为政府进行贸易保护的主要政治经济模型，提出一国国内的游说集团会向政府提供货币捐助作为政府的竞选献金，以此来寻求政府制定的贸易或其他保护政策。一国国内游说团体所贡献的资金确实会对经济政策产生影响，但是这种影响取决于各个团体向政府贡献的资金量，并且游说团体的增加还会减少各团体的政治影响力，可能会使政府降低进口产品的保护力度（Chesnokova，2010）。根据各国的国情，国家的贸易政策几乎没有通过公众直接投票的，所以，这很容易解释政府对国内缺乏影响力的进口竞争行业不采取贸易政策干预的行为（Ethier，2013）。"损失厌恶"的概念是由 Kahneman（1979）提出的，当一国政府损失厌恶的程度足够大时，会使政府对盈利能力下降的行业给予更高的保护（Tovar，2009）。政府对农业产业提供保护政策，不仅可以提高社会的福利水平，还可以在不同的利益集团之间实现收入的再分配（Rausser，1982）。

13.2.3　贸易政策对国际粮食价格的影响

国际粮食市场价格变动很可能会引起粮食的进口国和出口国采取必要的贸易措施来缓解国际市场对国内市场的压力，而这些政策改变了世界粮食出口的供应和进口的需求，从而加剧了世界粮食市场的紧张局势，并会形成新一轮的贸易措施（Paolo 等，2016）。本章上面提到，当国际粮食价格发生变动时，国家会采取一系列贸易措施来保护国内市场，其中包括增加或减少贸易壁垒，Martine 和 Meijerink（2013）利用世界贸易模型 GTAP 分析了贸易政策对世界粮食价格上涨的影响，认为国际食品价格的急剧上涨是全球食品日益稀缺的信号，以

2007—2008年和2010—2011年的食品价格高峰为例,指出它们的全球影响力和波动程度是不同的,并分析到,与过去不同的是,在政策制定者关注如何降低食品价格的问题时,食品价格预计在不久的将来仍将居高不下(Ethier,2013),这对全球粮食安全构成了巨大挑战,尤其是对贫困和弱势群体而言,归根结底到食品安全的关键在于价格的变化,以及与要素收益变化相关的收入的变化。当政府必须对国际市场的冲击做出应对时,需改变本国的贸易政策及财政政策,而政策的外部变化会导致不必要的产出波动,危害到一国的经济增长。(Fatás和Mihov,2012)。从一国生产者和消费者的福利角度来看,政府会采取贸易保护措施或者是进出口补贴来干预国内市场,缓解国际市场价格变动带来的冲击。盛斌(2002)提到,在政府的目标函数中消费者福利所占的权重低于国有企业,由此可以推断,政府的保护政策可能会造成消费者福利的损失。由于个人的损失厌恶影响,政府会在国际粮价格上升时,减少贸易保护,由此降低价格来保护消费者的福利,同样会在国际粮价下降时,提高贸易保护水平,由此提高价格来保护生产者的福利(Dissanayake,2016)。各国政府的目的在于社会福利最大化,所以各国会在全球粮食价格波动时,积极采取干预措施,由此保证生产者或者消费者的福利(Paolo等,2014)。从一国的福利水平来看,各国政府采取各自的贸易保护政策之后,会导致国际粮食价格的加剧波动,这显然会使粮食的净进口国和净出口国的利益严重受损,尤其是贫困地区的国家,比如非洲地区的国家(Martine等,2013)。从关税角度来讲,政府在关税水平上实行保护国内产业的措施,即提高最惠国关税,同样会导致全球总体福利水平的下降(Ludema和Mayda,2013)。从贸易条件的外部性来看,如果某个国家为应对国际粮价冲击,对它的贸易伙伴征收歧视性关税,那么其他国家不得不改变政策以回应本国的内部目标,这将使这个国家经济和福利水平更加糟糕(Ethier,2013)。

13.3 农产品价格波动与政府贸易政策

13.3.1 农产品价格波动的原因与影响

农产品作为各国人民生产生活的一种基础产品,其价格在围绕均衡价格上下波动的原因越来越受到人们的广泛关注，从经济学的角度上来说，农产品的供给与需求决定了其价格。从供给的角度上来讲，农产品的供给量受到以下原因的影响：首先，在生产层面上。农产品在生产过程中存在一定程度的不稳定性，其主要原因是气候的不稳定①。农产品要经过播种、施肥、收获，在这期间的天气决定了农产品的质量好坏及收获量，天气因素在一定程度上决定了这一期的农产品是否丰收或颗粒无收。其次，国家对农产品的扶持政策。国家对农业的投资，决定了农业生产的基础设施是否完备，以及耕作技术是否完善，从而影响农产品的生产率，这一因素加剧了农产品的价格波动。现在各国城市化进程进一步发展提高，越来越多的农村人口外出打工，务农人口急剧减少，国家是否提出支持农业、促进农业发展的政策，对农产品的供给量起到不可磨灭的作用。同时，生产资料成本的升降也决定农产品价格的高低，其质量的好坏影响了农产品的产量。比如农药化肥，在农业生产过程中所投入要素的价格波动能够直接传递到农产品的价格本身。再次，运输层面。国际原油价格上涨②，导致汽油、柴油燃料的上升，影响农产品在运输链的成本，进而传递到农产品的市场价格身上。最后，农产品库存方面。对于农产品，尤其是粮食在存在粮食储存政策的消费大国，存在库存政策③，其目的是为了避免当国际粮价剧烈变动时带给国内市场的冲击，以此来稳定国内市场的农产品价格。从需求的角度上来说，人口的增长会增加全球农产品的需求量，各国人民的收入增加也会提高人们对农产品的需求。而新能源在各个领域的应用，生物乙醇等各种生物燃料汽油的需求增加，同样加剧农产品市场的需求。

农产品价格波动必然会带来负面影响。如果国际农产品市场价格上升，会提高各国人民在生活、生产方面的支出，提高国家的恩格尔系数，降低人们的生活水平。同时，国家会采取相应贸易政策，在国际市场价格提高的同时，国家为了保护消费者的利益，稳定国内市场价格，会减少出口，增大国内的供给量，这就会导致国际市场价格的进一步提高，使国际农产品价格市场进一步恶化。如果国际农品市场价格下降，会导致国内生产者的利益受损，国家为了保障生产者利益，会加大出口量，增加国际市场的供给量，减少国内市场的供给，同样会导致国际农产品市场情况的进一步恶化。

---

① 黄胜潮认为，极端天气的变化，会导致耕地面积的减少。
② 李娜认为，生产成本上，粮食加工、存储、运输对石油有较强的依附性。
③ 中国 2017—2018 年度储存小麦量为 1.268 亿吨，占全球小麦库存量的 47%。

13.3.2 政府的贸易政策

　　农产品价格的波动必然会伴随着不稳定性。政府以国内福利最大化为目标，在农产品价格上涨时保障消费者利益，在农产品价格下降时保障生产者的利益。政府为什么会采取各种政策和贸易措施来应对世界粮食市场价格波动带给国内市场的冲击？就是因为政治的不稳定性。"民以食为天"，粮食是百姓生计的根基，政府必须及时采取措施来解决国内粮价的不稳定[1]，一方面为了国家的稳定发展，另一方面为了国内政局的稳定及自身政治地位的稳固，否则很容易引起国内劳动市场失衡，甚至引起国内人民的恐慌或是政局动荡及战争的爆发。各国政府对待世界粮价变动所做出的政策并不能单纯地用微观经济学中的供给模型来解释，需要结合政治经济学一起分析。总结起来就是，当世界粮食价格上涨时，如果各个国家对此不做出任何反应，国内市场的粮食价格必定会随之上涨；当各国政府对此做出贸易措施后，粮食进口国反而会扩大粮食的进口量，减少进口的贸易限制，增加国内市场的供给，由此来缓解国内市场的物价上涨；粮食出口国家会减少出口量，这样会导致国际供给减少，国际粮价进一步上涨。反之，当国际粮价下降时候，粮食进口国将采取一系列贸易措施来限制进口，以此来减少国内粮食供给，旨在国内物价稳定或上升；而粮食出口国将会扩大出口，增加国际市场的供给，导致国际粮价进一步上升。无论是扩大出口还是限制出口，国际农产品价格波动都会对各国国内的粮食安全产生影响。如果国际粮价变动，政府采取贸易保护措施来稳定国内市场价格，降低了食品安全性[2]，而且国际市场价格变动对国内市场的冲击，会导致各国经济的不稳定发展，产生的政策性波动会对经济增长产生强烈而直接的负面效应。

---

[1] 十九大工作报告指出："确保国家粮食安全，把中国人的饭碗牢牢端在自己手中。实施食品安全战略，让人民吃得放心。"
[2] 尹靖华、顾国达：《粮食安全问题是事关社会稳定的重要国计民生问题》，载《农业技术经济》，2014年第12期。
　　王淑艳认为，粮食作为一种基础产品，其价格的波动和市场运行关系到整个国民经济的健康发展。

13.4　政府目标函数模型构建

笔者构建了一个全球农业市场的局部均衡模型，假设一共有两个小型国家（本国和外国），国内利益群体，即生产者、消费者、政府，对于存在储存政策的本国，利益群体还包括储存者。外国参量被用"＊"标记来表示。设定两国的需求函数均为线性并且相同：$d(P_t) = a - P_t, d(P_t^*) = a - P_t^*$。$P_t$和$P_t^*$分别表示两个国家的农产品生产价格。那么，两国的消费者剩余可以表示为：$CS_t = \int_{P_t}^{a}(a - P_t)d_{P_t}$，$CS_t^* = \int_{P_t^*}^{a}(a - P_t^*)d_{P_t^*}$。就农产品生产而言，假定两国的农产品生产都是用特定的生产要素生产的，输出与输入系数不变且为1。设x_t、x_t^*为生产某种农产品所需特定要素的数量，并且假定生产函数是无弹性的。对于特定要素的拥有者而言，他们的回报可以用国内价格计算，则对应的进口和出口的产出分别为$P_t x_t$，$P_t^* x_t^*$。这两个随机产出满足生产和赤字条件，贸易地位总是保持$x_t^* > x_t$。

当全球市场价格产生向下（向上）的波动时，进口商将实施更高（更低）水平的进口关税τ_t，相反，农业出口国则更倾向于减少（增加）出口商的贸易壁垒τ_t^*。设P_t^w为全球市场价格，那么两国的国内价格便可以表示为：$P_t = P_t^w + \tau_t$，$P_t^* = P_t^w + \tau_t^*$。假定本国采取国内储存政策，并通过"低买高卖"来稳定国内市场，且这个投机行为具有风险中性。储存农产品数量为ST_t，并允许从本期转移到下一期，则国内市场清算条件为：

$$ST_{t-1} + x_t + m_t = d(P_t) + ST_t \qquad (13-1)$$

式（13-1）中，m_t代表进口农产品数量。国际市场价格由国际市场清算条件决定，世界农产品总需求包括两国的总消费量加上t期国内的储存需求，那么世界总需求可以表示为：

$$D_t^T = d(P_t) + d(P_t^*) = [a - (P_t^w + \tau_t)] + ST_t + [a - (P_t^w + \tau_t^*)] \qquad (13-2)$$

世界的总供给包括t期两国的产量总和加上$t-1$期本国的储存量，即：

$$S_t^T = S_t + S_t^* = x_t + ST_{t-1} + x_t^* \qquad (13-3)$$

因此，世界市场的清算条件为：

$$x_t + ST_{t-1} + x_t^* = [a - (P_t^w + \tau_t)] + ST_t + [a - (P_t^w + \tau_t^*)] \quad (13-4)$$

对式（13-4）进行求解，我们可以得出全球市场的均衡价格为：

$$P_t^w = a - \frac{\tau_t + \tau_t^*}{2} - \frac{x_t + x_t^*}{2} + \frac{\Delta ST_t}{2} \quad (13-5)$$

上式（13-5）中的 $\Delta ST_t = ST_t - ST_{t-1}$。那么，在无本国储存政策时：

$$P_t^{w'} = a - \frac{\tau_t + \tau_t^*}{2} - \frac{x_t + x_t^*}{2} \quad (13-6)$$

在无关税时：

$$P_t^{w''} = a - \frac{x_t + x_t^*}{2} + \frac{\Delta ST_t}{2} \quad (13-7)$$

在自由贸易条件时：

$$P_t^f = a - \frac{x_t + x_t^*}{2} \quad (13-8)$$

根据国内市场价格与世界市场价格之间的关系，国内外市场价格可以表示如下：

$$P_t = P_t^w + \tau_t = a + \frac{\tau_t - \tau_t^*}{2} - \frac{x_t + x_t^*}{2} + \frac{\Delta ST_t}{2} \quad (13-9)$$

$$P_t^* = P_t^w + \tau_t^* = a + \frac{\tau_t^* - \tau_t}{2} - \frac{x_t + x_t^*}{2} + \frac{\Delta ST_t}{2} \quad (13-10)$$

这个部分世界的均衡价格与农业存储的变化正相关。储存量的增长将会导致全球市场价格上涨，国内的公共储存政策对稳定价格有着积极的作用，不仅仅对于全球市场的价格，还有本国和外国的国内价格。

进口数量为本国国内需求和供给的差值，即：

$$M_t = d(P_t) + ST_t - x_t - ST_{t-1} = \frac{\tau_t^* - \tau_t}{2} + \frac{x_t^* - x_t}{2} + \frac{\Delta ST_t}{2} \quad (13-11)$$

则进口税收可以表示为：

$$\tau_t M_t = \tau_t \left(\frac{\tau_t^* - \tau_t}{2} + \frac{x_t^* - x_t}{2} + \frac{\Delta ST_t}{2} \right) \quad (13-12)$$

对与外国而言，进口数量可以表示为：

$$E_t = d(P_t^*) - x_t^* = \frac{\tau_t - \tau_t^*}{2} + \frac{x_t - x_t^*}{2} - \frac{\Delta ST_t}{2} \quad (13-13)$$

那么，外国的进口税收可以表示为：

$$\tau_t^* E_t = \tau_t^* \left(\frac{\tau_t - \tau_t^*}{2} + \frac{x_t - x_t^*}{2} - \frac{\Delta ST_t}{2} \right) \qquad (13-14)$$

根据式（13-14），在无本国储存政策时，贸易量为：

$$M'_t = \frac{\tau_t^* - \tau_t}{2} + \frac{x_t^* - x_t}{2} \qquad (13-15)$$

在非扭曲贸易时：

$$M''_t = \frac{x_t^* - x_t}{2} + \frac{\Delta ST_t}{2} \qquad (13-16)$$

在自由贸易时：

$$M_t^f = \frac{x_t^* - x_t}{2} \qquad (13-17)$$

假设世界上只有两个国家，进出口量完全相同，符号相反，本国的进口是来自国外的出口。

13.4.1 政府的目标函数构建

在这一部分，笔者将政府的偏好建模为能够解释各种经济和政治动机的福利总和。政府试图最大限度地发挥社会福利功能，包括生产者剩余、消费者剩余、储存政策收入和关税收入，并将损失厌恶纳入政府目标函数，结果表明中国政府有动力通过将国内市场与国际市场隔离来稳定国内农产品价格。因此，将国内价格的二次项加入政府目标函数中，表示对价格稳定的偏好。

$$W_t = \int_{P_t}^{a} (a - P_t) d_{P_t} + \beta P_t x_t + \tau_t M_t + \delta \Delta ST_t - \frac{\lambda}{2} (P_t - \overline{P})^2 \qquad (13-18)$$

$$W_t^* = \int_{P_t^*}^{a} (a - P_t^*) d_{P_t^*} + \beta P_t^* x_t^* + \tau_t^* E_t - \frac{\lambda}{2} (P_t^* - \overline{P})^2 \qquad (13-19)$$

式（13-18）、式（13-19）中，政府目标函数中的项目分别表示：消费者剩余、生产者收入、贸易收入或成本、国内储存政策的收入或成本，β 表示政府赋予生产者的权重（$\beta > 1$），$\lambda \geq 0$ 表示价格稳定的偏好参数。$\overline{P}$ 代表农产品的均衡价格。在分析静态纳什均衡以前，为了获得政治上的最优贸易和储存政策，将政府目标函数 W_t、W_t^* 最大化。

1. 本国最优的贸易政策 τ_t。

用本国的政府目标函数对本国关税 τ_t 进行求导，整理可得：

$$\tau_t = \frac{(1+\lambda)}{(3+\lambda)}\tau_t^* + \frac{(1+\lambda)}{(3+\lambda)}x_t^* + \frac{(2\beta+\lambda-3)}{(3+\lambda)}x_t + \frac{(3-\lambda)}{(3+\lambda)}\Delta ST_t + \frac{2(\lambda\overline{P}-a\lambda)}{(3+\lambda)}$$

(13-20)

将世界价格 P_t^w 带入到式（13-20）并对式（13-20）进行化简变形可得：

$$\tau_t = \frac{\lambda(\overline{P}-P_t^w) - \{(2-\beta)x_t - a - 2\Delta ST_t + P_t^w\}}{(2+\lambda)}$$

(13-21)

2. 本国最优的储存政策 ΔST_t。

用本国的政府目标函数对本国的储存量 ΔST_t 进行求导，整理可得：

$$\Delta ST_t = \frac{(\lambda-1)\tau_t^* + (\lambda-1)x_t^* + (2\beta+\lambda-1)x_t}{(\lambda-1)} + \frac{(3-\lambda)\tau_t + 2(\lambda\overline{P}-a\lambda+2\delta)}{(\lambda-1)}$$

(13-22)

将无储存政策时的世界价格 $P_t^{w'}$[①] 带入到式（13-22）并对式（13-22）进行化简变形可得：

$$\Delta ST_t = \frac{\lambda(\overline{P}-P_t^{w'}) + (2-\lambda)\tau_t + (\beta x_t + 2\delta - a + P_t^{w'})}{\frac{(\lambda-1)}{2}}$$

(13-23)

3. 外国最优的贸易政策 τ_t^*。

用外国的政府目标函数对外国的关税 τ_t^* 进行求导，整理可得：

$$\tau_t^* = \frac{(1+\lambda)\tau_t}{3+\lambda} - \frac{(1+\lambda)\Delta ST_t}{3+\lambda} + \frac{(1+\lambda)x_t}{3+\lambda} + \frac{(2\beta+\lambda-3)x_t^*}{3+\lambda} + \frac{2\lambda\overline{P}-2a\lambda}{3+\lambda}$$

(13-24)

将世界价格 P_t^w 带入到式（13-24）中并对式（13-24）进行化简变形可得：

$$\tau_t^* = \frac{\lambda(\overline{P}-P_t^w) - \{(\beta-2)x_t^* - a + P_t^w\}}{(2+\lambda)}$$

(13-25)

13.4.2 内部纳什均衡的解决方案

本章上面已经得到本国和外国政府最优的贸易、储存政策如下：

---

① 得出的价格均值减去包含贸易政策的价格，是储备政策稳定的作用体现。

$$\tau_t = \frac{\lambda(\overline{P} - P_t^w) - \{(2-\beta)x_t - a - 2\Delta ST_t + P_t^w\}}{(2+\lambda)} \quad (13-26)$$

$$\Delta ST_t = \frac{\lambda(\overline{P} - P_t^{w'}) + (2-\lambda)\tau_t + (\beta x_t + 2\delta - a + P_t^{w'})}{\frac{(\lambda-1)}{2}} \quad (13-27)$$

$$\tau_t^* = \frac{\lambda(\overline{P} - P_t^w) - \{(\beta-2)x_t^* - a + P_t^w\}}{(2+\lambda)} \quad (13-28)$$

1. 本国的贸易政策：纳什均衡解决方案。

用自由贸易价格 P_t^f、自由贸易量 M_t^f 表达 τ_t、ΔST_t、τ_t^*，将 P_t^f、M_t^f 带入到上述式（13-26）中，并对其进行化简变形可得：

$$\tau_t = 2\frac{\lambda(\overline{P} - P_t^f) + M_t^f}{(3+\lambda)} + \frac{(\lambda+1)}{(3+\lambda)}\tau_t^* + \frac{(3-\lambda)}{(3+\lambda)}\Delta ST_t + \frac{2(\beta-1)x_t}{(3+\lambda)} \quad (13-29)$$

2. 本国的储存政策：纳什均衡的解决方案。

将 P_t^f、M_t^f 带入到上述式（13-27）中，对其进行化简变形可得：

$$\Delta ST_t = 2\frac{\lambda(\overline{P} - P_t^f) - M_t^f + 2\delta}{(\lambda-1)} + \tau_t^* + \frac{(3-\lambda)\tau_t}{(\lambda-1)} + \frac{2(\beta-1)x_t}{(\lambda-1)} \quad (13-30)$$

3. 外国的贸易政策：纳什均衡解决方案。

将 P_t^f、M_t^f 带入到上述式（13-28）中，对其进行化简变形可得：

$$\tau_t^* = 2\frac{\lambda(\overline{P} - P_t^f) - M_t^f}{(3+\lambda)} + \frac{(1+\lambda)}{(3+\lambda)}\tau_t - \frac{(1+\lambda)}{(3+\lambda)}\Delta ST_t + \frac{2(\beta-1)x_t^*}{(3+\lambda)} \quad (13-31)$$

综上所述，纳什均衡的解法为：

$$\tau_t = 2\frac{\lambda(\overline{P} - P_t^f) + M_t^f}{(3+\lambda)} + \frac{(\lambda+1)}{(3+\lambda)}\tau_t^* + \frac{(3-\lambda)}{(3+\lambda)}\Delta ST_t + \frac{2(\beta-1)x_t}{(3+\lambda)} \quad (13-32)$$

$$\Delta ST_t = 2\frac{\lambda(\overline{P} - P_t^f) - M_t^f + 2\delta}{(\lambda-1)} + \tau_t^* + \frac{(3-\lambda)\tau_t}{(\lambda-1)} + \frac{2(\beta-1)x_t}{(\lambda-1)} \quad (13-33)$$

$$\tau_t^* = 2\frac{\lambda(\overline{P} - P_t^f) - M_t^f}{(3+\lambda)} + \frac{(1+\lambda)}{(3+\lambda)}\tau_t - \frac{(1+\lambda)}{(3+\lambda)}\Delta ST_t + \frac{2(\beta-1)x_t^*}{(3+\lambda)} \quad (13-34)$$

解出 τ_t、τ_t^* 和 ΔST_t，然后带入世界价格方程中，可以得到纳什均衡条件下本国与外国的贸易政策与储存政策：

$$\tau_t^N = \frac{\lambda^2(\overline{P} - P_t^f + M_t^f)}{\lambda^2 + \lambda + 2} + \frac{2(1-\lambda)M_t^f}{\lambda^2 + \lambda + 2} + \frac{(\lambda^2 + \lambda + 8)\delta}{\lambda^2 + \lambda + 2} - \frac{(\beta-1)(\lambda^3 + \lambda + 8)}{\lambda^2 + \lambda + 2}x_t + \frac{(\beta-1)(\lambda-1)}{\lambda^2 + \lambda + 2}x_t^* \quad (13-35)$$

$$\tau_t^{*N} = \frac{\lambda^2(\overline{P} - P_t^f + M_t^f)}{\lambda^2 + \lambda + 2} + \frac{(2\lambda+1)M_t^f}{\lambda^2 + \lambda + 2} + \frac{(\lambda^2 - 2\lambda + 5)\delta}{\lambda^2 + \lambda + 2} + \frac{(\beta-1)(3\lambda-2)}{\lambda^2 + \lambda + 2}x_t - \frac{(\beta-1)(\lambda^3 + 3\lambda^2 + 7\lambda - 5)}{\lambda^2 + \lambda + 2}x_t^* \quad (13-36)$$

$$\Delta ST_t^N = \frac{\lambda^2(\overline{P} - P_t^f)}{\lambda^2 + \lambda + 2} - \frac{2M_t^f}{\lambda^2 + \lambda + 2} + \frac{(\lambda^2 - 1)\delta}{\lambda^2 + \lambda + 2} -$$
$$\frac{(\beta - 1)(\lambda^3 + 2\lambda - 1)}{\lambda^2 + \lambda + 2} x_t - \frac{(\beta - 1)(\lambda + 5)}{\lambda^2 + \lambda + 2} x_t^* \quad (13-37)$$

将 τ_t、τ_t^*、ΔST_t 带入到国际市场价格当中，可以得到贸易政策和储存政策对国际市场价格的影响：

$$P_t^w = a - \frac{\tau_t + \tau_t^*}{2} - \frac{x_t + x_t^*}{2} + \frac{\Delta ST_t}{2} \quad (13-38)$$

$$P_t^f = a - \frac{x_t + x_t^*}{2} \quad (13-39)$$

即 $P_N^w = P_t^f - \frac{\tau_t^N + \tau_t^{*N}}{2} + \frac{\Delta ST_t^N}{2} \quad (13-40)$

将式（13-35）、式（13-36）、式（13-37）带入到式（13-40）中，可以得到：

$$P_N^w = \frac{3\lambda^2(\overline{P} + P_t^f)}{2(\lambda^2 + \lambda + 2)} - \frac{(\lambda^2 - 2\lambda + 1)M_t^f}{2(\lambda^2 + \lambda + 2)} + \frac{(3\lambda^2 - \lambda + 12)\delta}{2(\lambda^2 + \lambda + 2)} -$$
$$\frac{(\beta - 1)(\lambda^3 + 6\lambda^2 + 5\lambda + 1)}{2(\lambda^2 + \lambda + 2)} x_t - \frac{(\beta - 1)(\lambda^3 + 3\lambda^2 + 5\lambda + 1)}{2(\lambda^2 + \lambda + 2)} x_t^* \quad (13-41)$$

13.4.3 模型结果分析

根据上文的模型构建及推导结果，我们可以得到以下结论。

1. 如式（13-21）所示，本国最优的贸易政策一共收到两个因素的影响：

（1）$(\overline{P} - P_t^w)$ 代表政府对价格稳定的偏好，体现均衡价格与世界价格的差值对国家贸易政策的影响程度。

（2）$\{(2-\beta)x_t - a - 2\Delta ST_t + P_t^w\}$，其中 ΔST_t 表示国家的储备对贸易政策的影响，$(2-\beta)x_t$ 表示国家对农业生产者的扶持力度，a 表示消费者能够接受的最高价格，加上世界价格 P_t^w 这三部分共同表示市场力量对本国贸易政策的影响。

2. 如式（13-23）所示，本国最优的储存政策一共收到三个因素影响：

（1）$(\overline{P} - P_t^w)$ 代表政府对价格稳定的偏好，即均衡价格与无储存政策时的世界价格之间的差值对国家储存政策的影响。

（2）$(2-\lambda)\tau_t$ 表达政府对贸易政策有一种稳定性偏好，储存政策建立在贸易政策的基础上。

（3）$(\beta x_t + 2\delta - a + P_t^{w'})$ 包括政府对农业生产者的扶持力度、赋予国内储存者的权重，以及消费者能够接受农产品的最高价格及无储存政策时的世界价格，总体表达本国储存政策受一种市场力量影响。

3. 如式（13-25）所示，外国最优的贸易政策一共收到两个因素的影响：

（1）$(\bar{P} - P_t^w)$ 均衡价格与世界价格的差值表达政府对价格稳定的偏好。

（2）$\{(\beta - 2)x_t^* - a + P_t^w\}$，其中 $(\beta - 2)x_t^*$ 表示政府对农业生产者的扶持力度，a 表示消费能够接受农产品的最高价格，加上世界价格 P_t^w 共同表达外国的贸易政策受市场力量的影响。

4. 如式（13-29）所示，从本国贸易政策的纳什均衡方程结果可以得出，本国的贸易政策或者说关税水平是根据生产农产品的特殊要素数量 x_t、均衡价格 $\bar{P}$、自由贸易下的贸易量 M_t^f、自由贸易下的价格 P_t^f，还有农产品储量 ΔST_t 共同决定的，是在纳什均衡条件下，根据外国的关税 τ_t^* 制定的。当政府的损失厌恶程度 $\lambda > 3$ 时，本国的农产品储量 ΔST_t 将会引起国家贸易政策的不稳定；相反，当损失厌恶程度 $\lambda < 3$ 时，农产品储量 ΔST_t 将会对国家贸易政策起到稳定的作用。

5. 如式（13-30）所示，从本国储存的纳什均衡方程结果可以得出：基于储存政策是一次线性函数，各个变量的偏导数即为变量前的系数，所以本国的农产品储存量与生产农产品特定要素 x_t 的数量、均衡价格 $\bar{P}$ 呈正相关；与自由贸易下的价格 P_t^f、自由贸易下的贸易量 M_t^f 成反比。当本国政府的损失厌恶程度 $\lambda > 3$ 时，本国的农产品储存量与本国关税成反比；反之，当损失厌恶程度 $\lambda < 3$ 时，本国的农产品储量与关税成正比。

6. 如式（13-31）所示，从外国贸易政策的纳什均衡方程结果可以得出，基于外国贸易政策是一次线性函数，各个变量的偏导即为系数，所以外国的关税水平与生产农产品的特殊要素数量 x_t^*、均衡价格 $\bar{P}$、本国的关税水平 τ_t 成正比；与自由贸易下的价格 P_t^f、自由贸易下的贸易量 M_t^f、本国的农产品储量 ΔST_t 成反比。

7. 如式（13-37）所示，在纳什均衡条件下，国际市场的价格受到诸多因素的影响。根据国际市场价格的偏导数为一次函数的各变量系数可以得出，国际市场价格 P_N^w 与均衡价格 $\bar{P}$、自由贸易下的价格 P_t^f 成正比。同时，与微观经济学的规律相同，国际市场价格 P_N^w 与本国生产要素的数量 x_t、外国生产要素的数量 x_t^* 成反比。

13.5　结论与政策建议

21世纪的世界各国，对外开放的程度越来越高，彼此的经济发展存在密切联系，在这种国际格局下，中国面临的外部市场经济冲击越来越大，如何有效应对外部冲击，避免冲击对中国造成的负面影响，并在冲击中寻求发展机会显得尤为重要，这就需要我们必须了解国际市场价格波动的影响因素及国家政策与价格波动的相关性。根据本章第四部分的模型推导，我们可以明确看出，两国的贸易政策会对国际市场价格产生负面影响，而本国的储存政策则可以起到一个稳定国际市场价格的作用。所以，当国际市场价格产生上升（下降）时，本国与外国削减（增加）关税的贸易措施会引起国际市场价格更大幅度的上升（下降）；而储存政策的存在，通过改变农产品的储量来调节国内及国际市场农产品的供给量，可以有效地减缓国际市场价格波动带来的冲击，起到稳定国际市场价格的作用。所以在国际市场价格产生波动的时候，各国的贸易政策应该同价格的变化方向一致，才能有效缓解国际价格的波动，并且建议中国应该存在一种储备政策，不仅仅可以在国际市场价格波动时来调节国际价格，防范价格波动带来的物价冲击，保证国内利益集团的利益及社会福利，更能保证本国的农产品食品的安全。

首先，就目前中国的农业政策而言，中国多采取进出口补贴政策、制定最低收购价来进行农产品的保护，鼓励大豆、玉米、棉花等农产品的出口，并将农产品进行储存，以此控制中国国内农产品的市场供给量，在国内市场遭到国际市场价格冲击时，通过调节农产品的储存量来控制国内市场农产品的供给量，借此来稳定国内价格。但中国人口数量巨大，作为一个粮食大国，粮食这种生产活动的基础产品的价格稳定与安全对中国极为重要。但如今中国在国际农产品市场的话语权还不够强大[1]，应提升中国在国际农产品市场的主导地位，取得农产品的定价权，做到缓解国际粮价制定被发达国家全权掌控的局面，积极参加联合国粮食组织、经合会议，能够及时管理应对国际粮价变动的风险。其次，

---

[1] 胡超认为，增强国际粮价定价话语权来防范国际粮价波动的风险。

继续健全中国的粮食储备系统，提高中国粮食储备的规模，对主销粮食（小麦、玉米、大豆等）进行宏观储备调控，调节不同层次、地区的粮食供求平衡。对提高中国的粮食进口的调控能力，有效利用国内储备来缓解国际粮价变动对中国国内市场的冲击。加大对农业的扶持力度，扩大农业生产投资规模，改善农业生产的基础设施，加快农业现代化的步伐，可以提高农民进行农业生产的积极性[1]，增加农业生产的龙动力，促进中国农业的发展。最后，中国应该健全粮食期货市场、农产品市场的整体体系[2]，充分利用粮食期货市场来规避国际粮价变动带来的食品安全问题以及市场风险，同时完善期货市场监管体系，保证能够充分发挥期货市场的价格预测及风险防范功能，当价格波动已经冲击到国内市场时，中国货币当局应该采取有效措施，通过调节存款准备金率、利率等来稳定通胀预期，借此稳定国内物价水平，保证国内社会福利的均衡稳定。

---

[1] 张振华认为，增加农民收入可以提高农民耕种的积极性。
[2] 刘喜明认为，充分利用粮食期货市场可以维护国际粮食安全，规避市场风险。

第14章 不平等对自由贸易协定的影响研究

——基于行为经济学的分析视角

摘 要

本章主要基于行为经济学的角度研究一国不平等程度对其自由贸易协定的签订的影响。通过采用217个国家和地区1960—2018年间的基尼系数、自由贸易协定、人口总数、国内生产总值等数据，构成面板数据后用最小二乘法（OLS）进行实证研究，回归结果显示：不平等会对自由贸易协定产生消极影响，即一国不平等程度增加会减少其自由贸易协定的签订，即当一国不平等程度增加一个单位时，就会减少0.024496个单位自由贸易协定的签订。与此同时，本章运用2-step GMM处理了内生性问题，并用多种方法进行了稳健性检验，结果与OLS的回归结果保持一致。

本章系运用规范研究方法进行的专题研究。全文分为八个部分：第一部分是绪论，主要阐述了研究背景与意义、目的与内容、思路和方法；第二部分是文献综述；第三部分是数据来源及处理，说明了本章的研究数据是从何而来，并对数据处理过程进行解释；第四部分是模型设定与回归结果，解释了本章采用的计量方法并简要分析了回归结果；第五部分是内生性检验，采用工具变量法、2SLS、GMM等方法处理了内生性问题；第六部分是稳健性检验，通过增加控制变量、替换核心解释变量，以及改变计量方法（采用Logit）等方法进行了稳健性检验；第七部分是影响机制，推理了不平等是通过什么机制影响自由贸易协定的签订；第八部分是结束语，简单概括全文。

已有文献大多是研究自由贸易协定对其他因素的影响，而研究自由贸易协定的影响因素的文献较少。本章主要创新体现在将不平等程度与自由贸易协定联系起来进行实证研究，填补了文献空白。在贸易保护主义抬头的世界背景下，研究出自由贸易协定的影响因素有利于各国采取相应对策来增加自由贸易协定的签订，从而提升国家福利。

14.1　引　言

在当今世界经济依然低迷的情况下，英国脱欧、美国挑起贸易战，这些贸易保护主义的抬头似乎都在阻碍着经济全球化的进程。但经济全球化已然是大势所趋，即使其过程有些曲折或反复也改变不了这一既定事实。区域贸易协定是促使贸易自由化进而推动经济全球化的重要手段之一，而自由贸易协定作为区域贸易协定的主要类型也对推动经济全球化有着举足轻重的作用。然而什么因素会影响一国与他国签订自由贸易协定呢？如果我们弄清这一问题就能知道影响一国与他国签订自由贸易协定的因素，从而推动经济全球化的进程。

本章主要是基于行为经济学的角度来研究一国的不平等程度是否会对其与他国签订自由贸易协定产生影响，以及可能对签订自由贸易协定产生影响的其他因素。不平等和其他影响因素对签订自由贸易协定的影响程度，以及它们可能是通过何种机制影响自由贸易协定的签订，这些也都在本章的研究范围之内。以往的文献大多是研究一国签订自由贸易协定对其国内福利、贸易流量以及贸易条件等的影响，研究自由贸易协定的影响因素的文献较少，忽略了究竟是何种因素会影响一国自由贸易协定的签订。本章通过研究不平等是否会对一国自由贸易协定的签订产生影响，以及产生何种影响等来了解影响自由贸易协定签订的因素，进而填补一定的文献空白。

本章主要研究的是不平等对自由贸易协定的影响，因为基尼系数是国际上通用的、用来衡量一个国家或地区居民收入差距的常用指标，所以首先，考虑将各国的基尼系数作为衡量其不平等程度的指标，也是作为本次研究的核心变量而存在。其次，因为影响一国与他国签订自由贸易协定的因素不可能只有不平等这一个影响因素，所以在参考众多文献后本章选择将该国的人口、国内生产总值、教育等变量作为控制变量加入模型之中，从而增强该模型的解释力度。因为面板数据具有样本容量大、能提供更多个体动态行为的信息，以及有助于解决遗漏变量的问题等诸多优点，本章选择采用217[①]个国家自1960—2018年间的面板数据进行研究。

因为大样本OLS无须假设"严格外生性"与"正态随机扰动项"，在特定假设条件下，OLS估计量有诸多良好的大样本性质，从而具有更大的适用性，所以本次研究主要采用OLS的计量方法进行，但由于某些解释变量可能会存在内生性问题，导致OLS回归出现内生性偏差从而影响实证检验结果的正确性，故本章会采取工具变量法来处理其内生性问题。随后，本章会采用增加其他控制变量的方法以进一步增强模型解释力度、用其他变量替代核心解释变量、改变计量方法（如改变为Logit模型）、剔除某些变量中的异常值再次进行回归检验等多种方法作为稳健性检验以增强本次研究的可信度。

14.2 文献综述

14.2.1 行为经济学角度的不平等

近几十年来，许多学者将心理学和经济学进行融合，实验和修正了新古典经济学的基本假设，即否定了新古典经济学的理性经济人假设，认为任何个体的经济决策都是非理性的，并通过各种理论的发表逐渐发展形成了行为经济学，现在其主要模型有"非标准偏好"模型、"非标准信念"模型、"非标准决策"模型。约翰·戴维斯（2008）认为，传统的非正统经济学[②]，从其他相邻学科或跨学科去研究经济学，而不是从经济学本身出发，且单纯地拒绝新古典经济学。而行为经济学结合了心理学，实验和修正了新古典经济学的前提假设，并不是单纯地拒绝新古典经济学的核心教条，所以，即使两者都对新古典经济学产生

---

① 217个国家名称如附表所示。
② 弗雷德里克·李认为非正统经济学即是与以新古典经济学为代表的正统经济学相对立的，并以解释社会供应过程为目标的经济学。

质疑，但行为经济学比传统非正统经济学更容易被接受。而前景理论、禀赋效应、计划者—执行者、助推等行为经济学的著名理论获得了诺贝尔经济学奖，更是证明了这一事实。

Fehr 和 Schmidt（1999）首次将个体收入不平等引入函数模型，基于人类固有的嫉妒和内疚等情感构建个体劣势（物质收益比他人差）和优势（物质收益比他人好）的不平等厌恶系数，从而形成"不平等厌恶"模型。Bolton 和 Ockenfels（2000）也基于分配结果的不平等构建"不平等"模型，从而得到广泛应用。而在他们的研究中，无论是个体优势还是个体劣势都会使个体感到不平等带来的负效用。因此，个体在社会合作中主要由个体的不平等厌恶程度来决定他们是选择合作还是搭便车。无独有偶，在 Yang, Onderstal 和 Schram（2015）的研究中也表明收入不平等劣势的负效用可能会高估不平等厌恶的重要性。Lü, Scheve 和 Slaughter（2012）的研究表明：个体不平等厌恶会导致支持产业间贸易保护的系统性差异。其对中国、美国的调查实验证明对特定行业贸易保护的个人政策意见取决于该行业工人的收入，若该行业工人的平均工资低于贸易保护给他们带来的报酬，他们就会支持对特定行业进行贸易保护。Pastor 和 Veronesi（2018）的研究中发现经济增长会加剧不平等从而导致厌恶程度的上升，进而加剧反对全球化情绪。然而以上文献均是从微观层面开展研究，并没有从宏观角度出发，所以本章会在行为经济学的"不平等"模型的基础上，从宏观层面上开展研究。

14.2.2　自由贸易协定的研究现状

自20世纪90年代以来，全球范围内缔结区域贸易协定（RTA）[①] 的形势大好，而实际上更多的区域贸易协定是以自由贸易协定的形式出现的，故而自由贸易协定成为国际贸易研究的热点之一。Feldman（1973）的研究指出，较世界多边贸易协定更为普遍的双边贸易协定，更有可能成为国际经济学的研究热点。与此类似的 Baldwin（1995）认为，双边区域贸易协定呈现跳跃式增长。而 Bhagwati（1993）则明确指出了"绊脚石"和"垫脚石"问题，以及区域贸易协

[①] 区域贸易协定（Regional Trade Agreement）是指两个或两个以上的国家，或者不同关税地区之间，为了消除成员间的各种贸易壁垒，规范彼此之间贸易合作关系而缔结的国际条约，分为优惠贸易协定（PTA）、自由贸易协定（FTA）、关税同盟（CU）、共同市场（Common Market）、经济同盟（Economic Union）、完全的经济一体化（Perfectly Economic Integration），共六种类型。

定对各国福利和双边贸易流量的影响是最值得研究的两个问题。由此看来，自由贸易协定问题确实是研究的热点之一。Maggi（2014）从理论和实证上均证明了贸易协定会对贸易壁垒和贸易流量产生影响，而防止政府操纵贸易条件、将政府作为国内代理人角色、强调贸易协定在不完全竞争中的作用则是贸易协定的三大作用。但一些学者对此却有不同看法，比如 Krishna（1998）认为，在寡头模型中的区隔化市场中，政府只会关心该国国内企业的利益，在此环境下，自由贸易协定只能在双方国家均能获利的情况下被接受。Ornelas（2005）认为，自由贸易协定可以降低贸易保护率，但政府是不会对有损国家利益的自由贸易协定感兴趣的。Christoph 和 Andrew（2014）则认为，一国通过区域贸易协定获得的利益可以通过股票市场进行分配，当一国签订贸易协定时该国股票价格会上升。Grossman（2016）认为，政府是追求利益最大化的，为了改善该国贸易条件、为了在国际贸易中获得更大利益才会选择签订贸易协定。由此我们可以看出，不管是为了改善贸易条件[①]，还是为了保护国内企业利益，增加自身国家利益才是各国政府签订自由贸易协定的本质。而贸易协定中，由于自由贸易协定具有关税互补性效应使得其会员国在关税收入上更具有竞争力，从而引发他们降低外部关税（Richardson，1993）。无独有偶，Facchini 等（2009）的研究表明：相比于关税同盟（CU），自由贸易协定的战略授权效应会使得会员国获得更高的利益。因此，自由贸易协定凭借其优越性而成为贸易协定中政府签订最多的一类。Brueckner（2017）研究了贸易不确定性与收入不平等之间的关系，贸易不确定性会导致收入不平等的增加，而教育的数量和质量均可以降低不平等程度。铁瑛、张明志和王珺莹（2017）通过利用 170 个国家和地区 1997—2012 年的面板数据进行了实证研究，结果发现多边进程的顺利进行会显著降低各国签订自由贸易协定的数量，而世界领导者和地缘型大国的存在会促进自由贸易协定的签订。陈志明和黄晖（2018）利用 Logit 模型研究发现，经济差异、地理距离这些传统的因素对两国签订自由贸易协定的影响越来越小，而文化差异、经贸往来、国内福利、外国失业率以及知识产权保护程度这些因素都会对中国自由贸易协定的签订产生影响。

虽然对自由贸易协定的研究有很多，但还没有不平等程度对自由贸易协定签订影响的相关文献。故本章研究不平等对自由贸易协定的影响，试图找到影

---

① 贸易条件（Terms of Trade，TOT）是指一定时期内，一国每出口一单位商品可以交换多少单位外国进口商品的比例，或交换比价，通过它可反映一国宏观上对外贸易的经济效益如何。

响自由贸易协定签订的因素,而本章的创新及边际贡献也在于此,即填补了一定的文献空白。

14.3　数据来源及处理

14.3.1　数据来源

为了确保本章研究数据的可信度,本章所采用的数据均在官方网站的公开数据库中获取。其中,自由贸易协定数据在世界贸易组织(World Trade Organization)的区域贸易协定信息系统(The Regional Trade Agreements Information System, RTA – IS)[①]中获取,采用了自1960—2018年各国签订自由贸易协定的数据。一国不平等程度用基尼系数[②]进行度量,各国人口总数、国内生产总值(GDP)采用2010年不变价美元计算、教育程度采用高等院校入学率(占总人数的百分比)、净再分配收入采用现价美元计算、最低10%占有的收入份额、最高10%占有的收入份额、最低20%占有的收入份额、最高20%占有的收入份额,以上变量均是在世界银行(The World Bank)的发展指标(World Development Indicators[③])中获取,利用了217个国家和地区从1960—2018年的数据。表14 – 1中所展示的是模型中各个主要变量的统计特征:

表14 – 1　　　　　　　　主要变量统计特征

变量	变量含义	样本量	均值	标准差	最小值	最大值
FTA	自由贸易协定	12803	0.1507459	0.5677818	0	6
NFTA	自由贸易协定(0/1)	12803	0.0909162	0.2875011	0	1
GINI	基尼系数	1356	39.39757	9.676435	16.2	65.8
POP	人口总量	12479	240	1010	0.4279	13900
GDP	国内生产总值	8998	24200	99400	2.14	1730000

---

① http://rtais.wto.org/UI/PublicMaintainRTAHome.aspx.
② 基尼系数在0—1之间,基尼系数越大,表示不平等程度越高。
③ http://databank.worldbank.org/data/reports.aspx?source = world – development – indicators.

续表

变量	变量含义	样本量	均值	标准差	最小值	最大值
EDU	教育程度	5374	23.48848	22.86493	0	126.3826
N	净再分配收入	6339	−3950	80700	−1240000	656000
TOP10	最高 10% 占有的收入份额	1381	30.28023	8.440031	0	61.5
LOW10	最低 10% 占有的收入份额	1381	2.388849	1.077923	0	6.1
TOP20	最高 20% 占有的收入份额	1381	45.42607	10.02215	0	71
LOW20	最低 20% 占有的收入份额	1381	6.192107	2.362163	0	13.4

注：NFTA 代表二值模型下的自由贸易协定个数；EDU 代表教育程度，用高等院校入学人数/人口总数表示。

表 14 - 1 中第一列表示各变量的名称，第二列是各变量的有效样本总量，第三列表示各变量的均值，第四列是各变量的标准差，第五、第六列分别表示各变量的最小值和最大值。

14.3.2 数据处理

首先，将在世界银行中下载的 217 个国家 1960—2018 年的基尼系数、国内生产总值、人口总数等数据做成面板数据。其次，将在世界贸易组织中下载的自由贸易协定的数据按国家、签订的时间录入到之前的面板数据中。而部分自由贸易协定是由某一国与经济组织签订的多边的贸易协定，因为经济组织签订的每一个自由贸易协定对其每一成员国具有同等效力，故而将这一部分的自由贸易协定数据视为一国与该经济组织中每一成员国签订的自由贸易协定。而人口总数、国内生产总值、净再分配收入等值过大，每单位值对自由贸易协定的影响幅度太小，故而以上变量在回归时均采用其对数进行实证检验。在稳健性检验中采用最高 10% （或 20%）占有的收入份额与最低 10% （或 20%）占有的收入份额的比值替代基尼系数进行稳健性检验。总样本容量为 12803，基尼系数的有效样本容量为 1356，自由贸易协定的有效样本容量为 12803，人口总量的有效样本容量为 12479，国内生产总值的有效样本容量为 8998，教育程度、净再分配收入的有效样本分别为 5374、6339，最高 10% 占有的收入份额、最低 10% 占有的收入份额、最高 20% 占有的收入份额、最低 20% 占有的收入份额的有效样本容量均为 1381。而我们从表 14-1 中可以明显看出，多个主要变量的最小值、最大值等在取值上均满足经验与统计要求，且样本量足够大，故而选取的数据具有较强的可信度。

14.4 模型设定与回归结果

14.4.1 模型设定

为了研究不平等对一国签订自由贸易的影响，本章最初设定的模型如模型（14-1）所示：

$$FTA_{it} = \alpha + \beta_1 GINI_{it} + \varepsilon_{it} \tag{14-1}$$

式（14-1）中，下标 i 表示不同的国家，t 表示不同的年份。则 FTA_{it} 表示 i 国在第 t 年内签订的自由贸易协定的数量，在初始模型中作为被解释变量。$GINI_{it}$ 代表 i 国在第 t 年的基尼系数（度量了"不平等程度"），作为核心解释变量而存在。ε_{it} 代表随机误差项，β_1 衡量了 $GINI_{it}$ 对 FTA_{it} 的边际效应，α 表示除了不平等和随机误差项之外的所有因素对自由贸易协定签订所产生的所有影响。本章主要考察的是：一国不平等程度的高低对该国自由贸易协定签订产生的影响，在参考其他文献后考虑到除了不平等对自由贸易协定的签订会产生影响以外，人口总量、国内生产总值可能也会对自由贸易协定产生影响，故而将人口总量、国内生产总值作为控制变量引入模型，但由于数据、成本及其他限制条件我们未能将所有变量均引入模型之中。修正后的模型如下所示：

$$FTA_{it} = \alpha + \beta_1 GINI_{it} + \beta_2 \ln GDP_{it} + \beta_3 \ln POP_{it} + \varepsilon_{it} \tag{14-2}$$

模型（14-2）中，$\ln GDP_{it}$ 是 i 国在第 t 年的国内生产总值的对数形式[①]，$\ln POP_{it}$ 是 i 国在第 t 年的人口总量的对数形式，β_2 表示当其他条件控制不变时一国

---

① 前文已经提到了由于国内生产总值和人口总量的基数实在是太大了，它们每一单位的变动对自由贸易协定产生的影响几乎微乎其微，所以得采用它们的对数形式进行回归检验。

国内生产总值对其自由贸易协定签订产生的影响，β_3 表示当其他条件控制不变时一国人口总量对其自由贸易协定签订产生的影响。

14.4.2 回归结果

本章的被解释变量为自由贸易协定，核心解释变量为不平等程度，人口总量、国内生产总值作为控制变量。故我们在模型（14-1）中只将不平等程度引入作为解释变量，模型（14-2）中再引入控制变量。因为本章的研究数据是大样本面板数据，所以采用 OLS 的计量方法进行实证检验，回归结果如表 14-2 所示：

表 14-2 OLS 回归结果

变量	模型（14-1）	模型（14-2）
$GINI$, β_1	-0.0230797*** （0.0046465）	-0.0152393*** （0.0040508）
$Ln(GDP)$, β_2	— —	0.3463081*** （0.0272869）
$Ln(POP)$, β_3	— —	-0.3041672*** （0.0361077）
Constant, α	1.452165*** （0.1897659）	-2.410495*** （0.4954638）
Observations	1356	1342
No. of countries	217	217
R^2	0.1152	0.2812

注：*** $P<0.01$，** $P<0.03$，* $P<0.05$。

表 14-2 中，第一列表示各变量及其在模型中对应的系数，还有样本总数、国家数以及度量拟合优度的可决系数 R^2。第二列表示模型（14-1）OLS 回归的各变量的系数值及其显著程度，第三列表示模型（14-2）OLS 回归的各变量的系数值及其显著程度。

由上表可知，无论是在模型（14-1）还是模型（14-2）中，核心变量不平等程度的系数符号都是负的，即不平等对国家签订自由贸易协定具有消极影响，一国不平等程度的增加会减少其自由贸易协定的签订，此结论在有无引入控制变量的情况下均成立。我们通过表 14-2 可以明显看出,当引入国内生产总值和人口总量这两个控制变量时不仅没有改变模型(14-1)中核心解释变量的系数符号,还提高了 R^2,即提高了模型的拟合优度。虽然由模型(14-1)到模型(14-2)常数项的系数符号发生了变化,但这更符合我们的经验,在此时贸易及经济局势复杂的情况下,各国倾向于采取贸易保护主义以保护国内福利,所以会减少自由贸易协定的签订。而国内生产总值的系数符号为正,因为一国的国内生产总值高即证明它经济实力更强,消费能力也强,对进口有更大的需求,所以会更倾向于签订自由贸易协定。人口总量的系数符号为负、人口总量大,则其有更多的劳动力会倾向于利用本国劳动力生产产品,且也为了增加本国的就业率,所以会倾向于减少自由贸易协定的签订。虽然修正后的模型,核心解释变量的系数有所减少但提高了整个模型的拟合优度,模型(14-2)的判定系数为 0.2812 表示由不平等、国内生产总值和人口总量共同解释了自由贸易协定总变动的 28.12%,相较于模型(14-1)提高了 16.6%,即说明模型(14-2)加入了国内生产总值和人口总量作为控制变量后,更好地解释了影响自由贸易协定的因素。并且两个模型中的所有解释变量均在 1% 的显著性水平下显著,这两个模型也是在 1% 的显著性水平下显著。

此外,加入国内生产总值和人口总量后的模型中不平等的系数为 -0.0152393,表示在其他条件不变的情况下,一国不平等因素的增加会减少该国签订 0.0152393 个单位的自由贸易协定。而 GDP 的系数为 0.3463081,表示在其他条件不变的情况下,一国国内生产总值每提高 1%,就会增加 0.3463081 个单位自由贸易协定的签订。人口总量的系数为 -0.3041672,表示在其他条件不变的情况下,一国人口总数每提高 1%,就会减少 0.3041672 个单位自由贸易协定的签订。

14.5 内生性检验与处理

14.5.1 内生性检验

若随机误差项与解释变量相关则该模型中存在内生性问题,内生性来源包含遗漏变量偏差、联立方程偏差及测量误差偏差。为了检验模型（14-2）是否存在内生性问题，本章先假设将不平等因素作为内生解释变量，并用其两期滞后期作为工具变量，因为其滞后期与扰动项不相关但与其自身高度相关。然后采用豪斯曼检验对其进行检验，结果发现 P 值显著为 0，拒绝"所有解释变量均为外生变量"的原假设，即修正后的模型（14-2）中有内生解释变量，说明存在内生性问题。

14.5.2　内生性问题的处理

工具变量法是一种处理内生性问题常用的方法，其通过寻求一种与内生解释变量相关与扰动项不相关的工具，将与内生解释变量相关的那部分扰动项分离出来，从而解决内生性问题。"二阶段最小二乘法（2SLS）"，顾名思义，就是将内生性问题的处理分为两个阶段来实现。在第一阶段中，会先利用存在内生性问题的解释变量即内生解释变量对工具变量进行回归，得到一个拟合值；第二阶段再用被解释变量对第一阶段回归得到的拟合值进行回归。工具变量法一般是通过 2SLS 处理内生性问题的，所以本章随即利用 2SLS 方法处理内生性问题，结果如表 14-3 所示：

表 14-3　　　　　　　　　　2SLS 结果

变量	模型（14-2）	(3)	(4)	(5)
$GINI$, β_1	-0.0152393 *** (0.0040508)	-0.0238065 *** (0.0032146)	-0.024496 *** (0.0035938)	-0.0240625 *** (0.0039795)
$Ln(GDP)$, β_2	0.3463081 *** (0.0272869)	0.4615565 *** (0.034098)	0.4982669 *** (0.0371364)	0.5362835 *** (0.0391349)
$Ln(POP)$, β_3	-0.3041672 *** (0.0361077)	-0.4480571 *** (0.0481554)	-0.4895918 *** (0.0526913)	-0.5221014 *** (0.0556971)
Constant, α	-2.410495 *** (0.4954638)	-2.59908 *** (0.469764)	-2.791985 *** (0.5314575)	-3.21468 *** (0.5614365)
L1.	—	0.9809456 *** (0.0077077)	0.781145 *** (0.04794)	0.7603743 *** (0.0605678)
L2.	—	—	0.1978176 *** (0.0478866)	0.1738932 ** (0.0722759)
L3.	—	—	—	0.0463779 (0.0535833)

续表

变量	模型（14-2）	(3)	(4)	(5)
Overid	—	N	Y	N
Weak IV		N	N	N
Observations	1342	785	691	619
No. of countries	217	217	217	217
R^2	0.2812	0.2880	0.3011	0.3201

注：*** $P<0.01$，** $P<0.03$，* $P<0.05$。

表 14-3 中，第一列的 2—5 行代表各变量名称及其系数；6—8 行分别表示 GINI 的第一至第三期滞后；第 9 行表示将滞后期作为工具变量是否存在过度识别问题；第 10 行表示将滞后期作为工具变量是否为弱工具变量；第 11—13 行分别表示样本总量、国家数以及可决系数。第二列没有加入任何滞后期的模型（14-2），第三列表示加入基尼系数的一期滞后期作为其工具变量，第四列表示加入基尼系数的两期滞后期作为其工具变量，第五列表示加入基尼系数的三期滞后期作为其工具变量。从表 14-3 中我们可以发现：第一，随着滞后期的不断增加，作为工具变量，模型的可决系数不断升高，即模型拟合优度不断提升；第二，各变量符号均没有改变，但其系数明显增加，且所有变量仍在 1% 的显著性水平下显著。但我们同时也可以发现一些问题：第一，基尼系数的第一期滞后、第二期滞后都是显著的，但第三期滞后并不显著；第二，滞后一期时不存在过度识别及弱工具变量问题，但滞后两期时发现在 5% 的显著性水平（P 值：0.0312）下拒绝原假设，即存在过度识别问题，而滞后第三期既没有过度识别问题也没有弱工具变量问题。本章考虑是否存在异方差问题影响实验结果，故更换为 2-step GMM 再次进行检验，回归结果如表 14-4 所示：

表 14-4　　　　　　　　2-step GMM 结果

变量	(6)
$GINI$, β_1	-0.024496 *** (0.0049977)
$Ln(GDP)$, β_2	0.4982669 *** (0.0396792)
$Ln(POP)$, β_3	-0.4895918 *** (0.0526997)

续表

变量	(6)
Constant, α	-2.791985***
	(0.620836)
Underidentification test	N
Weak identification test	N
Overidentification test	N
Observations	691
No. of countries	217
R^2	0.3011

注：*** $P<0.01$，** $P<0.03$，* $P<0.05$。

表 14-4 中，第一列的 2—5 行代表各变量名称及其系数；第 6 行代表识别不足检验；第 7 行代表弱工具变量检验；第 8 行代表过度识别检验①；第 9—11 行分别表示样本总量、国家数及可决系数。第二列代表将基尼系数滞后两期作为其工具变量的 2-step GMM 回归结果。从表 14-4 中我们可以看出，IV-2SLS 与 2-step GMM 的系数和显著水平是完全一致的，但 2-step GMM 检验无识别不足问题（P 值显著为 0，拒绝"存在识别不足问题"的原假设，即不存在识别不足问题）、无过度识别问题（P 值为 0.0863，接受"所有工具变量都外生"的原假设，即无过度识别问题），也没有弱工具变量问题（F 检验值明显大于 10，即无弱工具变量问题），即说明我们改为 2-step GMM 方法消除了异方差问题后基尼系数滞后两期是没有问题的，同时也处理了内生性问题。

不平等的系数为 -0.024496，说明当其他变量控制不变时，一国基尼系数每上升 1 个单位就会减少 0.024496 个单位自由贸易协定的签订。国内生产总值的系数为 0.4982669，表示当其他变量控制不变时，一国的国内生产总值每上升 1% 个单位时就会增加 0.4982669 个单位自由贸易协定的签订。人口总量的系数为 -0.4895918，说明当其他变量控制不变时，一国人口总量每上升 1% 个单位就会减少 0.4895918 个单位自由贸易协定的签订。常数项的系数为 -2.791985，说明当其他变量控制不变时，除了不平等、国内生产总值及人口总量以外的所有可能对自由贸易协定造成影响的因素，每上升 1 个单位就会减少 2.791985 个单位自由贸易协定的签订。

---

① 该过度识别检验采用 Sargan 检验。

14.6 稳健性检验

14.6.1 增加控制变量

本章修正后的模型解释变量只有三个,核心解释变量一个、控制变量两个,所以我们考虑增加控制变量以增加模型的解释力度。分别在修正后的模型基础上加入教育程度和净再分配收入作为控制变量,其中净再分配收入须先取对数才能进行回归检验,回归结果如表 14-5 所示:

表 14-5　　　　　　　　　增加控制变量回归结果

变量	(2)	(7)	(8)
$GINI, \beta_1$	-0.0152393 *** (0.0040508)	-0.012975 ** (0.0054456)	-0.0100362 *** (0.0035527)
$Ln(GDP), \beta_2$	0.3463081 *** (0.0272869)	0.2341511 *** (0.0436879)	0.2824682 *** (0.028608)
$Ln(POP), \beta_3$	-0.3041672 *** (0.0361077)	-0.2262918 *** (0.0501766)	-0.2978973 *** (0.0337392)
EDU, β_4	—	0.0085671 *** (0.0022893)	—
$Ln(N), \beta_5$	—	—	0.0568181 *** (0.0210732)
$Constant, \alpha$	-2.410495 *** (0.4954638)	-1.288106 * (0.651753)	-2.373044 *** (0.4901002)
Observations	1342	997	934
No. of countries	217	217	217
R^2	0.2812	0.2725	0.1988

注:*** $P<0.01$,** $P<0.03$,* $P<0.05$。

表 14-5 中,第一列的 2—7 行代表各变量名称及其系数,第 8—10 行分别表示样本总量、国家数及可决系数。第二列代表模型(14-2)的 OLS 回归结

果,第三列代表在模型(14-2)的基础上加入教育程度的 OLS 回归结果,第四列代表在模型(14-2)的基础上加入净再分配收入的 OLS 回归结果。从表14-5中我们可以发现,在模型(14-2)的基础上分别加入教育程度、净再分配收入的回归结果仍显著、各变量系数符号均没有改变,即证明增加控制变量进行稳健性检验是通过的。只不过加入教育程度后,不平等因素在3%的显著性水平下显著,而常数项在5%的显著性水平下显著;加入净再分配收入后,各变量仍在1%的显著性水平下显著。但我们却发现无论是加入教育水平还是净再分配收入,可决系数都下降了,故可证明本章修正后的模型虽然解释变量较少但结果仍是可信的。

14.6.2 改变计量方法

本章采用 OLS 的计量方法进行回归,经内生性检验后是可行的,但考虑该结果在其他计量方法检验的情况下是否仍然显著。故本章将计量方法改为二值选择模型中的 Logit 模型再次进行回归,结果如表14-6所示:

表14-6　　　　　　　　　　Logit 回归结果

变量	模型(14-2)	(9)
$GINI$, β_1	-0.0152393*** (0.0040508)	-0.0568709*** (0.0082598)
Ln(GDP), β_2	0.3463081*** (0.0272869)	0.8017709*** (0.0597896)
Ln(POP), β_3	-0.3041672*** (0.0361077)	-0.7618839*** (0.0764264)
Constant, α	-2.410495*** (0.4954638)	-6.238149*** (0.928064)
Observations	1342	1342
No. of countries	217	217
R^2	0.2812	0.2468

注:*** $P<0.01$,** $P<0.03$,* $P<0.05$。

表14-6中,第一列的2—5行代表各变量名称及其系数,第6—8行分别表示样本总量、国家数及可决系数。第二列代表模型(14-2)的 OLS 回归结果,

第三列代表模型（14-2）的 Logit 回归结果。从表 14-6 我们可以发现，改变计量方法后各变量的系数符号仍不变且系数值在增大，各变量均在 1% 的显著性水平下显著，即说明改变计量方法该结果也是可靠的。但改变计量方法后可决系数下降，拟合优度减少，故可说明本章修正后的模型是具有可信度的。

14.6.3 替换核心解释变量

本章核心解释变量是用基尼系数度量，其数据在世界银行系统中下载，但有较多缺失值，若全剔除则会造成样本容量太少影响回归结果。故本章采用最高 10% 占有的收入份额与最低 10% 占有的收入份额的比值，最高 20% 占有的收入份额与最低 20% 占有的收入份额比值替代基尼系数再次进行回归检验，回归结果如表 14-7 所示：

表 14-7　　　　　　　　替换核心解释变量

变量	模型（14-2）	（10）	（11）
$GINI$, β_1	-0.0152393*** （0.0040508）	—	—
TOP10/LOW10	—	-0.0025169*** （0.0009207）	—
TOP20/LOW20	—	—	-0.0155592*** （0.0045567）
Ln(GDP), β_2	0.3463081*** （0.0272869）	0.371759*** （0.0269629）	0.3632944*** （0.0269434）
Ln(POP), β_3	-0.3041672*** （0.0361077）	-0.3306358*** （0.0363485）	-0.3233505*** （0.0360428）
Constant, α	-2.410495*** （0.4954638）	-3.158314*** （0.4595996）	-2.974658*** （0.4612611）
Observations	1342	1339	1342
No. of countries	217	217	217
R^2	0.2812	0.2578	0.2695

注：*** $P<0.01$，** $P<0.03$，* $P<0.05$。

表 14-7 中，第一列的第 2—7 行代表各变量名称及其系数，其中第三行代

表最高10%占有的收入份额与最低10%占有的收入份额的比值,第4行代表最高20%占有的收入份额与最低20%占有的收入份额的比值,第8—10行分别表示样本总量、国家数及可决系数。第二列代表模型(14-2)的OLS回归结果,第三列代表将基尼系数替换成最高10%占有的收入份额与最低10%占有的收入份额的比值后的OLS回归结果,第四列代表将核心解释变量替换成最高20%占有的收入份额与最低20%占有的收入份额的比值后的OLS回归结果。从表14-7中我们可以看出,替换核心解释变量后各变量仍均在1%的显著性水平下显著,系数符号也都没有改变,但替换核心解释变量后拟合优度均下降了,即说明本章模型(14-2)是具有一定可信度的。

14.7　影响机制

经各种计量方法和检验,以及回归结果可以得知,一国不平等程度确实会对其自由贸易协定的签订产生影响,而且对自由贸易协定产生的是消极影响,那么不平等程度是通过什么机制来影响一国自由贸易协定的签订呢?随即参考了 Pastor 和 Veronesi(2018)的研究,发现经济增长会加剧不平等程度,从而导致厌恶程度的上升,进而加剧反对全球化。由此,推理出不平等程度影响自由贸易协定签订的机制,并作出图14-1所示的影响机制图。

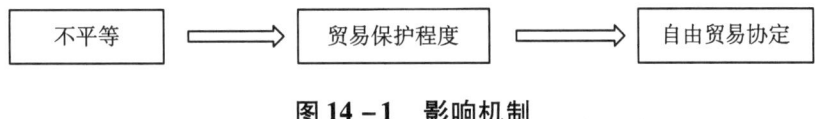

图 14-1　影响机制

当一国不平等(不平等厌恶)上升,就会导致一国加剧反对全球化即贸易保护程度增加,该国便倾向于不签订自由贸易协定,从而导致自由贸易协定签订的数量减少;当一国不平等(不平等厌恶)下降,就会减少反对全球化,即贸易保护程度减少,该国便倾向于签订自由贸易协定,从而导致自由贸易协定签订的数量增加。这与本章的回归结果是高度契合的,也证明本章的研究结果是符合经验条件的。

14.8 结　语

本章着重于研究一国不平等程度对其自由贸易协定签订所产生的影响。故将一国不平等作为核心解释变量建立模型，并将有可能对自由贸易协定签订产生影响的国内生产总值和人口总数作为控制变量引入模型，利用 OLS 进行实证研究并得出结论：一国不平等程度增加会减少其自由贸易协定的签订。同时本章还进行了内生性处理，并采用增加控制变量、替换核心解释变量及改变计量方法等进行稳健性检验，得出的结果仍和 OLS 的回归结果具有一致性。

本章研究也具有一定的实际意义，已有研究发现，国家签订自由贸易协定对其国家福利具有积极影响，所以各国政府为了增加进出口和国家福利就必须加强与世界各国、各经济体的自由贸易，而签订自由贸易协定是促进贸易便利化的有力武器之一。然而在当前贸易保护主义[①]抬头的背景下，要想做到增加自由贸易协定就需要先了解影响自由贸易协定的因素有哪些，弄清影响自由贸易协定的因素，以及那些影响因素是如何影响自由贸易协定的签订之后，就可以对症下药了。已有大量文章研究自由贸易协定对双边贸易流量、双边贸易结构及国内就业与生产率变化的影响（蔡宏波和黄建忠，2008），然而研究影响自由贸易协定的因素却很少，更没有直接研究一国不平等程度对其自由贸易协定签订是否会产生影响以及产生何种影响的文献。本章研究发现国家不平等程度对其自由贸易协定的签订具有消极影响，那么一国政府可以通过降低本国不平等程度来增加自由贸易协定的签订，进而增加国家福利。同时也从本次研究中发现一国的国内生产总值对其自由贸易协定的签订有积极影响，也可以通过大力发展经济，提高本国的国内生产总值以达到增加签订自由贸易协定的效果。而一国人口总量对其自由贸易协定的签订有消极影响，也可以通过计划生育等方法减少一国人口总量，从而达到增加签订自由贸易协定的效果。但这一方法耗时较长、成本较高且较难实现，故不建议采用这种方法来增加自由贸易协定的签订。

---

① 贸易保护主义（Trade Protectionism）是一种国际贸易理论，是指在对外贸易中实行限制进口以保护本国商品在国内市场免受外国商品竞争，并向本国商品提供各种优惠以增强其国际竞争力的主张和政策。

与此同时，本章还在参考其他文献的基础上，推理出了不平等程度影响自由贸易协定的机制，即不平等程度是通过影响贸易保护程度，进而影响自由贸易协定的签订。然而，本章因为局限性只将一国不平等程度、国内生产总值及人口总量纳入模型，但肯定还有其他影响自由贸易协定的因素没有被纳入模型之中，所以模型的解释力度还是有待提高的[①]。

[①] 处理内生性问题后的可决系数为 0.3011，即不平等、国内生产总值以及人口总量共同解释了自由贸易协定的总变动的 30.11%。

第15章 不平等厌恶对国际贸易政策的影响研究

摘　要

自由贸易自诞生起便受到西方经济学家的大力推崇,然而发展至今,却有许多国家在奉行自由贸易理念的同时又对本国市场推行不同程度的贸易保护政策,且这种保护在具有截然不同的经济和意识形态的国家都普遍存在,而这一问题在现有的政治经济模型中并未得到解释。传统的理论研究针对不同国家的不同部门,基于不同的理论和模型,从差异化的视角对一国实行贸易保护政策的原因进行了分析,忽略了这一行为的普遍性和隐蔽性,也忽略了贸易保护这一行为背后深层次的动机。在此背景下,本章引入行为经济学中不平等厌恶的概念从全球视角来分析一国贸易政策偏好的根源,并提出不平等厌恶会加剧一国贸易保护这一观点,基于1970—2018年世界发展指标数据库,实证检验一国不平等厌恶对贸易保护的影响,以探寻一国贸易政策偏好的行为根源。

研究表明,从行为经济学角度来看一国的贸易保护源于国内的不平等厌恶,不平等厌恶指数越高,则该国实行贸易保护程度越大。同时,一国贸易保护的程度与其客观经济发展水平呈现负相关关系,经济发展水平较低的国家实行贸易保护的程度也就越大,这一结论在一定程度上解释了经济欠发达国家通过加征高额关税来保护国内市场以及增加财政收入这一行为。此外,一国国民受教育水平、人口总量、社会贫困率及社会平等指数越高,则该国对国内市场和产品的保护率也会提高。

15.1 引　言

　　自古典经济学产生并发展至今，各国经济学家大举推崇自由贸易，并尽力推动政策制定者将其作为国家贸易政策的基本政策。然而，当今社会却很难找到哪一个国家是真正实现完全的自由贸易政策的，并且目前世界各国政策制定者广泛使用的政策工具与国际贸易理论分析也是背道而驰的。从理论层面来说，近年来国内外学者分别针对不同国家的不同部门，基于不同的理论和模型，从差异化的视角对一国实行贸易保护政策的原因进行了分析。然而已有文献侧重从政治经济学的理论出发，分析特定国家、特定部门的贸易保护行为，忽略了世界上几乎所有的国家都在进行着不同程度的贸易保护，也忽略了贸易保护这一行为背后深层次的动机。因此，本章引入行为经济学中不平等厌恶的概念，从全球视角来分析一国贸易政策偏好的根源，可以丰富贸易保护动机研究的相关理论。

　　从现实层面来说，一国政府采取的贸易政策通常保护幼稚产业或是特定战略性产业，受保护部门的生产者的效益增加是建立在广大消费者的效益损失基础之上的，政府的贸易政策偏好不仅会影响收入分配，而且对就业及社会福利等都会有所影响。因此，研究这一行为背后的深层动机对提高社会福利尤为重要。

　　目前，资本、劳动力等生产要素随着经济全球化和贸易自由化的快速发展在全球范围内自由流动和高效配置。从理论上讲，自由贸易无疑是合理正当的。但是现实的贸易实践中，依旧有许多国家打着自由贸易的幌子，堂而皇之地推行不同程度的贸易保护政策，来保护本国产业和市场。

　　由于受保护部门生产者的效益增加是建立在广大消费者的效益损失基础之上的，因此，一国政府采取的贸易政策对国内社会福利的影响效果是不确定的，很多情况下消费者遭受的贸易损失会大于生产者或政府的贸易获利。在此情况下，政府所采取的贸易保护政策反而会损害社会总福利，此时传统经济学的"理性人"假设便会失效。政府为何会以牺牲社会福利为代价来坚持贸易保护政策？这一行为的深层次动机是什么？为了解答以上问题，本章引入行为经济学的不平等厌恶理论来分析一国贸易政策偏好的根源,以期有所收获。

本章研究思路是基于原有的理论基础以计量模型和实证研究为核心,探讨不平等厌恶对贸易保护的影响机制。借鉴已有的研究成果,引入行为经济学中不平等厌恶的理论,从宏观国家层面出发,以1960—2017年世界发展指标数据库的面板数据做支撑,将各国的关税水平作为被解释变量,用来表示一国的贸易政策偏好,用基尼系数来衡量一国的平均不平等指数,选取国民受教育程度、政治民主程度、进出口贸易总额、人口总量等因素作为控制变量建立计量模型来研究一国政府的贸易政策偏好的动机。

15.2 文献综述

15.2.1 贸易政策的政治经济学动机

1. 贸易保护的政治经济学理论。

有关贸易政策的政治经济学理论,国内外的专家学者根据不同的标准对其作了精彩的评述。传统贸易理论认为一国实行贸易保护政策是基于以下几种动机:首先,"最优关税论"的观点是适度的关税税率调整可以通过改善贸易条件从而提高一国的福利水平。Johnson(1953)认为当一国进口商品在世界市场中所占比重较高时,适度征收进出口税可以提高本国的福利水平。其次,"市场失灵论"和凯恩斯的"超贸易保护主义"前提条件都是市场具有外部性,或是具有经济周期的波动使得市场在配置资源时出现了无法自发调节的扭曲。最后,"战略贸易政策"是伴随着不完全竞争和规模经济的新贸易理论而产生的,主张通过关税及非关税壁垒攫取更多超额利润。

2. 贸易保护的政治经济学模型。

Baldwin(1985,1989)将早期贸易保护常用的政治经济学模型归纳为以下几类:比较成本假设、利益集团、社会公平、历史现状及选举最大化。他主要依据政策制定参与者的个体经济利益及群体社会利益两种方法来对政策形成过程加以解释。

后期模型以中间投票型（或直接民主）及利益集团型为主，前者主要源于中间选民理论，认为个人对政策的偏好是单峰的，最终政策是大多数偏好相似的选民的意愿的结果。在利益集团模型中最具代表性的是G-H模型，即由Gorssman和Helpman于1994年创设的影响驱动模型；唐宜红和徐世腾（2007）在借鉴Corden（1974）模型中"保守社会福利函数"的假设条件下，也按照G-H模型研究框架，分析了目前日益加剧的国家之间的贸易摩擦问题的成因；王孝松和谢申祥（2010）在研究中国国情及G-H模型的情况下，用实证方法检验了基于兼顾社会利益和特殊利益集团压力的混合模型框架的背景，中国出口退税政策的影响因素及决策机制。而盛斌（2002）则根据政府政策制定的目标及行为，将模型分为"仁慈政府""民主政府"及"自利政府"三类，并且利用该模型分析中国工业的贸易保护结构，从而建立了一种与中国"依存市场的集权主义"和"国家战略主义"体制相适应的贸易保护政治经济模型。

15.2.2 贸易保护的行为经济学动机

行为经济学与传统经济学最关键的区别：行为经济学假定人都是"非理性的"，一定程度的效用损失，对人的影响强烈程度一定大于相同数额的获益效用。Yan（2016）从损失厌恶的角度分析政府的贸易保护行为，政府不断变化的贸易政策目标在于，通过将国内市场与国际市场的短期波动隔离开来，稳定国内市场。由于生产者的损失厌恶，当某一产品的国际市场价格低于国内市场价格时，该产品的贸易保护水平较高；在消费者损失厌恶的作用下，某产品的国际市场价格高于国内市场价格时，该产品的贸易保护水平较低。Tovar（2009）研究发现如果个人偏好表现出足够的损失厌恶情绪，那么对盈利能力正在下降的行业将给予更高的保护，如果损失厌恶系数足够大，那么就可能出现反贸易倾向的贸易政策。最终，个体的损失厌恶情绪会逐步上升，并影响行业的保护程度。

在国际政治经济中，一个重要的难题就是低收入和低技能密集型产业会受到相对收益水平较高的产业的贸易保护。由于这种保护模式在低收入的国家也是如此，低收入、低技能密集型的产业似乎成了比较优势产业，大多数政治经济学家热衷于从贸易中的损益方来讨论何种部门应该获得更多的保护，这无法解释为什么几乎在所有国家的贸易保护中低收入部门都具有比较优势。Lü,

Scheve 和 Slaughter（2012）从行为经济学中个体不平等厌恶的角度分析发现，个体表现出对不平等厌恶的偏好，无论是有利不平等还是不利不平等，且这种偏好与行业工人的待遇系统不同：低收入的行业会得到更广泛的贸易保护支持。在政策制定过程中，个体公民的不公平厌恶会成为现实影响因素，这也是为什么几乎在所有国家低收入、低技能密集型产业会得到更多的贸易保护。同样，Pastor 和 Veronesi（2018）也从个体不平等厌恶角度建立模型，将过去 40 年来的不平等水平的增长与近期西方民主国家在全球化进程中的后退紧密联系在一起，解释西方资本主义国家实行的贸易保护主义行为。个体厌恶不平等，因此为了应对日益加剧的国内不平等现象，发达国家选民选举出一个最佳的有希望结束全球化的民粹主义者，从而减少不平等。英国脱欧、特朗普总统上任都反映出发达国家从长期的全球一体化进程中退一步的决定。因此，国内发展越不平衡、个体的不平等厌恶情绪越大，越容易推动政府采取贸易保护的政策。

15.2.3 研究述评

综上所述，贸易政策的政治经济学理论主要研究的是一国的政策制定者、普通选民，以及各种利益集团之间博弈如何影响政策的形成过程。它需要建立在一定的社会制度形态之上，而这些模型的构造完全依托于西方国家的运行体制，对于处于不同意识形态和民主特色的国家，这些假设条件显然不能满足实际情况。同时，传统的 G－H 模型无法解释一些类似于"衰退悖论"、进口竞争行业的贸易保护主义倾向盛行等现象。此外，已有的从行为经济学角度出发的研究文献也均是从个体不平等厌恶的角度，立足于微观层面数据来研究特定国家、特定的几个部门的贸易保护行为的。笔者尚未发现从全球视角分析国民的不平等厌恶与贸易保护的关系。不平等厌恶程度对贸易政策偏好的影响在全球范围内是否具有普遍性？基于这样的研究理论及背景，本章利用宏观数据构建不平等厌恶指数，从全球视角分析国民的不平等厌恶与贸易保护的关系。

本章在以下几个方面有所改进：第一，利用 1960—2017 年世界发展指标数据库，首次利用宏观国家数据考察不平等厌恶对贸易政策偏好的影响；第二，现有研究均是从特定几个国家的特定部门角度进行研究，鲜有从全球视角考察不平等厌恶对贸易政策偏好的普遍性影响；第三，首次将行为经济学不平等厌恶的思想与宏观国家层面的数据相结合，以此来分析一国贸易政策偏好的根源。

15.3 模型构建及说明

15.3.1 模型构建

为测度不平等厌恶对贸易政策偏好的影响,设立初始模型如下:

$$Tariff_{it} = \alpha_0 + \alpha_1 gini_{it} + \varepsilon_{it} \tag{15-1}$$

式(15-1)中,下标 i、t 分别表示国家和年份。被解释变量 $Tariff_{it}$ 是各国的贸易政策偏好,即实行贸易保护的程度,用各国所有产品加权平均使用税率来衡量,关税水平越高则表明一国贸易保护程度越高。核心解释变量 $gini_{it}$ 表示各国不平等厌恶指数 $Gini_{it} = gini_{it} - \overline{U}$。借用陈怡、王洪亮和姜德波(2013)的方法,用各国的基尼系数(gini)衡量一国的平均不平等指数,基尼系数的数值处于 0—1 的区间范围内,系数越小表示收入分配越平均;反之则表明收入分配越不公平,而一国的收入分配越是趋向不平等,则该国的总体不平等厌恶能力越高。假设一国不平等指数及不平等能力与贸易保护程度正相关,不平等厌恶指数越高,贸易保护程度越高。系数 α_1 表示不平等厌恶能力。通过对已有文献的分析,本章还加入了一些其他控制变量:①国民受教育程度(edu),Harrsion(2006)认为人力资本会对一国贸易政策产生影响,一国的平均国民受教育程度反映了一国人力资本的潜力。因此,本章用各国高等院校的入学率来衡量一国国民的受教育水平。②人均国民收入(GDP),主要用来衡量一国经济的发展水平。Xiaobo Lü,Kenneth Scheve 和 Matthew J. Slaughter(2012)研究发现贸易保护在经济发展水平截然不同的两个国家(中国和美国)均存在,因此本章引入该变量并将数据扩充至全球,考察一国经济发展在其贸易保护中的影响。③社会民主程度(polity),选取 CPIA 数据库中的社会包容性与公平政策集群平均值的比值作为民主指数,主要考察不同国家的民主程度在贸易政策中的作用。该比值介于 1—6 之间,比值越接近 6,则表明该国包容性越高,国内越民主;反之,比值越接近于 1,则表明该国国内包容性越低,政治制度越不平等。④进口贸易额(import),主要用货物和服务的总进口来衡量一国进口现状。⑤出口贸易额（export），主要用货物和服务的总出口来衡量一国出口现状。一国进口越多，出口越少，贸易逆差越大，则该国越倾向于采取加征进口关税等贸易保护措施。⑥人口总量（population），刘扬和陈莹（2011）认为人口红利是促进中国开放贸易的重要驱动力，因此本章加入人口因素，考察人口规模是否会显著影响一国的贸易政策偏好。⑦贫困比率（poverty），用各国贫困人口比例衡量，一个国家贫困比例越高则表明该国贫困人口越多，财富只掌握在少数人手中，国内不平衡也就越大。

因此扩充模型如下：

$$Tariff_{it} = \alpha_0 + \alpha_1 Gini_{it} + \beta X_{it} + \lambda_i + \gamma_t + \varepsilon_{it} \tag{15-2}$$

X_{it} 为上文提到的影响各国贸易保护结果的控制变量。个体固定效应 λ_i 表明控制了在各国实行贸易保护政策决定因素中与其自身有关的个体未观察因素，时间固定效应 γ_t 则控制了随时间推移对实行贸易保护的影响，ε_{it} 是误差干扰项。

15.3.2 数据说明与统计描述

本章的数据主要来自世界发展指标（WDI）数据库，为了研究的需要，通过三个步骤对该数据进行了处理：第一，删除国家代码、名字及解释变量缺失的样本。第二，统一数据单位。进出口贸易总额（Import、Export）及 GDP 都是以 2010 年美元计价得出的数值，单位为亿美元；人口（population）的单位则为万人。第三，为方便计算，教育程度、不平等厌恶指数及贫困人口比例均采用百分比形式。样本的相关数据从 1970 年开始统计，因此本章选取 1970—2018 年全球 217 个国家的面板数据进行分析，部分国家数据存在断层以及部分数据违反经济学理论严重偏离回归线，在经过一系列的剔除操作之后，本章对剩下的10633 个样本数据进行了基准回归分析。主要变量描述性统计如表 15-1 所示：

表 15-1　　　　　　各变量的基本统计信息

变量	变量含义	总量	均值	标准差	最小值	最大值
gini（%）	基尼系数	10633	5024	13.59	0	65.80
GDP（亿美元）	国民收入	10633	1942	9109	0	173050
import（亿美元）	进口贸易总额	10633	386.3	1464	0	28633
export（亿美元）	出口贸易总额	10633	397.5	1363	0	22177.
edu（%）	大学生入学率/人口总量	10633	11.87	20.05	0	121.4

续表

变量	变量含义	总量	均值	标准差	最小值	最大值
poverty（%）	贫困比率（贫困人口/人口总量）	10633	2220	9071	0	83.30
population（万人）	人口总量	10633	2.507e+07	1.053e+08	0	1.386e+09
polity	社会民主指数总额	10633	0.307	0.968	0	4300

15.4 实证结果分析

15.4.1 基准回归

本章的样本是1960—2017年全球217个国家的平衡的短面板数据。面板数据模型在不同的条件之下可以划分为随机效应和固定效应模型，本章使用Stata15.1对模型1和模型2分别做固定效应以及随机效应回归。结果如表15-2所示：

表15-2　　　　不平等厌恶与贸易保护的回归结果

变量	模型1 RE	模型2 RE	模型1 FE	模型2 FE
gini	0.0549 *** (0.000)	0.029454 *** (0.000)	0.05518 ** (0.003)	0.0266008 *** (0.000)
GDP		4.31e-06 * (0.0854)		0.0000517 (0.144)
import		0.0000912 ** (0.0327)		0.0000641 (0.525)
export		-0.0001062 * (0.059)		-0.0001093 * (0.077)
edu		0.0202053 *** (0.00)		0.0240844 *** (0.00)

续表

变量	模型 1 RE	模型 2 RE	模型 1 FE	模型 2 FE
poverty		0.019453 ** (0.022)		0.0192311 ** (0.025)
population		0.0000841 *** (0.000)		0.0001892 *** (0.000)
polity		1.290744 *** (0.000)		1.22985 *** (0.000)
Constant	1.98292 *** (0.000)	1.264554 *** (0.000)	1.98129 *** (0.000)	0.9526108 *** (0.000)
Year fixed effects	N	N	Y	Y
Country fixed effects	N	N	Y	Y
Observations	10623	10623	10623	10623
No. of groups	217	217	217	217
Adj. R^2	0.0110	0.0541	0.0101	0.0563

注：括号内部为标准差，*** $p<0.01$，** $p<0.05$，* $p<0.1$。

表 15-2 中，模型 1 是核心解释变量与被解释变量的回归结果，模型 2 是加入一系列控制变量之后的回归结果。此外，第 1、第 2 列是随机效应模型下的回归结果，第 3、第 4 列是固定效应下的回归结果。从表 15-2 可以看到，本章的重要解释变量不平等厌恶（gini）对贸易保护有显著的正向影响，加入控制变量之后结果仍然适用，且加入控制变量后的模型拟合度得到提高，因此模型中的其他拟合参数大致符合经济理论。在固定效应模型中不平等厌恶对贸易保护有着显著的正向影响作用，具体表现为不平等厌恶指数每上升 1 个百分点，加权关税税率则会提高 0.0266008 个百分点（见第 5 列）。此外，一国的人口、教育水平、贫困比率及社会民主程度也对贸易保护产生强烈的正向影响。反之，一国出口贸易总额与贸易保护程度则呈现着较为显著的负相关关系，表现为出口贸易总额每提升 1 个单位，加权关税税率则会下降 0.0001093 个百分点，说明一国扩大出口规模，其对本国市场的平均保护水平会相对下降。一国的出口规模越大，商品流出、货币流入的总量也越大，为保持平衡国内收支必须增加进口，因此会采取诸如降低关税税率等较为宽松的贸易政策。在随机效应模型中，进口贸易总额对关税水平有着较为显著的正向影响，而在固定效应模型中，影响

则不显著。

根据模型的经济含义以及豪斯曼检验（结果见附录）判定本章选择固定效应模型。为了确保回归结果的准确性，本章在正式回归分析之前先进行数据检验，主要包括异方差检验和自相关检验，详细结果见附录。

检验结果表明模型不存在自相关问题，但是存在严重的异方差问题，鉴于可行广义最小二乘法（FWLS）在处理异方差问题上具有的独特优越性及在大样本数据下的高效性，本章最终选取可行广义最小二乘法（FWLS）对模型进行了修正，结果如表15-3所示：

表15-3 可行广义最小二乘法回归结果

tariff	模型1	模型3	模型4	模型5	模型6	模型7
gini	0.04977*** (0.000)	0.04916*** (0.000)	0.048223*** (0.000)	0.037153*** (0.000)	0.024176*** (0.000)	0.024917*** (0.000)
GDP		0.00002*** (0.000)	8.82e-06 (0.089)	-0.000016*** (0.000)	-0.000014*** (0.000)	-0.00001*** (0.001)
export		0.000052*** (0.001)	-0.0000541** (0.018)	-0.000034** (0.000)	-0.0000289** (0.003)	-0.0000109 (0.301)
import			0.00007*** (0.000)			
population				0.000094*** (0.000)	0.000091*** (0.000)	0.000082*** (0.000)
edu				0.017378*** (0.000)	0.018577*** (0.000)	0.021325*** (0.000)
poverty					0.034063*** (0.000)	0.0098683** (0.012)
polity						1.179466*** (0.000)
Constant	0.98387*** (0.000)	0.96686*** (0.000)	0.9591513*** (0.000)	0.6777545*** (0.000)	0.6654622*** (0.000)	0.4363804*** (0.000)

注：*** $p<0.01$，** $p<0.05$，* $p<0.1$。

表15-3中，模型1（第1列）是核心解释变量与被解释变量的可行广义最小二乘法回归结果，模型3至模型7（第3-第7列）是逐步加入一系列控制变量之后的广义最小二乘法回归结果。由表15-3可以看到修正后的模型显著性水

平有了明显提高。核心解释变量（gini）对贸易保护有着强烈的正向作用，一国国内不平等厌恶程度越高，则该国贸易保护力度也越大，这也完美地验证了一国不平等厌恶会加剧贸易保护的假设。随后逐步引入 GDP 总量和出口贸易总额。模型 3（第 3 列）各变量依旧显著，GDP 对贸易保护有着显著的正向影响作用；出口贸易总额对贸易保护程度有着显著的反向作用，这也验证了此前的猜想，一国扩大出口规模，其对本国市场的平均保护水平会相对下降。模型 4（第 4 列）在引入进口贸易总额后，发现其对贸易保护程度有着正向影响作用，具体表现为，进口提高一个单位，贸易保护水平提升 0.00007 个百分点。但进口贸易总额显著性水平较低，并且在引入该变量后 GDP 的显著性水平发生了大幅下降。笔者认为，进口贸易总额越大，进口越多，在出口不变的情况下势必会引起贸易逆差，一国政府为了贸易平衡会采取诸如提高关税水平的保护性贸易措施。因此，进口贸易总额的扩大会提升关税保护水平；反之，一国贸易保护程度越高，关税水平提高，进口成本提升，进口贸易总额会随之下降，所以进口贸易总额和贸易保护程度之间存在相互作用，这种作用会严重影响模型的显著性水平且影响机制极其复杂，在此先不讨论。因此，在后面的模型中笔者将这一指标予以剔除。

在剔除掉进口贸易总额后，模型（第 5 – 7 列）中逐步引入人口总量（population）、国民受教育水平（edu）、社会贫困率（poverty）及社会平等指数（polity），模型中各变量的显著性水平变动不大，且上述变量均对贸易保护有着显著的正向作用。一国人口规模越庞大，社会利益集团越多，则一国利益集团影响统治者决策的可能性也就越大，贸易保护对于资本主义生产者来说无疑是绝佳的贸易政策。而社会贫困率对贸易保护产生的正向作用一直都是符合经济理论的，经济相对落后、国内相对贫困的国家为了保护国内生产者和消费者，通常会采用较高程度的贸易保护政策以保护国内生产和消费不受冲击。另外，国民受教育水平与一国的贸易保护程度也呈现着显著正相关关系，这与经济理论相符，选民的偏好会影响政策制定者的决策，而一国居民受教育程度越高，则民众对保护自身利益的诉求呼声越高，贸易保护的程度相对较高。在引入进出口贸易总额时，人均国民收入（GDP）对贸易保护呈现正向影响作用，然而，在引入其他控制变量之后，人均国民收入的影响作用呈显著负相关。这在一定程度上也解释了无论是经济发达的英国、美国等西方国家还是经济相对落后的发展中国家都在实行贸易保护，这也表明了在国内复杂因素的影响下经济水平低的国家更倾向于采取贸易保护措施。

同时,由模型 7 还发现,加入其他控制变量后,出口贸易总额对贸易保护的影响作用也不显著。因此,在模型 8 中剔除掉出口贸易总额这一指标,最终回归报告各指标均显著,结果如表 15-4 所示:

表 15-4　　　　剔除变量后的可行广义最小二乘法回归结果

tariff	Coef.	St. Err.	t-value	p-value	[95% Conf	Interval]	Sig
gini	0.025	0.002	9.85	0.000	0.020	0.029	***
GDP	0.000	0.000	-3.56	0.000	0.000	0.000	***
population	0.000	0.000	10.16	0.000	0.000	0.000	***
edu	0.021	0.001	18.47	0.000	0.019	0.024	***
poverty	0.010	0.004	2.55	0.011	0.002	0.018	**
polity	1.179	0.036	32.87	0.000	1.109	1.249	***
Constant	0.432	0.027	15.77	0.000	0.379	0.486	***
Mean dependent var		2.261		SD dependent var		6.626	
Number of obs		10623.000		Chi-square		2279.760	

注:*** $p<0.01$, ** $p<0.05$, * $p<0.1$。

15.4.2　稳健性检验

1. 内生性分析。

由于关税水平与国内的不平等厌恶之间存在双向因果关系,导致模型出现内生性问题。因此,本章借鉴了 Dollar 和 Kraay(2002)的测度方法,将收入最高 10% 群体的人均可支配收入与收入最低 10% 群体人均可支配收入之比及收入最高 20% 群体的人均可支配收入与收入最低 20% 群体人均可支配收入之比作为工具变量。并且由前文的数据检验可知,模型当中存在异方差问题,根据计量经济学的知识,传统的 Hausman 检验无效,因此,本章首先运用"Durbin-Wu-Hausman Test(DWH)"检验是否存在内生解释变量,详细检验结果见附录。检验结果表明存在内生解释变量问题,因此,在存在异方差的情形下,本章选用最优 GMM 估计。回归结果如表 15-5 所示。

表 15-5　　　　　　　　　GMM 估计回归结果表

Variables	(1) FGLS	(2) GMM
gini	0.025*** (0.000)	0.053453*** (0.000)
GDP	0.00019*** (0.000)	-0.0000176*** (0.000)
population	0.00024 (0.000)	0.0000634** (0.000)
edu	0.021*** (5.02)	0.0016022*** (0.000)
poverty	0.010** (0.011)	0.0016022 (0.864)
polity	1.179*** (0.000)	1.334849*** (0.000)
_cons	0.432*** (0.000)	1.30706*** (0.000)
N	10623	10623

表 15-5 的（1）是采用可行性广义最小二乘法（FGLS）的估计结果作为比对项，表 15-5 的（2）表示两步最优 GMM 估计的结果。从表中可以看出，相较于基准回归结果，处理完内生性问题后的回归结果仍然稳健，不平等厌恶能够显著加剧贸易保护。除此之外，GDP 与贸易保护程度呈现出显著的负相关关系，与基准回归结果相似便不再赘述，其他的各控制变量的符号和显著性与基准回归结果相差不大。因此，不平等厌恶能够显著加剧贸易保护这一结论是稳健的。

2. 稳健性检验。

上述的可行广义最小二乘法回归结果显示，一国不平等厌恶对该国贸易保护程度具有显著的正向作用，为了保证这一结果的可靠性，本章分别引入工具变量来进行稳健性检验。在基准回归中本章使用基尼系数来衡量一国国内不平等厌恶程度，然而这种测算方式可能存在一些局限性，因为基尼系数的理论产生于意识形态与中国不同的资本主义社会，其独有的价值观与世界上大部分社会主义国家完全不同，这就导致用基尼系数来衡量的社会不平等程度在意识形态不同的国家可能产生偏差。因此，本章借鉴 Dollar 和 Kraay（2002）的测度方法，将收入最高 10% 群体的人均可支配收入与收入最低 10% 群体人均可支配收入之比（tl10%）作为工具变量来重新测度不平等厌恶对贸易保护的影响程度。该数据均来自世界发展指标（WDI）数据库，回归结果如表 15 - 6 所示：

表 15 - 6　　稳健性检验：替换基尼系数重新测度回归结果

tariff	模型 1	模型 3	模型 4	模型 5	模型 6	模型 7
gini	0.19531*** (0.000)	0.061207*** (0.000)	0.059999*** (0.000)	0.050719*** (0.000)	0.0356078*** (0.000)	0.038655*** (0.000)
GDP		0.000023*** (0.000)	$-3.49e-06$ (0.498)	$-.0000152$*** (0.000)	-0.000013*** (0.000)	$-9.29e-06$*** (0.002)
export		0.000054*** (0.001)	-0.0000614** (0.018)	-0.000031** (0.028)	-0.0000264* (0.051)	$-8.82e-06$ (0.400)
import			0.0001714*** (0.000)			
population				0.0000907*** (0.000)	0.000088*** (0.000)	0.0000808*** (0.000)
edu				0.0224512*** (0.000)	0.0216038*** (0.000)	0.0242671*** (0.000)
poverty					0.0377004*** (0.000)	0.012827** (0.012)
polity						1.186887*** (0.000)
Constant	1.05160*** (0.000)	1.119867*** (0.000)	1.093729*** (0.000)	0.6954015*** (0.000)	0.6674*** (0.000)	0.4402742*** (0.000)

注：*** $p<0.01$，** $p<0.05$，* $p<0.1$。

上述检验结果与表 15 - 3 相似，不平等厌恶（tl10%）的确对贸易保护有着正向促进作用的，一国国内不平等厌恶指数越高，则该国政策制定者采取贸易保护措施的程度越大。同时，人口总量（population）、国民受教育水平（edu）、社会贫困率（poverty）及社会平等指数（polity）对一国贸易保护程度也呈现正向影响作用，显著性水平以及相关系数也与上文回归结果相似。此外，在加入其他控制变量后（第 5 - 第 7 列），GDP 对贸易保护程度显示出显著的反向作用效果，这一结果与经济理论预期也完全相符。

此外，进口贸易总额会影响其他指标的显著性水平，并且出口贸易总额对贸易保护的显著性水平随着其他控制变量的加入逐步减弱，模型 8 中这一指标不显著，这也和表 15-3 相似。剔除完进出口贸易总额，模型中各指标均对贸易保护有着显著的作用，因此，一国不平等厌恶对该国贸易保护程度具有显著的正向作用，这一结果是可靠准确的。检验结果如表 15-7 所示：

表 15-7 稳健性检验

tariff	Coef.	St. Err.	t-value	p-value	[95% Conf	Interval]	Sig
tl10	0.038	0.003	11.86	0.000	0.032	0.045	***
GDP	0.000	0.000	-3.29	0.001	0.000	0.000	***
population	0.000	0.000	9.96	0.000	0.000	0.000	***
edu	0.024	0.001	23.04	0.000	0.022	0.026	***
poverty	0.013	0.004	3.48	0.001	0.006	0.020	***
polity	1.186	0.036	33.28	0.000	1.116	1.256	***
Constant	0.437	0.027	15.97	0.000	0.384	0.491	***
Mean dependent var		2.261		SD dependent var		6.626	
Number of obs		10623.000		Chi-square		2357.456	

注：*** $p<0.01$, ** $p<0.05$, * $p<0.1$。

15.5 结论和对策建议

15.5.1 结论

经济政策的制定受到诸多因素的影响，本章从全球视角深入研究了社会偏好对贸易政策的影响。具体而言，本章解释了为什么在经济全球化不断深入的当下，几乎所有国家都在实行着不同程度的贸易保护，即使在低收入的国家，这种保护模式依旧存在。笔者从行为经济学的角度给出的解释是：国内不平等厌恶偏好的影响。贸易自由化的快速发展，在某种程度上促进了国民经济的发展，因为其促进了生产要素在全球范围内的自由流动和高效配置。但是也会扩大国内贫富差距,一国国民收入差距越大,表明该国不平等程度越高,则国民对于这种不公平的厌恶情绪便会随之高涨。在政策制定过程中,公民的不平等厌恶情绪会成为现实,不断上升影响政策的制定,于是反全球化的贸易保护行为随之出现,且本章研究发现不平等厌恶对贸易保护的影响具有普遍性,在各国都有着显著影响。本章以不平等厌恶作为出发点,为研究宏观贸易保护政策提供了新视角,这一战略也可以应用在许多其他经济决策领域,贸易保护对于一个国家的生产消费都有巨大影响,且这一政策终究不是长久之计,所以本章也为促进贸易自由化提供了新的视角,降低国内贫富差距,降低国民对于这种不平等的厌恶情绪。

15.5.2 政策建议

如何有效解决效率和公平的问题、降低国内不平等是当今世界关注的一大焦点问题。当今社会,由于经济不断快速发展及社会的持续进步,使得社会财富的积累日益增多。然而,越来越多的国家在财富分配的过程中却遇到了一个共同的问题——收入分配差距的扩大问题。因此,缩小收入分配差距,使收入分配更加公平合理,成为一个迫切需要解决的问题。因此,世界各国纷纷结合自身实际情况,探索寻求一个较好的缩小贫富差距的解决办法。但是各个国家的国情不一样,所以在调节收入分配差距的问题上也有所不同,本章通过研究和借鉴其他国家缩小收入分配差距、促进社会公平的经验教训,对中国解决收入分配过大问题提出以下几点建议:

第一,完善税收制度。完善中国所得税制度。首先,逐步改变目前实行的单一分类所得税模式为主,结合综合所得税及分类所得税的混合模式,如此便可有效减轻低收入群体的税收负担,因为低收入群体普遍特点是收入来源少、以固定的工资收入为主。其次,更好地发挥所得税调节收入分配的作用,适度增加高收入群体的税收负担。最后,要改革现行的所得税的税率,改现行税率为超额累进税率。在关税制度的改革完善过程中需要始终遵循的原则是:公平、公正、合理,以及适度,只有这样才可以合理确定所得税的起征点。

第二,完善社会保障制度。可以适度借鉴类美国的措施,诸如为避免社会成员发生意外情况,失去收入来源从而难以维持正常生活,一方面,美国政府通过法律或行政手段强制向社会成员收取一定数额保障金。政府可以通过分发社会保障金的方式，帮助发生意外的社会成员帮助他们渡过难关。另一方面，政府在强制向社会大众征收不同金额的同时，又使得每个社会成员公平地享有社会保障的权利。这种强制性介入被称为社会财富的再分配，因为其在一定程度上弥补了个人收入分配的不足，可以有效缩小收入分配差距、促进社会公平、提高社会分配的效率。因此，中国应该适度借鉴，从而逐步完善。

第三，坚持打好脱贫攻坚战。首先，政府可以通过实施救济、各种补贴或者开展扶贫开发项目，来降低中国贫困人口总量，实现从总体小康到最终消除贫困的转变。其次，加大对西部边陲贫困地区的财政帮扶力度，通过实施扶贫项目来提高贫困落后地区的就业增长率，促进当地的经济发展，从而提升居民的平均收入水平，此举对缩小地区收入差异有重要作用。最后，对贫苦落后地区进行适度的直接投资。通过大型投资项目直接拉动当地就业的增长，加速当地产业的发展，从根源脱贫。

第16章 政治制度相似性对双边自由贸易协定的影响研究

摘 要

随着区域经济一体化的发展，越来越多的经济体倾向于通过与他国签署贸易协定促进自由贸易的开展。据 WTO 数据显示，截至 2019 年 3 月，在 WTO 备案并已经实施的区域贸易协定有 471 项，超过 80% 是以双边形式签订的。近年来，国内外学者围绕自由贸易协定这一主题的研究成果甚丰，但多是研究自由贸易协定（FTA）对进出口贸易的影响或其经济福利效应，以及探讨自由贸易协定对全球经济一体化和贸易自由化的作用。相对而言，哪些因素影响自由贸易协定签订的研究则较少，所以从该角度分析自由贸易协定还有深入研究的空间。

据现有的研究，影响自由贸易协定的主要因素涉及经济、政治、文化、地理等方面，而本章主要从政治经济学的角度探讨政治制度相似性对双边自由贸易协定签订的影响，以及加强对自由贸易协定决定因素的解释。经验告诉我们，政治制度越相近的两个国家，贸易风险及成本会大大减小，从而更倾向于签订自由贸易协定。那么，本章将采用面板 probit 模型，实证检验政治制度相似性是否更利于两国之间签订自由贸易协定。研究结果表明，经济规模越大且越相似、地理距离越相近、政治越稳定、政治制度越相似的两个国家，越有可能达成自由贸易协定，另外，存在过殖民关系的两国更容易达成 FTA。本章重点关注政治制度相似性的作用，结果显示政治制度相似性每增加 1 单位，双边自由贸易协定达成的概率就增加 0.05%。在模型的预测准确率方面，在 165280 个观测样本中，正确预测了 8840 个双边自由贸易协定中的 8601 个，预测准确率为

97.30%。此外，在没有 FTA 的 156440 对样本中，有 90656 对样本预测正确，占 57.95%。

中国要积极拓展与他国自由贸易协定的签订，高度重视与周边国家、地区的自贸区建设。在推动过程中，应注重双方经济协调发展，并在制度层面上采取措施实现互联互通，消除制度障碍。在实施 FTA 布局时，提前从多方面因素做好评估，考虑现实构建的可能性，从而更优地选择好 FTA 谈判对象以及策略，掌握主动权。

16.1 绪 论

随着区域经济一体化的不断发展，自由贸易协定在地区经济中扮演着愈发重要的角色，愈来愈多的经济体倾向于构建 FTA 来促进自由贸易的开展。由图 16-1 可以看出，多年来，区域贸易协定（RTAs）[①] 的数量和覆盖面都有所增加。据世界贸易组织（WTO）统计数据显示，截至 2019 年 3 月 5 日，共有 293 个区域贸易协定（RTA）生效，这些对应于来自世贸组织成员的 471 份通知，并且超过 80% 是以双边形式签订的。其中，自由贸易协定（FTA）有 257 个，双边 FTA 在 FTA 中占比 86.5%。近年来，国内外学者围绕自由贸易协定这一主题的研究成果颇丰，但大多是研究 FTA 对进出口贸易的影响或其经济福利效应，以及探讨自由贸易协定对全球经济一体化和贸易自由化的作用。相对而言，那些影响自由贸易协定签订的因素的研究则较少，所以从该角度分析自由贸易协定还值得深入研究。这对于我们更深入地认识自由贸易协定是非常有必要且具现实意义的。本章的研究意义在于明确制度相似性对双边自由贸易协定的影响，这对于理解其他国家签署双边 FTA 行为、完善全球自由化贸易体系具有重要的政策含义，有助于中国在之后的 FTA 布局谈判中提前做好评估，从而更优地选择好 FTA 谈判对象及谈判策略，积极促进与其他国家自由贸易协定的签订。

本研究的主要目的是从政治制度的角度去考察其相似性对签署自由贸易协

---

① 区域贸易协定（RTAs）包括自由贸易区协定（FTA）、关税同盟协定（CU）、部分范围协定（PSA）、经济一体化协定（EIA）。

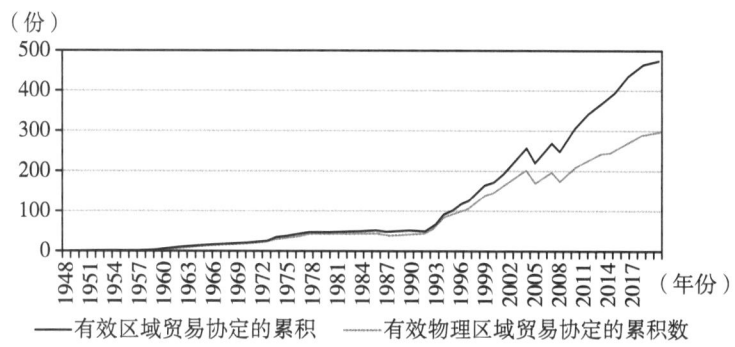

图 16-1　生效的区域贸易协定数量变化图

数据来源：世界贸易组织（WTO）官网。

定的影响，以加强对自由贸易区决定因素的解释。故本章将在前人的研究基础上，着重分析政治制度相似性对自由贸易协定签订的影响。理论上而言，两国政治制度越相近，双边贸易成本和风险就会被大大降低，则签订自由贸易协定的倾向越大。事实是否也如此？也就是说政治制度相似性是否更利于国家间签订自由贸易协定？本章将运用 Probit 模型对该问题进行实证检验，并将这种影响进行量化，试图从政治制度这一角度预测两个国家之间签订自由贸易协定的可能性。

本章的研究思路是在现有的理论基础上，以经济计量模型和实证研究为核心，对政治制度相似性对双边自由贸易协定的影响进行研究。借鉴已有的研究成果，构造一个包含经济和政治因素的模型，利用面板数据对双边自由贸易协定的主要影响因素进行实证检验，重点关注政治制度相似性的影响。接下来的内容分为四个部分：第一部分是文献综述，主要回顾总结相关课题的研究现状及成果。第二部分则会对模型设定、变量、数据进行说明。第三部分是实证分析：首先，进行基准回归分析；其次，会对模型进行稳健性检验和内生性讨论，使文章能够对所研究的问题得出可信的结论；最后，是结论与启示。

16.2　文献综述

目前，有关自由贸易协定的经济学研究主要集中在实施的结果上，通常使用引力模型着力分析 FTA 对进出口贸易的影响或其经济福利效应，以及探讨自由贸易协定对全球经济一体化和贸易自由化的作用。现有文献广泛关注的是签署自由贸易协定对两国之间货物贸易量的影响，然而对两个（或更多）国家签订自由贸易协定的动因、决定因素的研究相对较少，忽略了那些影响达成自由贸易协定这项决策的因素。但是，随着自由贸易协定在全球范围内的飞速扩张，有关 FTA 形成的内生性的研究愈来愈受到学者重视。对于影响贸易协定签订的因素，现有研究主要涉及经济因素和非经济因素两方面。

16.2.1 经济因素的影响

经济因素方面，主要包括经济规模、要素禀赋、能源资源等因素。Krugman（1993）在分析中强调运输成本是形成自由贸易协定的一个重要因素。Baier 和 Bergstrand（2004）则率先使用定性选择模型检验自由贸易协定（FTAs）形成的经济决定因素，并对国家间签订自由贸易协定可能性进行了实证分析。由此，Baier 和 Bergstrand 为解释国家间自由贸易协定的签署提供了一个 B－B 模型框架，证明了两国之间的运输成本、经济规模差异及资本劳动比例对两国签订货物自由贸易协定的可能性的影响。回归分析表明，如果两个国家双边距离越小，离世界其他国越远，经济规模越大且差异越小；相关因素禀赋差距越大，则该国家对缔结双边自由贸易协定有更大倾向。之后 Laura，Inmaculada 等（2005）使用 Logit 模型，对区域一体化的影响因素进行了考察，证实 Baier 和 Bergstrand（2004）的结论具有较强信服力。Cole 和 Guilin（2015）在实证检验影响签订服务贸易协定的因素时也得出类似结论。Bergstrand，Egger 和 Larch（2016）通过持续时间分析，发现对于优惠贸易协定（PTA）的形成和扩散，B－B 模型所涉及的经济因素同样具有统计显著性，并从经验上解释了 1950—2006 年所有 PTA 形成和扩大的时间。李荣林和高越（2010）认为，B－B 模型只考虑了产业内贸易因素和产业间贸易因素，随着产品内贸易的快速发展，产品内贸易因素也应考虑进去，故他们在对亚太经合组织成员间缔结 FTA 的影响因素研究中，在 B－B 模型的基础上增加了代表产品内贸易因素的变量，即生产者服务业水平，以及代表社会、政治因素的经济自由化程度等变量，从而模型的预测准确性有了略微提高。另外，有学者认为两个国家间一方对另一方的能源有较大需求或两国间能源资源互补，则会增加自由贸易协定签订的可能性（李明艳，2006；孙利平，2017）。

16.2.2 非经济因素的影响

此外,地理、政治、文化、"多米诺骨牌效应"等非经济因素对签订自由贸易协定的影响也愈来愈受到经济学者的关注。依据 Krugman 的"天然贸易伙伴国"理论,邻国或地理距离相近的两国,由于地缘优势更容易缔结建设自由贸易区。也就是说,自由贸易协定签订的可能性与两国地理距离呈负相关,不过这种相关性逐年减弱(顾振华,2014)。Grossman 和 Helpman(1993)在分析自由贸易协定形成的原因时,最先将政治因素纳入研究。在考虑是否签订自由贸易协定时,政府作为决策者必须兼顾自身利益与社会利益,综合考虑民众的利益诉求,以及提供政治献金的特殊利益集团的诉求。因此,当利益集团利益与社会福利加权之和最大化时,自由贸易协定将会被签署。另外,有研究表明,民主国家间建立自由贸易协定的可能性更大(Mansfield,Milner 和 Rosendorff,2002;Magee,2003),政府执政能力越强越容易签订自由贸易协定(Endoh,2006)。孙玉红(2008)也认为跨区域自由贸易协定成立的动机也主要出于政治利益和经济利益。胡杨和李京(2015)则实证考察了政治和文化因素对东亚区域自贸区的作用,结果表明政治利益分歧和文化差异不利于东亚区域一体化进程,但政治制度无明显差异反而对一体化起促进作用。在分析影响中国签署自由贸易协定因素时,有学者认为经济差异和地理距离的影响会越来越小,双边政治关系和文化距离反而会起到更大的作用(陈志明和黄晖,2018)。孙利平(2017)也认为双边政治关系越友好,越有利于形成自贸区,且社会发展水平也会影响到 FTA 的达成。除了这些因素以外,有学者也探讨了已存在的自由贸易协定对国家间新建立 FTA 的影响。学术界普遍认为 FTA 的扩张过程是存在"多米诺骨牌效应"的(Baldwin,1993;Egger 和 Lauch,2008;铁瑛,张明志和王君莹,2017;徐世腾,2018),即已存在的自由贸易协定可以改变非成员国参与 FTA 的动机,引导非成员国加入现有的 FTA 或者引导一对国家建立新的 FTA。预先存在的自由贸易协定增加了一国家对进入双边 FTA 的可能性(Egger 和 Lauch,2008;顾振华,2014)。Baier,Bergstrand 和 Mariutto(2014)则将这种关系定义为"自主 FTA 效应"和"交叉 FTA 效应"。他们将两个国家分别签署的自由贸易协定对双方之间签订 FTA 意愿的影响称之为"自主 FTA 效应",除了两国以外的世界其他国家签署的自由贸易协定对这两国达成双边 FTA 意愿的影响称为"交叉 FTA 效应"。实证证明

"自主 FTA 效应"远远超过了自由贸易协定扩散中的"交叉 FTA 效应"。

回顾文献，现有研究得出的较为普遍的结论就是：经济和政治因素会对国家是否签订自由贸易协定的决策造成较大影响。之前的文献主要从经济角度来看，研究已经较为成熟。政治经济是相互交织的，虽然有文献从两国国内的政治环境或两国政治关系等政治角度来着手分析，但本章将从两个国家政治制度相似性的角度，对全球范围内的双边自由贸易协定进行分析，采用计量研究的方法实证检验国家之间政治制度相似性是否更利于国家之间签订自由贸易协定。

16.3　模型、变量及数据

16.3.1　模型设定

为了验证两个国家（或地区）之间的政治制度相似性是否更利于两国（或地区）达成自由贸易协定，本章将采用 probit 模型进行分析。在仅包含经济因素的模型基础上，本章将增加代表政治因素和历史因素的变量。由于模型包含不随时间变化的自变量，时间跨度小，为避免损失自由度，本章采用面板混合效应模型，具体模型设定如下：

$$FTA_{ijt} = \alpha + \beta_1 SGDP_{ijt} + \beta_2 DGDP_{ijt} + \beta_3 DKL_{ijt} + \beta_4 Dist_{ij} + \beta_5 POL_{ijt} + \beta_6 PV_{ijt} + \beta_7 Colony_{ij} + \varepsilon_{ijt} \quad (16-1)$$

式（16-1）中，FTA 为被解释变量，如果 i 国和 j 国在年份 t 存在有双边自由贸易协定，则取值为 1，如果 i 国和 j 国在年份 t 没达成双边自由贸易协定，则取值为 0。POL、PV、$Colony$ 为解释变量，其中 POL 为核心解释变量，衡量两国 i 和 j 之间的政治制度相似性。市场规模总和（$SGDP$）、经济规模差异（$DGDP$）、相对要素禀赋差异（DKL）、地理距离（$Dist$）均为控制变量。α 是常数项；ε_{ijt} 代表随机误差项。

16.3.2　变量和数据说明

1. 研究样本。

本章意在从制度差异这一角度，对全球范围内的双边自由贸易协定进行考察。考虑到数据的可获得性，本章将利用 164 个国家 1990—2017 年间签署并生效的双边自由贸易协定的面板数据作为研究样本。在处理样本数据时，本章将加入自由贸易协定的决定视为双边决定，而不是多边决定。即通过经济体联盟签订的 FTA 视为该经济体联盟中各成员国签订的 FTA。例如，东盟与中国签订的 FTA 视为东盟各成员国与中国签订了 FTA。虽然这样建立自由贸易协定的决定似乎是多边的，但东盟中的每个国家都有权否决自由贸易协定。实际上，东盟的每个国家都在考虑与另一个国家签订的自由贸易协定是否能保证本国净福利的形成。各个国家之间签订自由贸易协定的具体情况来源于世界贸易组织 RTA 数据库。

2. 解释变量。

（1）政治制度相似性（POL）：模型中的核心解释变量为政治制度相似性（POL），用国家的民主水平指标（polity2）来衡量，具体表现为两国民主水平值之差的绝对值。该值越小，说明两国之间的政治制度越相似。因此，据经验预期，该解释变量的系数符号为负；指标值来源于 Polity Ⅳ 数据库。

（2）政治稳定性（PV）：衡量指标采用的是世界银行全球治理指标（WGI）数据库中的政治稳定性指标（Political Stability and Absence of Violence/Terrorism），这在一定程度上说明了一国的政治质量。模型中 PV 的值等于两个国家政治稳定性指标得分之和。理论上，国家政府更倾向于与政治质量高的国家建立友好贸易往来关系，所以两国的政治稳定性越高，国家之间建立 FTA 的可能性越大。据此，该变量的系数符号预测为正。

（3）虚拟变量（Colony）：倘若两国曾存在过殖民关系，则取值为 1，否则取值为 0。该虚拟解释变量的系数符号预期为正，统计信息来源于 CEPII 数据库。

3. 控制变量。

（1）市场规模（SGDP）：采用两国国内生产总值的总和来代表市场规模的大小，并进行对数化处理，即 $SGDP_{ijt} = \ln GDP_{it} + \ln GDP_{jt}$。一般来说，国内生产总值越大，意味着潜在的市场规模就越大，则国家更容易签订 FTA。故预测该变量系数符号为正（见表 16-1）。数据来源于世界银行世界发展指标（WDI）数据库，采用 2010 年不变价美元。

（2）经济规模差异（DGDP）：两国经济规模差异性，即表现为两国 GDP 差额，对其值同样进行对数化处理，具体计算公式为：$DGDP_{ijt} = |\ln GDP_{it} -$

$\ln GDP_{jt}$。实际 GDP 数据来源于世界银行 WDI 数据库,采用 2010 年不变价美元。

(3)要素禀赋(DKL):相对要素禀赋差异越大,达成 FTA 后各自的比较优势能够得到更充分的利用,从而产生更大福利。所以,本章将要素禀赋差异作为控制变量之一,具体表现为两国资本劳动比率对数值的差值,即 $DKL_{ijt} = \ln\left(\frac{K}{L}\right)_{it} - \ln\left(\frac{K}{L}\right)_{jt}$。该值越大表示相对要素禀赋差异越大,则缔结双边 FTA 的倾向越大。据此预测,变量 DKL 的系数符号为正(见表 16 – 1)。

(4)两国之间的地理距离(Dist):两国之间的地理距离在一定程度上意味着运输成本,从而影响构建 FTA 的意愿。据经验,该控制变量 Dist 的系数符号预测为负(见表 16 – 1)。其数据来源于 CEPII 数据库,使用各国首都间的距离来度量。同样的,对其值进行对数化处理。

表 16 – 1　　　　　　　变量的定义及符号预测

变量	定义	数据来源	符号预测
FTA	两国是否存在自由贸易协定(是 = "1";否 = "0")	RTA 数据库	/
SGDP	GDP 的对数之和,代表两个国家的市场规模大小	WDI 数据库	+
DGDP	GDP 对数之差的绝对值,代表两国的经济规模差异	WDI 数据库	—
DKL	资本劳动比率差值,代表相对要素禀赋差异	WDI 数据库	+
Dist	两个国家之间的地理距离的对数	CEPII 数据库	—
POL	民主水平指标差值的绝对值,代表政治制度相似性	Polity Ⅳ 数据库	—
PV	两国政治稳定性指标得分之和,代表政治质量	WGI 数据库	+
Colony	两国是否曾有过殖民关系(是 = "1";否 = "0")	CEPII 数据库	+

16.3.3　变量的描述性统计

对各变量进行描述性统计,表 16 – 2 给出了各个变量的平均值、标准差、最小值和最大值。由表 16 – 2 可以看出,各变量的数据存在明显差异。数据的对数化处理减小了 SGDP、DGDP、DKL、Dist 变量整体数据的波动性,使数据整体更趋平稳,在一定程度上缓解异方差问题。从 FTA 的平均值来看,双边贸易协定的存在仅仅占全体样本的 3% 。

表 16-2　　　　　　　　各变量的描述性统计

变量	观测值	平均值	标准差	最小值	最大值
FTA	374248	0.0291	0.168	0	1
SGDP	338533	48.77	3.016	38.78	60.43
DGDP	338533	2.400	1.768	$1.11e-05$	10.65
DKL	227068	1.780	1.292	$7.03e-06$	8.552
Dist	374248	8.662	0.783	2.349	9.894
POL	362560	7.222	5.749	0	20
PV	243600	-0.396	1.353	-6.061	3.481
Colony	374248	0.0122	0.110	0	1

16.3.4　变量的相关性

为了避免变量之间存在多重共线性，进而影响到模型估计的有效性，故本章对所有的自变量进行相关性检验。表 16-3 报告了变量的相关系数矩阵。从中可以看出，各变量之间相关系数的绝对值均小于 0.4，属于低度相关，表明模型并不存在严重的多重共线性问题，对预测自由贸易协定达成概率的结果无大碍，可以进行回归分析。

表 16-3　　　　　　　　变量的相关系数矩阵

Variables	SGDP	DGDP	Dist	DKL	POL	PV	Colony
SGDP	1.0000						
DGDP	0.1662	1.0000					
DKL	-0.0654	0.3577	1.0000				
Dist	-0.0244	0.1158	0.1026	1.0000			
POL	-0.0146	0.0402	0.1309	0.0740	1.0000		
PV	0.1952	0.0859	0.0293	0.0077	0.00380	1.0000	
Colony	0.1172	0.0992	0.0177	-0.0694	-0.0093	0.0265	1.0000

16.4　实证分析

本章采用面板 Probit 模型回归，估计政治制度相似性对双边自由贸易协定的影响程度。在本节中，首先，对模型进行估计，评估基准回归结果，重点关注国家的政治制度相似性是否与自由贸易协定达成的可能性存在预期的定性关系，并确定统计显著性。其次，对模型的稳健性进行检验分析，并通过 FTA 预测结果和实际情况的对比来确定自变量的标准偏差变化是否对自由贸易协定的形成概率具有显著影响。最后，讨论可能存在的内生性问题进而使模型更具可靠性。

16.4.1 回归结果分析

在 B－B 模型基础上，依次加入解释变量 *POL*、*PV*、*Colony* 进行回归，各模型经过迭代后均获得收敛，回归结果如表 16－4 所示。为避免可能存在的异方差或自相关问题的影响，使结果更稳健，回归结果报告采用稳健标准误。表 16－4 的第二列主要参考 B－B 模型考虑纯经济因素；第五列则加入了三个解释因素，为本章的基准结果。如表 16－4 所示，依次加入新的自变量，模型的伪 R 平方值在提高，证明模型的整体拟合度在一步步提升。基准模型的 Pseudo R^2 为 0.1626，意味着自变量整体可以解释两国是否达成 FTA 的 16.26% 可能性的变化原因。基准模型回归的 Wald 统计量为 16035.70，p 值为 0.000，整个方程高度显著，模型可通过总体显著性检验，具有统计意义。对比表 16－4 第二列至第五列的回归结果，各影响因素的系数符号和显著性完全一致。

表 16－4　　　　　　　　probit 模型回归结果

Variables	M1	M2	M3	M4
SGDP	0.1293 *** (0.0016)	0.1272 *** (0.0016)	0.1219 *** (0.0018)	0.1212 *** (0.0018)
DGDP	－0.0385 *** (0.0033)	－0.0380 *** (0.0033)	－0.0398 *** (0.0036)	－0.0408 *** (0.0036)
DKL	－0.0712 *** (0.0043)	－0.0675 *** (0.0043)	－0.0536 *** (0.0046)	－0.0535 *** (0.0046)
Dist	－0.4042 *** (0.0051)	－0.4057 *** (0.0053)	－0.4111 *** (0.0060)	－0.4092 *** (0.0061)
POL		－0.0059 *** (0.0009)	－0.0055 *** (0.0009)	－0.0055 *** (0.0009)
PV			0.0842 *** (0.0039)	0.0849 *** (0.0039)

续表

Variables	M1	M2	M3	M4
Conlony				0.1049*** (0.0384)
_cons	-4.6582*** (0.0941)	-4.5057*** (0.0940)	-4.1106*** (0.1043)	-4.0900*** (0.1042)
N	226358	222891	165280	165280
Wald chi²	18516.22	18574.98	16054.16	16035.70
Pseudo R²	0.1560	0.1574	0.1624	0.1626
Prob > chi²	0.0000	0.0000	0.0000	0.0000

注：括号中的数值为标准误差；*$p<0.1$，**$p<0.05$，***$p<0.01$。

首先，可以看到，一方面，经济规模总和（SGDP）在1%的水平上显著，对双边FTA的签订产生正向影响，即经济规模越大的国家对达成FTA的可能性越大。另一方面，两国的经济规模差异（DGDP）对双边FTA有显著负向影响，两国经济规模差异越大，双方签订FTA的倾向性越小。这是由于各国政府都希望最大限度地提高本国公民福利，那么在做是否签订自由贸易协定这一决策时会考虑FTA是否会给本国带来更多好处，若利益大于成本，自由贸易协定才有可能形成。而自贸区的贸易创造会随着市场规模的扩大而增加，净福利效益的增加使两国政府倾向于形成双边自由贸易区。但是，随着规模差距的扩大，对更大国家而言，贸易转移相对其与更小的自由贸易协定伙伴之间的贸易创造减少而增加。由于其中一个国家的净福利随规模差异增大而下降，因此双方形成自由贸易区的可能性随规模差异的增大而下降。

其次，相对要素禀赋差异（DKL）在1%的水平上显著为负，这和预期符号有差异，但并不一定与自由贸易区的典型特征相矛盾。因为在B-B模型中还检验过资本劳动比例的二次方影响。Baier和Bergstrand（2004）实证证明，在洲际运输成本较低的情况下，一对国家之间的自由贸易协定的净福利收益起初随着相对因素禀赋差异的扩大而增加，但随着专业化程度的提高，产业间贸易的净福利收益最终将被产业内贸易引起的净贸易转移所抵消。因此，自由贸易协定的净收益与相对要素禀赋差异之间的关系可能是正的，也可能是负的。

再次，地理距离（Dist）在1%的水平上显著负相关，意味着地理距离依旧在很大程度上影响着 FTA 的达成。两国距离越近,作为贸易伙伴的"自然"程度越高,它们的国际贸易运输成本就越低。因此,从自由贸易区创造的贸易额将越大。对于一个"自然"的自由贸易区,两国会相应地减少与相对较远的贸易伙伴的国际贸易,进而减少了贸易转移,减少了非自然自由贸易区的福利损失。那么自贸协定的净收益随着两国间距离的减小而增加。

最后可以看到,政治制度相似性(POL)系数估计符号为负,且在 1% 的水平上显著,表明政治制度相似性对双边 FTA 的影响也是非常显著的,其与两国签订 FTA 的可能性呈正方向效应。两国在政治制度上差异越小,在政治意识、制度认同等方面更趋同,增大了双边信任,贸易成本和风险就被降低,净福利就可能上升,进而双方在决策上更容易达成共识。政治稳定性(PV)显著为正,这和本章的预期一样,政权越稳定在一定程度上意味着一国政治质量越高,越有利于经济、社会的发展,因此国家政府会偏好选择那些政权稳定的国家作为伙伴国。所以两国的政治稳定性总得分越高,国家对之间建立双边FTA 的可能性越大。用于表明双方是否存在过殖民关系的虚拟解释变量 Colony 显著为正,说明其中一方对另一方有过殖民统治的话,双方更容易达成 FTA。原因可能是过去的殖民关系使得两国在文化背景、消费偏好等方面存在一定的共同性,进而更容易产生认同感,达成双边自由贸易协定的可能性就越大。

由于在非线性模型的回归结果中,自变量的系数值不能直接代表该变量对因变量的边际效应值。故在 probit 回归中,系数符号是有意义的,但系数的实际值并不能直接解释自变量变化所导致的自由贸易协定签订概率的变化,接下来将用边际响应概率来解释。各变量对双边 FTA 签订可能性的影响程度可见表 16-5①。首先,通过边际效应值的大小,发现地理距离对双边自由贸易协定的影响仍然占据最重要地位,当地理距离每增加 1%,双边贸易协定达成的概率就减少 3.68%。其次,是经济规模大小。重点关注一下解释变量的影响作用,结果显示:两国政治制度距离每增加 1 单位,签订 FTA 的可能性就减少 0.0005,即政治制度相似性每增加 1 单位,可能性就增加 0.05%;两国政治稳定性得分每提高 1 单位,双边 FTA 形成的可能性提升 0.76%,影响程度高于政治制度相似性。

---

① 由于殖民关系 Colony 是虚拟变量,本章只讨论它对双边自由贸易协定的影响方向和统计显著性,不做边际效应解释。

表 16-5　　　　　　　　　　　边际效应

Variables	dy/dx	Std. Err.	z	P > |z|	[95% Conf. Interval]	
SGDP	0.01090	0.000187	58.17	0.000	0.0105	0.0113
DGDP	-0.00367	0.000323	-11.35	0.000	-0.0043	-0.0030
DKL	-0.00482	0.000421	-11.45	0.000	-0.0057	-0.0040
Dist	-0.03682	0.000605	-60.88	0.000	-0.0380	-0.0356
POL	-0.00050	0.000083	-5.990	0.000	-0.0007	-0.0003
PV	0.00764	0.000359	21.29	0.000	0.0070	0.0083

16.4.2　稳健性检验

1. 敏感性—特异性分析。

前文简单提及伪 R 平方值用于判断模型的拟合优度，实际上对于二元选择模型的整体拟合优度的检测更常用的一个衡量方式是观察模型正确性预测结果的程度，即进行敏感性—特异性分析（sensitivity-specificity analysis）。本章参考 Baier 和 Bergstrand（2014）的方法，将预测检验的临界值设置为 0.03，即预测概率小于 0.03 的记为预测不会达成 FTA；反之，记为预测达成 FTA。不采用惯常的 0.5 作为临界值，是因为双边自由贸易协定这个事件在总体样本量超过 37 万个的面板数据中是稀有事件，比例仅占约 3%。因此，在给定年份中，任何国家对之间存在双边 FTA 的无条件概率为 3%。这表明更合适的截止概率为 0.03[①]。通过比较预测结果和实际情况，本章基准模型的正确预测百分比报告如表 16-6 所示。

表 16-6　　　　　　　　　模型预测的百分比

Classified	D	~D	Total
+	8601	65784	74385
-	239	90656	90895
Total	8840	156440	165280
Sensitivity	Pr(+ | D) = 97.30%		
Specificity	Pr(- | ~D) = 57.95%		
Correctly classified	60.05%		

---

① 更详尽的原因说明可以参见 Scott L. Baier, Jeffrey H. Bergstrand, Ronald Mariutto. Economic Determinants of Free Trade Agreements Revisited: Distinguishing Sources of Interdependence. Review of International Economics, 2014, 22 (1)。

从预测结果来看,模型整体预测的百分比为 60.05%,这显得拟合度并不高。而运用两种可能结果的正确预测百分比来衡量更为有用。在本章的 165280 对观测样本中,8840 对有双边 FTA,剩余 156440 对没有签订 FTA。根据所描述的规则,8840 个自由贸易区中有 8601 个预测正确,即预测准确率为 97.30%。此外,在没有签订 FTA 的 156440 对样本中,有 90656 对预测正确,占总体的 57.95%。由此可知模型的拟合度还是较好的。

2. logit 方法估计。

为确保检验结果可靠,本章也用了 logit 模型进行再次估计,结果如表 16-7 所示。从表 16-7 中可以看出,各自变量的系数符号与 probit 模型估计结果完全一致,且都非常显著。这说明对于本章研究而言,使用 probit 模型和使用 logit 模型并无显著差别,也表明原模型的检验结果较可靠。

表 16-7　　　　　　　　　　Logit 模型回归结果

Variables	Probit 模型	Logit 模型
SGDP	0.1212*** (0.0018)	0.2270*** (0.0037)
DGDP	-0.0408*** (0.0036)	-0.0709*** (0.0077)
DKL	-0.0535*** (0.0046)	-0.0832*** (0.0097)
Dist	-0.4092*** (0.0061)	-0.7432*** (0.0124)
POL	-0.0055*** (0.0009)	-0.0060*** (0.0019)
PV	0.0849*** (0.0039)	0.1300*** (0.0079)
Colony	0.1049*** (0.0384)	0.1657** (0.0779)
_cons	-4.0900*** (0.1042)	-7.7893*** (0.2148)
N	165280	165280
Wald chi^2	16035.70	15623.43
Pseudo R^2	0.1626	0.1446

注:括号中的数值为标准误差;* $p<0.1$,** $p<0.05$,*** $p<0.01$。

3. 样本偏差问题。

本章在处理样本数据时，将欧盟、东盟等经济联盟签订的 FTA 纳入考虑范围，这有可能导致样本偏差问题。因为一国与经济团体签订 FTA 极有可能是受联盟整体影响而非单个成员国相关因素影响。例如，与欧盟签订自由贸易协定的国家是受整个欧盟极具吸引力的市场规模的驱动，而不是受个别欧盟成员国的经济规模的驱动。这有可能导致某些因素对 FTA 影响作用的放大。为解决这个问题，本章使用2个子样本，即分别剔除掉欧盟成员国和东盟成员国，然后重新进行回归估计。选择剔除欧盟和东盟而不是其他经济组织的原因是：欧盟和东盟是目前规模最大的区域性经济组织，较具代表性。子样本回归结果见表16－8，边际效应见表16－9。为了进行比较，两个表的第二列均再次报告了完整样本的结果，第三列报告了不包括任何包含欧盟成员的国家对的子样本的结果，第四列报告了不包括任何包含东盟成员的国家对的子样本的结果。从表16－8、表16－9中可以看到，两个子样本各系数的统计显著性和符号均与全样本的回归结果基本保持一致，只是剔除欧盟成员国的子样本在经济规模差异（$DGDP$）的统计显著性稍微有所降低，呈现10%水平显著。比照边际效应发现，剔除东盟成员国的子样本的各变量边际效应与未剔除时的偏差很小。排除欧盟成员国的子样本的边际效应变化比剔除东盟成员国的子样本的边际效应变化要大，但变量影响程度排名还是一样的。因此，判定本章基准模型的结果基本是可靠的。

表 16－8　　　　　　　　　　　子样本的回归结果

Variables	全样本	剔除欧盟	剔除东盟
SGDP	0.1212 *** (0.0018)	0.1888 *** (0.0039)	0.1139 *** (0.0018)
DGDP	－0.0408 *** (0.0036)	－0.0108 * (0.0060)	－0.0541 *** (0.0037)
DKL	－0.0535 *** (0.0046)	－0.0562 *** (0.0087)	－0.0471 *** (0.0048)
Dist	－0.4092 *** (0.0061)	－0.4610 *** (0.0111)	－0.3905 *** (0.0063)
POL	－0.0055 *** (0.0009)	－0.0100 *** (0.0018)	－0.0072 *** (0.0009)

续表

Variables	全样本	剔除欧盟	剔除东盟
PV	0.0849*** (0.0039)	0.2290*** (0.0090)	0.0796*** (0.0040)
Colony	0.1049*** (0.0384)	0.8593*** (0.0822)	0.1499*** (0.0389)
_cons	-4.0900*** (0.1042)	-7.3934*** (0.1988)	-3.8303*** (0.1061)
N	165280	106741	146776
Wald chi^2	16035.70	4229.99	14818.39
Pseudo R^2	0.1626	0.2485	0.1546

注：括号中的数值为标准误差；* $p<0.1$，** $p<0.05$，*** $p<0.01$。

表 16-9　　　　　　　　　　子样本的边际效应

dy/dx	全样本	剔除欧盟	剔除东盟
SGDP	0.01090	0.00716	0.01081
DGDP	-0.00367	-0.00041	-0.00513
DKL	-0.00482	-0.00213	-0.00446
Dist	-0.03682	-0.01749	-0.03705
POL	-0.00050	-0.00038	-0.00069
PV	0.00764	0.00869	-0.00755

16.4.3　内生性讨论

对国家政府而言，签署自由贸易协定的决策是需要时间的。尽管决策具有横截面性质，但潜在的内生性问题仍然存在。在模型中，两国在年份 t 是否有建立自贸区取决于两国在 t 年当年的经济特点。虽然地理距离不随时间变化，但 GDP、K 会随时间的推移而变化，并可能受到贸易自由化的影响。故自 t 年的前几年形成的自由贸易协定可能会影响随后的贸易，从而影响经济增长。所以，GDP、K 很可能是因变量自由贸易协定的内生变量。为评估内生性问题以避免内生性偏置，接下来加入滞后项进行考察，将 SGDP、DGDP、DKL 三个时变变量滞后 1 期再回归，与本章的基准结果进行对比。滞后模型回归结果如表 16-10

所示。从表 16-10 中可以看到，纳入滞后性因素后，模型估计在统计显著性和符号各方面几乎完全一致，故模型内生性影响不大。

表 16-10　　　　　　　　　　滞后模型回归结果

Variables	无滞后	滞后 1 期
SGDP	0.1212*** (0.0018)	0.1203*** (0.0018)
DGDP	-0.0408*** (0.0036)	-0.0396*** (0.0036)
DKL	-0.0535*** (0.0046)	-0.0520*** (0.0046)
Dist	-0.4092*** (0.0061)	-0.4125*** (0.0060)
POL	-0.0055*** (0.0009)	-0.0053*** (0.0009)
PV	0.0849*** (0.0039)	0.0851*** (0.0039)
Colony	0.1049*** (0.0384)	0.0969** (0.0384)
_cons	-4.0900*** (0.1042)	-4.0067*** (0.1037)
N	165280	163755
Wald chi^2	16035.70	15995.04
Pseudo R^2	0.1626	0.1623

注：括号中的数值为标准误差；* $p<0.1$，** $p<0.05$，*** $p<0.01$。

16.5　结论与启示

在区域经济一体化加速发展的大背景下，区域贸易协定（RTAs）的数量和覆盖面显著增加，双边自由贸易协定成为愈来愈多的经济体的选择。在自由贸易协定（FTA）效应及作用被研究得相对较为成熟的情况下，研究自由贸易协定达成的影响因素有很大现实意义。本研究的主要目的是从政治制度的角度去考察其相似性对签署双边自由贸易协定的影响，以加强对自由贸易区决定因素的解释。为此，本章利用 164 个国家 1997—2017 年的面板数据对 FTA 签订的影响因素进行了经验分析。结果表明：经济规模更大、更相似的两个经济体，更倾向于缔结成为自由贸易协定伙伴；地理距离越近的国家由于较少的贸易转移会增大潜在的福利收益，从而签订 FTA 的可能性更高；要素禀赋差异作用有可能为正向影响也有可能为负向影响。除传统的被广泛接受的经济、地理因素会明显造成影响外，政治、历史因素对两国签订自由贸易协定的可能性也呈现显著影响。政治稳定性越高、政治制度相似性越大的两个国家，签订 FTA 的可能性越大，曾有过殖民关系的国家对更容易达成 FTA。这是因为政治制度越相近，双边贸易成本和风险就越低，从自贸区可获得的福利就更多。研究的另一目的还在于对 FTA 进行预测，以便能够在未来预估 FTA 达成的现实可能性。在本章的 165280 个观测样本中，正确预测了 8840 个双边自由贸易协定样本中的 8601 个，预测准确率为 97.30%。此外，在没有 FTA 的 156440 对样本中，有 90656 对预测正确，占比为 57.95%。

FTA 构建体系当前由大国主导的背景下，尽管 FTA 在过去二三十年中不断扩散，但仍有相当大的空间形成或扩大 FTA，故中国要抓住发展时机，积极拓展与其他国家自由贸易协定的签订，加快布局 FTA。通过本章研究得到如下启示：

（1）经济规模总和和差距对 FTA 的相反影响意味着：想要加快区域经济合作，必须促进各国或地区经济的同步协调发展。

（2）中国应高度重视与周边国家、地区及主要贸易伙伴的自贸区建设，例如加快中国与韩国、中国与日本自由贸易区谈判进程，因为在地理上与这些贸易伙伴国存在天然优势。

（3）政治因素愈发受到各国政府的关注，或者说一国政府越来越多地将政治因素纳入 FTA 动机考虑。故在推动与其他国家构建自由贸易区的过程中，应该注重本国政治质量的提升，提供更多制度性保障，并在制度层面上采取措施，实现与他国的互联互通、增强互信、消除制度障碍。

（4）中国在实施 FTA 布局时，应提前从多方面因素做好评估，考虑 FTA 现实构建的可能性，从而更优地选择好 FTA 谈判对象及谈判策略，从而在之后的自由贸易协定谈判中掌握主动权，从而积极促进与其他国家自由贸易协定的签订。

参考文献

[1] 鲍晓华,朱钟棣. 贸易政治经济学在中国的适用性检验:以技术性贸易壁垒为例 [J]. 管理世界, 2006 (1): 41-56.

[2] 包宗顺. 世界粮食生产、贸易、价格波动与中国的粮食安全应对策略 [J]. 世界经济与政治论坛, 2011 (1): 134-146.

[3] 蔡晗昀. 基于政治经济学视角的中国贸易保护政策实证分析 [D]. 复旦大学, 2012.

[4] 蔡宏波. 双边自由贸易协定的理论重构与实证研究 [M]. 北京:中国经济出版社, 2011.

[5] 蔡宏波,黄建忠. 国外自由贸易协定研究新进展 [J]. 国际贸易问题, 2008 (7): 119-123.

[6] 蔡洁. 基于制度差异视角的贸易摩擦分析 [J]. 经济经纬, 2007 (3): 45-48.

[7] 曹驰. 质量对中国企业出口行为的动态影响研究 [D]. 中南财政法大学, 2017.

[8] 曹亮,袁德胜,徐小聪,等. 建交时间与企业农产品出口二元边际:出口目的地视角 [J]. 宏观经济研究, 2016 (4): 106-114.

[9] 岑丽君. 出口专业化能否驱动经济增长?——基于长三角两省一市的实证分析 [J]. 经济与管理研究, 2018, 39 (7): 29-38.

[10] 陈和平,祁春节. 制度质量对国际贸易的影响:一个文献综述 [J]. 经济问题探索, 2016 (8): 170-176.

[11] 陈强, 高级计量经济学与stata应用. 第2版. 北京:高等教育出版社, 2014: 324-327.

[12] 陈田,周海飞. 制度因素对中国与"一带一路"国家贸易的影响研究 [J]. 兰州财经大学学报, 2016, 32 (6): 94-100.

[13] 陈怡,王洪亮,姜德波. 贸易自由化、劳动要素流动与贫困 [J]. 国

际贸易问题，2013（4）：27-39.

[14] 陈志明，黄晖. 影响中国达成自由贸易协定的因素分析 [J]. 科技与管理，2018，20（3）：103-112.

[15] 达林. 中非贸易合作发展存在的问题与对策 [D]. 吉林大学，2015.

[16] 杜映昕. 国家间政治冲突对贸易的影响——文献综述及基于中国与大国关系的实证研究. 经济学报，2015（1）：124-144.

[17] 段新平. 国家制度差异及其影响因素——基于跨国数据的经验分析 [J]. 商业经济研究，2015（18）：107-109.

[18] 海闻. 国际贸易理论的新发展 [J]. 经济研究，1995（7）：67-73.

[19] 韩剑. 出口多样化与经济增长：理论及对中国的经验研究 [J]. 国际贸易，2009（8）：23-29.

[20] 韩淑敏. 基于制度因素的对外贸易竞争优势形成机理研究 [D]. 中南大学，2005.

[21] 胡超. 国际粮价波动影响因素研究 [D]. 江西财经大学，2014：21-27.

[22] 胡宏伟. 城居保与家庭医疗消费支出负担：政策效应评估——基于工具变量方法与稳健性检验 [J]. 学海，2013（6）：59-66.

[23] 胡兰. 中国与非洲货物贸易合作现状障碍及提升途径 [J]. 对外经贸实务，2017（3）：17-20.

[24] 胡日东，林明裕. 双重差分方法的研究动态及其在公共政策评估中的应用 [J]. 财经智库，2018，v.3；No.15（03）：86-113+145-146.

[25] 胡杨，李京. 政治和文化差异阻碍了东亚区域一体化吗 [J]. 国际经贸探索，2015，31（1）：77-88.

[26] 黄胜潮. 国际粮食价格波动及其对中国粮食供需平衡的影响研究 [D]. 河北师范大学，2013：21-23.

[27] 黄晓凤，谢利娟. 制度差异视角下的国际贸易摩擦分析 [J]. 财经理论与实践，2010（2）：79-83.

[28] 江诗伦，袁诚. 中非贸易问题研究——基于引力模型的分析 [J]. 广东商学院学报，2012，27（5）：46-52.

[29] 蒋军锋，殷婷婷. 行为经济学兴起对主流经济学的影响 [J]. 经济学家，2015（12）：68-78.

[30] 蒋祖龙. 贸易自由化、制度质量与出口技术复杂度 [D]. 南京财经大学, 2018.

[31] 李娜. 国际粮食价格波动影响因素文献综述 [J]. 时代经贸, 2016 (3): 34-35.

[32] 李勤昌. 农产品贸易保护制度的政治经济学 [M]. 北京: 社会科学出版社, 2010.

[33] 李荣林, 高越. APEC 成员间建立 FTA 的影响因素研究 [J]. 世界经济研究, 2010 (11): 75-80+89.

[34] 李新, 王翠竹, 谭桑. 制度与国际贸易关系研究进展 [J]. 经济学动态, 2013 (11): 127-134.

[35] 李艳丽. 中国自由贸易区战略的政治经济研究 [M]. 北京: 中国经济出版社, 2012.

[36] 连洪泉, 周业安, 陈叶烽, 等. 不平等厌恶、合作信念与合作行为——来自公共品实验的证据 [J]. 经济学动态, 2016 (12): 14-27.

[37] 梁越, 程惠芳. 贸易政策制定的政治经济学分析——基于中国工业行业数据的实证研究 [J]. 国际贸易问题, 2017 (6): 5-16.

[38] 刘海云, 吴韧强. 关税结构的政治经济学解释——基于"保护待售"模型的博弈分析 [J]. 经济学 (季刊), 2007, 7 (1): 345-358.

[39] 刘海云, 吴韧强. 垄断竞争、利益集团与贸易战 [J]. 经济学 (季刊), 2009, 8 (3): 829-848.

[40] 刘庆林, 汪明珠. 中国农产品市场准入政策的保护水品与结构 [J]. 经济研究, 2014 (7): 18-30.

[41] 刘喜明. 国际粮食价格波动对中国经济的影响 [D]. 浙江大学, 2009: 14-19.

[42] 刘修岩, 吴燕. 出口专业化、出口多样化与地区经济增长——来自中国省级面板数据的实证研究 [J]. 管理世界, 2013 (8): 30-40.

[43] 刘玉贵, 张雯. 全球区域经济一体化浪潮的特点及动因探析 [J]. 特区经济, 2006 (3): 275-277.

[44] 刘志强. 制度因素对中国企业国外投资的影响 [M]. 群言出版社, 2016.

[45] 卢现祥. 西方制度经济学 [M]. 中国发展出版社, 2003.

[46] 罗来军,罗雨泽,刘畅. 基于引力模型重新推导的双边国际贸易检验 [J]. 世界经济,2014 (12): 69-96.

[47] 罗知,郭熙保. 进口商品价格波动对城镇居民消费支出的影响 [J]. 经济研究,2010 (12): 111-124.

[48] 马修辛德曼. 数字民主的迷思 [M]. 唐杰译. 中国政法大学出版社,2016.

[49] 马自国. 历次获得诺贝尔奖的行为经济学理论介绍 [J]. 金融经济,2018 (16): 161-162.

[50] 王孝松. 美国对华贸易政策的决策机制和形成因素——基于贸易政策政治经济学的理论和经验研究 [D]. 南开大学,2010.

[51] 潘安,魏龙. 制度距离对中国稀土出口贸易的影响——基于18个国家和地区贸易数据的引力模型分析 [J]. 国际贸易问题,2013 (4): 96-104.

[52] 潘向东,廖进中,赖明勇. 经济制度安排、国际贸易与经济增长影响机理的经验研究 [J]. 经济研究,2005 (11): 57-67.

[53] 潘镇,殷华方,鲁明泓. 制度距离对于外资企业绩效的影响——一项基于生存分析的实证研究 [J]. 管理世界,2008 (7): 103-115.

[54] 潘镇. 制度质量、制度距离与双边贸易 [J]. 中国工业经济,2006 (7): 45-52.

[55] 彭冬冬,罗明津. 国外贸易保护措施对中国制造业出口的影响——来自企业层面的微观证据 [J]. 财经研究,2018.

[56] 祈华清,丁宜希. 国际粮价波动下中国粮食安全实证研究 [M]. 北京:经济日报出版社,2015: 32-39.

[57] 钱玲玲. 制度质量对出口技术复杂度的影响研究 [D]. 南京大学,2015.

[58] 钱学锋. 企业异质性、贸易成本与中国出口增长的二元边际 [J]. 管理世界,2008 (9): 48-56.

[59] 丘东晓. 自由贸易协定理论与实证研究综述 [J]. 经济研究,2011,46 (9): 147-157.

[60] 盛斌. 贸易保护的新政治经济学:文献综述 [J]. 世界经济,2001 (1): 46-56.

[61] 盛斌. 国际贸易政策的政治经济学:理论与经验方法 [J]. 国际政治

研究，2006，43（2）：73-94.

[62] 盛斌. 中国对外贸易的政治经济学分析. 上海人民出版社，2002.

[63] 盛斌. 中国工业贸易保护结构政治经济学的实证分析［J］. 经济学（刊），2002（2）：603-624.

[64] 石华军，楚尔鸣. 政策效果评估的双重差分方法［J］. 统计与决策，2017（17）：82-85.

[65] 孙洁. 制度差异对国际贸易摩擦影响的一般均衡分析［J］. 消费导刊，2008（15）：17-18.

[66] 孙利平. 中国双边自由贸易区对象国选择研究［D］. 兰州财经大学，2017.

[67] 孙玉红. 跨区域双边自由贸易协定的政治经济动机分析［J］. 世界经济与政治，2008（7）：72-78.

[68] 陶雪雪. 政治外交对中国双边贸易流量的影响研究［D］. 安徽财经大学，2016（5）：46-52.

[69] 田野，陈兆源，熊谦. 国际贸易、初始威权类型与民主转型［J］. 世界经济与政治，2017（5）：96-125.

[70] 铁瑛，张明志，王君莹. FTA签订的影响因素：基于多边进程和不同类型国家视角的经验研究［J］. 国际贸易问题，2017（2）：72-82.

[71] 汪立鑫，左川，李苍祺. PPP项目是否提升了基础设施的产出效率？［J］. 财政研究，2019（1）：90-102.

[72] 汪戎，李波. 贸易便利化与出口多样化：微观机理与跨国证据［J］. 国际贸易问题，2015（3）：33-43.

[73] 王健. 转型国家经济增长研究——基于索洛模型基础上的分析［D］. 复旦大学，2005.

[74] 王雷科，王念. 贸易保护政策政治经济学综述［J］. 合作经济与科技，2008（4）：6-7.

[75] 王淑艳. 中国粮食价格波动因素分析与预测研究［D］. 东北农业大学，2013：23-25.

[76] 王涛生. 制度创新影响国际贸易竞争优势的机理、模型与实证研究［D］. 湖南大学，2013.

[77] 王孝松，李坤望，谢申详. 贸易政策是如何制定的：包含政治捐献、

竞选支持与权利委派的内生保护模型 [J]. 世界经济, 2011 (10): 107-126.

[78] 王孝松, 谢申详. 国际农产品如何影响了中国农产品价格？[J]. 经济研究, 2012 (3): 141-153.

[79] 王孝松, 谢申详. 中国出口退税政策决策和形成机制——基于产品层面的政治经济学分析 [J]. 经济研究, 2010 (10): 101-114.

[80] 魏福成, 邹薇, 马文涛. 集体行动、政治竞争与发展的障碍——基于新政治经济学的视角 [J]. 经济学（季刊）, 2014, 13 (2): 601-624.

[81] 巫宁耕. 自由放任思潮在发展经济学中的一次全面出击——评《发展经济学的贫困》[J]. 世界经济, 1988 (2): 90-93.

[82] 谢辉. 制度变迁与对外贸易发展问题研究 [D]. 首都经济贸易大学, 2006.

[83] 熊青龙, 黄梅波. 对外援助能促进国际贸易吗 [J]. 国际经贸探索, 2014, 30 (10): 4-12.

[84] 熊宇. 中国出口产品多样化水平问题研究 [D]. 南京大学, 2013.

[85] 徐筱刚. 如虎添翼！数据处理的 SPSS 和 SAS EG 实现 [M]. 第2版. 电子工业出版社, 2016.

[86] 许家云, 周绍杰, 胡鞍钢. 制度距离、相邻效应与双边贸易——基于"一带一路"国家空间面板模型的实证分析 [J]. 财经研究, 2017, 43 (1): 75-85.

[87] 姚蕾, 田志宏. WTO 农业谈判国家利益集团形成影响因素的实证分析 [J]. 管理世界, 2007 (5): 63-72.

[88] 尹靖华. 国际粮价波动对中国粮食贸易安全的影响研究 [D]. 浙江大学, 2015: 12-14.

[89] 于培伟. 中非贸易前途无量——中非贸易半个多世纪的发展回顾与展望 [J]. 经济研究参考, 2006, 96 (1): 2-7.

[90] 余淼杰. 发展中国家间的民主进步能促进其双边贸易吗——基于引力模型的一个实证研究 [J]. 经济学（季刊）, 2008 (4): 1167-1190.

[91] 余明桂, 范蕊, 钟慧洁. 中国产业政策与企业技术创新 [J]. 中国工业经济, 2016 (12): 7-24.

[92] 张海伟, 刘国华, 封延会. 制度对国际贸易的影响机制分析 [J]. 东疆学刊, 2011, 28 (3): 93-98.

[93] 张海伟. 制度与制度变迁对国际贸易的影响 [M]. 北京：中国社会

科学出版社，2015.

[94] 张丽娟，江文昶. 贸易保护政治经济学的产生及其最新发展 [J]. 经济学动态，2006（7）：70-75.

[95] 张明志，林娟，铁瑛. 出口专业化、出口多样化与中国经济增长——兼谈中国经济增长出口驱动力的转换 [J]. 国际贸易问题，2013（6）：16-26.

[96] 张振华. 国际粮价对国内粮价的影响及对策 [J]. 农业考古，2013（1）：70-73.

[97] 张振华. 社会冲突与制度回应——转型期中国政治整合机制的调适研究 [M]. 天津：天津人民出版社，2016.

[98] 张志良. 中国与非洲经贸合作的前景分析 [D]. 长沙理工大学，2010.

[99] 章兴鸣. 国际交易成本中的制度性因素探析 [J]. 国际商务研究，2002（6）：1-4.

[100] 赵昌平，屈敏，康凯，等. 基于不平等厌恶函数的RCEP合作的网络博弈仿真 [J]. 数学的实践与认识，2018，48（11）：67-72.

[101] 赵金龙，王斌. 中国FTA战略的路径选择与影响因素研究——基于二元响应模型的分析 [J]. 世界经济研究，2015（11）：40-49+71+128.

[102] 赵雨霖，林光华. 中国与东盟10国双边农产品贸易流量与贸易潜力的分析：基于贸易引力模型的研究 [J]. 国际贸易问题，2008（12）：69-77.

[103] 郑荣卿. 市场情绪对商品住房市场交易的影响 [D]. 中南财经政法大学，2017.

[104] 郑新业，张阳阳，马本，等. 全球化与收入不平等：新机制与新证据 [J]. 经济研究，2018，53（8）：132-146.

[105] 朱博. 中国基尼系数问题研究 [D]. 西南财经大学，2014.

[106] 朱满德，程国强. 中国农业政策：支持水平、补贴效应与结构特征 [J]. 管理世界，2011（7）：52-60.

[107] 邹东涛. 经济中国之新制度经济学与中国 [M]. 北京：中国经济出版社，2004.1.

[108] 邹燕，郭菊娥. 对期望理论的两个重要推进——损失厌恶系数λ及参考点研究 [J]. 运筹与管理，2007，16（5）：87-89.

[109] Abbott P. C. 2011. Export restrictions as stabilization responses to food crisis. American Journal of Agricultural Economics, 94 (2): 428 – 434.

[110] Abeliansky A., Krenz A. 2015. Democracy and international trade: Differential effects from a panel quantile regression framework. Social Science Electronic Publishing.

[111] Acemoglu D., Johnson S., Robinson J. 2006. Institutions as a fundamental cause of long – run growth. Handbook of Economic Growth, Volume 1, Part A, 2005, Pages 385 – 472.

[112] Acemoglu D., & Yared, P. 2010. Political limits to globalization. American Economic Review: Papers & Proceedings. 100: 83 – 88.

[113] Acemoglu D., Naidu S., Restrepo P., et al. 2014. Democracy does cause growth. Nber Working Papers.

[114] Adisu K., Sharkey T., Okoroafo S. C. 2010. The impact of Chinese investment in Africa. International Journal of Business and Management, 5 (9): 3 – 9.

[115] Aditya A., Acharyya R. 2013. Export diversification, composition, and economic growth: Evidence from cross – country analysis. The Journal of International Trade & Economic Development, 22 (7): 959 – 992.

[116] Aditya A. Acharyya R. 2015. Trade liberalization and export diversification. International Review of Economics & Finance, 39: 390 – 410.

[117] Aidt T. S., Gassebner M. 2010. Do autocratic states trade less. The World Bank Economic Review, 24 (1): 38 – 76.

[118] Aitken N. D. 1973. The effect of the EEC and EFTA on European trade: A temporal cross – section analysis. American Economic Review, 63 (5): 881 – 892.

[119] Álvarez I. C., Barbero J., Rodríguez – Pose A., et al. 2018. Does institutional quality matter for trade? Institutional conditions in a sectoral trade framework. World Development, 103, 72 – 87.

[120] Anderson J. E. 2011. The gravity model. Annual Review of Economics. 19 (3): 979 – 981.

[121] Anderson J. E., Marcouiller D. 2002. Insecurity and the pattern of trade: an empirical investigation. Review of Economics and Statistics, 84 (2): 342 – 352.

[122] Anderson K. 2010. The political economy of agricultural price distor-

tions. Cambridge and New York: Cambridge University Press.

[123] Anderson K. 2013. Agricultural price distortions: Trends and volatility, past, and prospective. Agricultural Economics, 44 (s1): 163 – 171.

[124] Anderson K., Nelgen S. 2012. Agricultural trade distortions during the global financial crisis. Oxford Review of Economic Policy, 28 (2): 235 – 260.

[125] Anderson K., Nelgen S. 2013. Updated national and global estimates of distortions to agricultural incentives, 1955 to 2011.

[126] Anderson K., Strutt A. 2014. Food security policy options for China: Lessons from other countries. Food Policy, 49, 50 – 58.

[127] Anderson K., Thennakoon J. 2015. Food price spikes and poor, small economies: What role for trade policies. African Journal of Agricultural and Resource Economics, 10 (1): 16 – 31.

[128] Anderson K., Ivanic M., Martin W. J. 2014. Food price spikes, price insulation, and poverty. In J. – P. Chavas, D. Hummels, & B. D. Weight (Eds.), The economics of food price volatility (pp. 311 – 344). Chicago and London: University of Chicago for NBER.

[129] Anderson K., Kurzweil M., Martin W., et al. 2008. Measuring distortions to agricultural incentives, revisited. World Trade Review, 7 (4): 675 – 704.

[130] Anderson K., Rausser G., Swinnen J. 2013. Political economy of public policies: Insights from distortions to agricultural and food markets. Journal of Economic Literature, 51 (2): 423 – 477.

[131] Anderson K. Hayami Y. 1987. The political economy of agricultural protection. Asian Studies, (4): 81 – 94.

[132] Anwesha A. Rajat A. 2018. Trade dependence, liberalization, and exports diversification in developing countries. Journal of African Trade, 5: 19 – 34.

[133] Armstrong S. P. 2012. The politics of Japan – China trade and the role of the world trade system. The World Economy, 35 (9): 1102 – 1120.

[134] Bagwell K. 2016. [handbook of commercial policy], volume 1 ‖ the design of trade agreements. Handbook of Commercial Policy, 435 – 529.

[135] Baier S. L., Bergstrand J. H. 2004. On the economic determinants of free trade agreements. Journal of International Economics, 64 (1): 29 – 63.

[136] Baier S. L., Bergstrand J. H., Mariutto R. 2014. Economic determinants of free trade agreements revisited: distinguishing sources of interdependence. Review of International Economics, 22 (1): 31-58.

[137] Baier S. L. Bergstrand J. H. 2007. Do free trade agreements actually increase members' international trade. Journal of International Economics, 71 (1): 72-95.

[138] Baldwin R. E., Venables A. J. 1995. Regional economic integration. Handbook of International Economics, 3 (4): 1597-1644.

[139] Baldwin R. E. 1987. Political realistic objective functions and trade policy PROFs and tarif. Economic Letters, 24, 287-290.

[140] Beck T., Levine R., Levkov A. 2010. Big bad banks? the winners and losers from bank deregulation in the united states. The Journal of Finance, 65 (5): 1637-1667.

[141] Bellemare M. F. 2014. Rising food prices, food price volatility, and social unrest. American Journal of Agricultural Economics, 97 (1): 1-21.

[142] Berger D., Easterly W., Nunn N., et al. 2013. Commercial imperialism? political influence and trade during the cold war. American Economic Review, 103 (2): 863-896.

[143] Bergstrand J. H. 1985. The gravity equation in international trade: some microeconomic foundations and empirical evidence. The Review of Economics and Statistics, 67 (3): 474-481.

[144] Bergstrand J. H., Egger P., Larch M. 2016. Economic determinants of the timing of preferential trade agreement formations and enlargements. Economic Inquiry, 54 (1): 315-341.

[145] Besley T. J., Pande R., Rao V. 2005. Political selection and the quality of government: evidence from south india. Social Science Electronic Publishing.

[146] Besley T., Reynal-Querol M. 2011. Do educated leaders matter? *. Economic Journal, 121 (554): 205-227.

[147] Beverelli C., Fiorini M., Hoekman B. 2017. Services trade policy and manufacturing productivity: the role of institutions. Journal of International Economics, 104, 166-182.

[148] Billon M. B., Rocio M., Rodriguez-Crespo E. 2017. Impacts of internet

use on trade: New evidence for developed and developing countries. The World Economy, 536-562.

[149] Bobick T., Smith A. 2013. The impact of leader turnover on the onset and the resolution of wto disputes. Review of International Organizations, 8 (4): 423-445.

[150] Bolton G. E, Ockenfels A. 2000. Erc: A theory of equity, reciprocity, and competition. American Economic Review, 90 (1): 166-193.

[151] Bouët A., Laborde Debucquet D. 2012. Food crisis and export taxation: The cost of non-cooperative trade policies. Review of World Economics, 148 (1): 209-233.

[152] Bouët A., Debucquet D. L. 2010. Economics of export taxation in a context of food crisis. Ifpri Discussion Papers.

[153] Bowen H. P., Leamer E. E., Sveikauskas L. 1986. Multicounty, multifactor tests of the factor abundance theory. NBER Working Papers, 77 (5): 791-809.

[154] Brander J. A., Spencer B. J. 1985. Export subsidies and international market share rivalry. Journal of International Economics, 18 (1-2): 83-100.

[155] Branstettera L. G., Feenstra R. C. 2002. Trade and foreign direct investment in China: a political economy approach. Journal of International Economics, 58 (2): 335-358.

[156] Brautigam D. 2010. The dragon's gift: The real story of China in Africa [J]. United States: Oxford University Press.

[157] Brautigam D. 2013. China in africa: A new model of international development? [EB] http://www.americanoutlook.org/china-in-africa-a-new-model-of-international-development.html.

[158] Brech V., Potrafke N. 2014. Donor ideology and types of foreign aid. Journal of Comparative Economics, 42 (1): 61-75.

[159] Breuning M. 2001. Women's representation and development assistance. Women & Politics, 23 (3): 35-55.

[160] Brückner M. 2013. On the simultaneity problem in the aid and growth debate. Journal of Applied Econometrics, 28. 126-150.

[161] Brueckner M., Vespignani J. 2017. Trade uncertainty and income inequality. Social Science Electronic Publishing.

[162] Buch C., Jörn Kleinert, Toubal F. 2003. The distance puzzle: on the interpretation of the distance coefficient in gravity equations. Economics Letters, 83 (3): 293 – 298.

[163] Burlando A., Cristea A. D., Lee L. M. 2015. The trade consequences of maritime insecurity: evidence from Somali piracy. Review of International Economics, 23 (3): 525 – 557.

[164] Cèline C. 2006. Revisiting the effects of regional trade agreements on trade flows with proper specification of the gravity model. European Economic Review, 50 (2): 236 – 247.

[165] Centellas M. 2011. Revisiting assessing the quality of democracy: measuring democratic competition and participation in Latin America since the 'left turn'. Social Science Electronic Publishing.

[166] CEPII database (2015) [DB]. http://www.cepii.fr/cepii/en/welcome.asp.

[167] Chaney T. 2008. Distorted gravity: The intensive and extensive margins of international trade. American Economic Review, 98 (4): 1707 – 1721.

[168] Chattopadhyay R., Duflo E. 2004. Women as policy makers: evidence from a randomized policy experiment in india. Econometrica, 72 (5), 1409 – 1443.

[169] Che Y., Du J., Lu Y., et al. 2015. Once an enemy, forever an enemy? The long – run impact of the Japanese invasion of China from 1937 to 1945 on trade and investment. Journal of International Economics, 96 (1): 182 – 198.

[170] Chen T. J. 2006. Democratization and trade liberalization. Chemical Research in Chinese Universities, 22 (3): 308 – 311.

[171] Chesnokovay T. 2014. Lobby interaction and trade policy. Journal of Institutional & Theoretical Economics Jite, 170 (4): 67 – 72.

[172] Clark A. 2003. Inequality – aversion and income mobility: A direct test. Delta Working Papers, 11.

[173] Cole M. T., Guillin, Amélie. 2015. The determinants of trade agreements in services vs. goods. International Economics, 144, 66 – 82.

[174] Davis C., Fuchs A., Johnson K. 2017. State control and the effects of foreign relations on bilateral trade. Journal of Conflict Resolution, 1 – 34.

[175] Davis C. L., Meunier S. 2011. Business as usual? Economic responses to political tensions [J]. American Journal of Political Science, 55 (3): 628-646.

[176] Decker J. H., Lim J. J. 2009. Democracy and trade: An empirical study. Economics of Governance, 10 (2): 165-186.

[177] Didier L. 2018. Economic diplomacy: The "one-china policy" effect on trade. China Economic Review, 48, 223-243.

[178] Ding H., Fan H., Lin S. 2018. Connect to trade. Journal of International Economics, 110, 50-62.

[179] Diop M. 2015. Lessons for Africa from China's growth. http://www.worldbank.org/en/news/speech/2015/01/13/lessons-for-africa-from-chinas-growth.

[180] Dissanayake J. 2014. Political Economy of Altering Trade Restrictiveness. Social Science Electronic Publishing.

[181] Dollar D., Kraay A. 2003. Institutions, trade, and growth. Journal of Monetary Economics, 50 (1): 133-162.

[182] Domínguez-Villalobos L., Brown-Grossman F. 2010. Trade liberalization and gender wage inequality in Mexico. Feminist Economics, 16 (4): 53-79.

[183] Dreher A., Jensen N. M. 2013. Country or leader? political change and un general assembly voting. European Journal of Political Economy, 29, 183-196.

[184] Dreher A., Lamla M. J., Lein S. M., et al. 2009. The impact of political leaders' profession and education on reforms. Journal of Comparative Economics, 37 (1): 0-193.

[185] Dreher A., Nunnenkamp P., Schmaljohann M. 2015. The allocation of german aid: self-interest and government ideology. Economics & Politics, 27 (1): 160-184.

[186] Du Y., Ju J., Ramirez C. D., et al. 2017. Bilateral trade and shocks in political relations: Evidence from China and some of its major trading partners, 1990-2013. Journal of International Economics, 108, 211-225.

[187] Duchin F. 1990. Technological change and international trade. Economic Systems Research, 2 (1): 47-52.

[188] Dutt P., Traca D. 2010. Corruption and bilateral trade flows: extortion or

evasion?. Review of Economics and Statistics, 92 (4): 843 – 860.

[189] Dutt P. , Mihov I. , Zandt T. V. 2013. The effect of WTO on the extensive and the intensive margins of trade. Journal of International Economics, 91 (2): 204 – 219.

[190] Egger P. , Larch M. 2008. Interdependent preferential trade agreement memberships: an empirical analysis. Journal of International Economics, 76 (2): 384 – 399.

[191] Egger P. , Gassebner M. 2015. International terrorism as a trade impediment? Oxford Economic Papers, 67 (1): 42 – 62.

[192] Eichengreen B. 2010. Democracy and globalization. Economics & Politics, 20 (3): 289 – 334.

[193] Erbahar A. Zi Y. 2017. Cascading trade protection: Evidence from the U. S.. Journal of International Economics, 108.

[194] Ethier W. J. 1982. National and international returns to scale in the modern theory of international trade. American Economic Review, 72 (3): 389 – 405.

[195] Ethier W. J. 2013. The political economy of protection. Palgrave Macmillan UK, 10 (2): 86 – 100.

[196] Facchini G. , Silva P. , Willmann G. 2009. The customs union issue: why do we observe so few of them?. Journal of International Economics, 90, 136 – 147.

[197] Fatás Antonio, Mihov I. 2005. Policy volatility, institutions and economic growth. Social Science Electronic Publishing.

[198] Fehr E. , Schmidt K. M. , Jel – Classification D. 1999. A theory of fairness, competition and cooperation. A theory of fairness, competition, and cooperation. University of Munich, Department of Economics.

[199] Filippini C. , Molini V. 2003. The determinants of east asian trade flows: a gravity equation approach. Journal of Asian Economics, 14 (5): 695 – 711.

[200] Fisman R. , Hamao Y. , Wang Y. 2014. Nationalism and economic exchange: evidence from shocks to Sino – Japanese relations. The Review of Financial Studies, 27 (9): 2626 – 2660.

[201] Fleck R. K. , Kilby C. 2010. How do political changes influence us bilateral aid allocations? evidence from panel data. Review of Development Economics, 10

(2): 210-223.

[202] Francois J. F., Manchin M. 2013. Institutions, infrastructure, and trade. World Development, 46 (2): 165-175.

[203] Freund C., Özden Ç. 2008. Trade policy and loss aversion. American Economic Review, 98 (4): 1675-1691.

[204] Fuchs A., Klann N. H. 2013. Paying a visit: the Dalai Lama effect on international trade. Journal of International Economics, 91 (1): 164-177.

[205] Fuchs A., Richert K. 2018. Development minister characteristics and aid giving. European Journal of Political Economy, 53, 186-204.

[206] Fuchs A. 2016. China's Economic Diplomacy and the Politics-Trade Nexus. University of Heidelberg, Department of Economics, Discussion Paper Series No. 609.

[207] Fulton M. E., Reynolds T. (2015). The political economy of food price volatility: The case of Vietnam and rice. American Journal of Agricultural Economics, 97 (4): 1206-1226.

[208] Galiani S., Torrens G. 2014. Autocracy, democracy and trade policy. Journal of International Economics, 93 (1): 173-193.

[209] Gani A., Chand Prasad B. 2008. The relationship between institutional quality and trade in pacific island countries. Journal of International Trade Law and Policy, 7 (2): 123-138.

[210] Gassebner M., Egger P. 2017. International terrorism as a trade impediment. Oxford Economic Papers, 2015: 42-62.

[211] Gaur A. S., Lu J. W. 2007. Ownership strategies and survival of foreign subsidiaries: impacts of institutional distance and experience. Journal of Management, 33 (1): 84-110.

[212] Giordani P. E., Rocha N., & Ruta M. 2016. Food prices and the multiplier effect of trade policy. Journal of International Economics, 101, 102-122.

[213] Glick R., Taylor A. M. 2010. Collateral damage: Trade disruption and the economic impact of war. The Review of Economics and Statistics, 92 (1): 102-127.

[214] Goenner C. F. 2011. Simultaneity between trade and conflict: Endogenous instruments of mass destruction. Conflict Management and Peace Science, 28 (5): 459-477.

[215] Göhlmann S., Vaubel R. 2007. The educational and occupational background of central bankers and its effect on inflation: an empirical analysis. European Economic Review, 51 (4): 925 – 941.

[216] Gouel C. 2012. Agricultural price instability: A survey of competing explanations and remedies. Journal of Economic Surveys, 26 (1): 129 – 156.

[217] Gouel C. 2013. Optimal food price stabilisation policy. European Economic Review, 57, 118 – 134.

[218] Gouel C. 2016. Trade policy coordination and food price volatility. American Journal of Agricultural Economics, 98 (4): 1018 – 1037.

[219] Gouel C., Jean S. 2015. Optimal food price stabilization in a small open developing country. The World Bank Economic Review, 29 (1), 72 – 101.

[220] Gozgor G., Can M. 2016. Effects of the product diversification of exports on income at different stages of economic development. Eurasian Business Review, 6 (2): 215 – 235.

[221] Grechyna D. 2016. Political frictions and public policy outcomes. Journal of Comparative Economics, 44 (3): 484 – 495.

[222] Groot H. L. F. D., Linders G. J, Rietveld P., et al. 2004. The institutional determinants of bilateral trade patterns. Kyklos, 57 (1): 103 – 123.

[223] Groot H. L. F. D., Linders G. J. M., Rietveld P. 2005. Institutions, governance and international trade: Opening the black box of OECD and GDP per capita effects in gravity equations. IATSS Research, 29 (2): 22 – 29.

[224] Grossman G. M., Helpman E. 1995. The politics of free – trade agreements. American Economic Review, 85 (04): 667 – 690.

[225] Grossman G. M., Helpman E. 1996. Electoral competition and special interest politics. The Review of Economic Studies, 63 (2): 265 – 286.

[226] Grossman G. M. 2016. The purpose of trade agreements. Handbook of Commercial Policy, 1, 379 – 434.

[227] Grossman G. M., Helpman E. 1994. Protection for sale. The American Economic Review, 84 (4): 833 – 850.

[228] Grossman G. M., Helpman E. 1995. Trade wars and trade talks. Journal of Political Economy, 103 (4): 675 – 708.

[229] Head K., Ries J. 2010. Do trade missions increase trade? Canadian Journal of Economics/revue Canadienne Déconomique, 43 (3): 754-775.

[230] Heilmann K. 2016. Does political conflict hurt trade? Evidence from consumer boycotts. Journal of International Economics, 99, 179-191.

[231] Helpman E., Razin A. 1991. International trade and trade policy. MIT Press.

[232] Herzer D., Nowak-Lehnmann D. F. 2006. What does export diversification do for growth? an econometric analysis. Applied Economics, 38 (15): 1825-1838.

[233] Hillman A. L. 1982. Declining industries and political-support protectionist motives. The American Economic Review, 72 (5): 1180-1187.

[234] Horowitz D. 1962. Economic development and democracy. Journal of International Affairs, 16 (2): 183-190.

[235] Huang J., Yang J., Rozelle S. 2015. The political economy of food price policy in China. In P. Pinstrup-Andersen (Ed.), Food price policy in an era of market instability: A political economy analysis.

[236] Ivanic M., Martin W. 2014. Implications of domestic price insulation for global food price behavior. Journal of International Money and Finance, 42, 272-288.

[237] Jansen M., Hildegunn K. N. 2004. Institutions, trade policy and trade flows. SSRN Electronic Journal.

[238] Jochimsen B., Thomasius S. 2014. The perfect finance minister: whom to appoint as finance minister to balance the budget. European Journal of Political Economy, 34, 390-408.

[239] Jong E. D., Bogmans C. 2011. Does corruption discourage international trade? European Journal of Political Economy, 27 (2): 385-398.

[240] Kahneman N. D. 2005. The boundaries of loss aversion. Journal of Marketing Research, 42 (2): 119-128.

[241] Karacaovali B. 2011. Productivity matters for trade policy: theory and evidence. International Economic Review, 52 (1), 33-62.

[242] Keefer P. 1997. Does social capital have an economic payoff? A cross-country investigation. Quarterly Journal of Economics, 112 (4): 1251-1288.

[243] Keller W., Shiue C. H. 2008. Institutions, technology, and trade. Carol

Shiue. http：//www.nber.org/papers/w13913, 2011.

[244] Klasa S., Ortiz-Molina H., Serfling M. A., et al. 2014. Protection of trade secrets and capital structure decisions. SSRN Electronic Journal.

[245] Koch M. T., Fulton S. A. 2011. In the defense of women: gender, office holding, and national security policy in established democracies. The Journal of Politics, 73 (1), 1 – 16.

[246] Kostova T., Roth K. 2002. Adoption of an organizational practice by subsidiaries of multinational corporations: institutional and relational effects. The Academy of Management Journal, 45 (1): 215 – 233.

[247] Kreinin M. E. 1961. Effect of tariff changes on the prices and volume of imports. American Economic Review, 51 (3): 310 – 324.

[248] Krenz A. 2016. Do political institutions influence international trade? measurement of institutions and the long – run effects. Social Science Electronic Publishing.

[249] Krishna P. 1998. Regionalism and multilateralism: a political economy approach. The Quarterly Journal of Economics, 113 (1): 227 – 251.

[250] Krishna P. 2016. Regional and preferential trade agreements. Handbook of Commercial Policy, 12 (23): 79 – 92.

[251] Krugman P. 1998. International economics [M]. 北京：中国人民大学出版社, 2011.

[252] Kubota K., Milner H. V. 2005. Why the move to free trade? democracy and trade policy in developing countries. International Organization, 59 (1): 107 – 143.

[253] Kuenzel D. J. 2017. WTO dispute determinants. European Economic Review. 91, 157 – 179.

[254] Kuziemko I., Werker E. 2006. How much is a seat on the security council worth? foreign aid and bribery at the united nations. Journal of Political Economy, 114 (5): 905 – 930.

[255] Lan X., Li W. 2018. Swiss watch cycles: Evidence of corruption during leadership transition in China. Journal of Comparative Economics, 46 (4): 1234 – 1252.

[256] Leamer E. E. 1974. The commodity composition of international trade in manufactures: an empirical analysis. Oxford Economic Papers, 26 (3): 350 – 374.

[257] Levchenko A. A. 2007. Institutional quality and international trade. Review

of Economic Studies, 74 (3): 791 – 819.

[258] Levy P. I. 1997. A political – economic analysis of free – trade agreements. American Economic Review, 87 (04): 506 – 519.

[259] Lewbel A. 2012. Using heteroscedasticity to identify and estimate mis – measured and endogenous regressor models. Journal of Business and Economic Statistics, 30 (1): 67 – 80.

[260] Li J. 2014. China – Africa trade moves up. http://www.chinadaily.com.cn/world/2014 – 02/10/content_17273558.htm.

[261] Liefert W. M., Westcott P. C. 2016. Modifying agricultural export taxes to make them less market – distorting. Food Policy, 62, 65 – 77.

[262] Limão, N., & Panagariya, A. 2007. Inequality and endogenous trade policy outcomes. Journal of International Economics, 72 (2), 292 – 309.

[263] Lin C., Lin P., Song F. M., et al. 2011. Managerial incentives, ceo characteristics and corporate innovation in china's private sector. Journal of Comparative Economics, 39 (2): 176 – 190.

[264] Lin F., Yan W., Wang X. 2017. The impact of Africa – China's diplomatic visits on bilateral trade. Scottish Journal of Political Economy, 64 (3): 310 – 326.

[265] Lin F. Q., Hu C. Fuchs A. 2019. How do firms respond to political tensions? The heterogeneity of the Dalai Lama Effect on trade. China Economic Review, 54, 73 – 93.

[266] Linders G. J., De Groot H. L. F., Rietveld P. 2005. Institutional determinants of bilateral trade: An analysis according to product type. SSRN Electronic Journal.

[267] Lindert P. H., Williamson J. G. 2001. Does globalization make the world more unequal? Social Science Electronic Publishing.

[268] Lü X., Slaughter S. M. J. 2012. Inequity aversion and the international distribution of trade protection. American Journal of Political Science, 56 (3): 638 – 654.

[269] Lu Y., Png I. P. L., Tao, Z. 2013. Do institutions not matter in china? evidence from manufacturing enterprises. Journal of Comparative Economics, 41 (1): 74 – 90.

［270］Lubos P., Pietro V. 2018. Inequality aversion, populism, and the backlash against globalization. NBER Working Paper.

［271］Ludema R. D., Mayda A. M. 2013. Do terms－of－trade effects matter for trade agreements? theory and evidence from WTO countries. Quarterly Journal of Economics, 128（4）: 1837－1893.

［272］Maggi G. 2014. International trade agreements. Handbook of International Economics, 4: 317－390.

［273］Mahakitsiri D. 2012. Trade and institutions. Electronic Theses & Dissertations.

［274］Mansfield E. D., Milner H. V., Rosendorff B. P. 2000. Free to trade: democracies, autocracies, and international trade. The American Political Science Review, 94（2）: 305.

［275］Mansfield E. D., Milner H. V., Rosendorff B. P. 2002. Why democracies cooperate more: electoral control and international trade agreements. International Organization, 56（3）: 477－513.

［276］Martin P., Mayer T., Thoenig M. 2008. Make trade not war?. Review of Economic Studies, 75（3）: 865－900.

［277］Martin W., Anderson K. 2011. Export restrictions and price insulation during commodity price booms. American Journal of Agricultural Economics, 94（2）: 422－427.

［278］Martin L. L. 2015. The Oxford Handbook of the Political Economy of International Trade［M］. the United States of America: Oxford University Press.

［279］Martinez－Zarzoso I. 2003. Gravity model: an application to trade between regional blocs. Atlantic Economic Journal, 31（2）: 174－187.

［280］Mattes M., Leeds B. A., Carroll R. 2015. Leadership turnover and foreign policy change: societal interests, domestic institutions, and voting in the united nations | international studies quarterly | oxford academic. International Studies Quarterly, 59（2）: 280－290.

［281］Mayer W. 1984. Endogenous tariff formation. The American Economic Review, 74（5）: 970－985.

［282］Mcgillivray F., Smith A. 2004. The impact of leadership turnover on trading relations between, states. International Organization, 58 (03): 567 – 600.

[283] Mellor J. W., Tinbergen J. 1964. Shaping the world economy: suggestions for an international economic policy. New York, the twentieth century fund.

[284] Meunier D. S. 2011. Business as usual? economic responses to political tensions. American Journal of Political Science, 55 (3): 628 – 646.

[285] Michaels G., et al. 2010. Freedom Fries. American Economic Journal: Applied Economics, 2 (3): 256 – 281.

[286] Milner H. V., Rosendorff B. P. 1997. Democratic politics and international trade negotiations: elections and divided government as constraints on trade liberalization. Journal of Conflict Resolution, 41 (1): 117 – 146.

[287] Mityakov S., Tang H., Tsui K. K. 2013. International politics and import diversification. Journal of Law and Economics, 56 (4): 1091 – 1121.

[288] Moessinger, Marc – Daniel. 2014. Do the personal characteristics of finance ministers affect changes in public debt? . Public Choice, 161 (1 – 2): 183 – 207.

[289] Moser C., Rose A. K. 2014. Who benefits from regional trade agreements? the view from the stock market. European Economic Review, 68 (3): 31 – 47.

[290] Mosley P. 2018. Why has export diversification been so hard to achieve in africa? . World Economy, 41 (12): 1 – 20.

[291] Mussa M. 1974. Tariffs and the distribution of income: The importance of factor specificity, substitutability, and intensity in the short and long run. Journal of Political Economy, 82 (6): 1191 – 1203.

[292] NamSeok K., Heshmati A. 2017. The relationship between economic growth and democracy: alternative representations of technological change. Social Science Electronic Publishing.

[293] Nitsch V. 2004. Terrorism and international trade: an empirical investigation. European Journal of Political Economy, 20 (2): 423 – 433.

[294] Nitsch V. 2010. State visits and international trade. The World Economy, 30 (12): 1797 – 1816.

[295] Nitsch V., Schumacher D. 2004. Terrorism and international trade: An empirical investigation. European Journal of Political Economy, 20 (2): 423 – 433.

［296］North D. C. 1990. Institutions, institutional change and economic performance: institutions. Journal of Economic Behavior & Organization, 18（1）: 142 – 144.

［297］Nunn, N., & Trefler, D. (2014). Domestic institutions as a source of comparative advantage. Chapter 5 – Handbook of International Economics. Elsevier B. V.

［298］Ojeaga, P., George, E., Alege, P. O. & Ogundipe, A. (2014). International trade, Do institutions matter? Evidence from regional studies. Theoretical Economics Letters, 04（07）: 584 – 597.

［299］Ornelas, E. (2005). Rent destruction and the political viability of free trade agreements. The Quarterly Journal of Economics, 120（4）, 1475 – 1506.

［300］Phillips, N., Tracey, P., & Karra, N.. (2009). Rethinking institutional distance: strengthening the tie between new institutional theory and international management. Strategic Organization, 7（3）, 339 – 348.

［301］Pierre – Guillaume Méon, & Sekkat, K.. (2008). Institutional quality and trade: which institutions? which trade? . Economic Inquiry, 46（2）: 227 – 240.

［302］Pollins B M. (1989a). Conflict, cooperation, and commerce: The effect of international political interactions on bilateral trade flows. American Journal of Political Science, 33（3）: 737 – 761.

［303］Pollins, B. M.. (1989b). Does trade still follow the flag? . The American Political Science Review, 83（2）, 465 – 480.

［304］Raimondos, P. & Raimondos, A. (2018). Reciprocity in trade negotiations and welfare. Journal of International Economics, 111, 134 – 142.

［305］Rausser, G. C. (1982). Political economic markets: PERTS and PESTS in food and agriculture. CUDARE Working Papers: No. 231.

［306］Rausser, G. C., & Freebairn, J. W. (1974). Estimation of policy preference functions an application to U. S. beef import quota. The Review of Economics and Statistics, 56（4）, 437 – 449.

［307］Richardson, M. (1993). Endogenous protection and trade diversion. Journal of International Economics, 34（3 – 4）: 309 – 324.

［308］Rivera – Batiz L. A. (2004). International trade: Theory, strategies, and evidence ［M］. USA: Oxford University Press.

［309］Rodrik, D. & Wacziarg, R. (2006) Do democratic transitions produce bad economic outcomes? . American Economic Review, 95 (2): 50 – 55.

[310] Rodrik, D. (1995). Political economy of trade policy. Handbook of International Economics, 3 (446): 1457 – 1494.

[311] Rose, A. K. (2007). The foreign service and foreign trade: Embassies as export promotion. The World Economy, 30 (1), 22 – 38.

[312] Rosendorff, B. P., & Smith, A. (2018). Domestic political determinants of the onset of wto disputes. The Review of International Organizations, 13 (2), 243 – 272.

[313] Ruffin, R. J. (2013). The development of international trade theory. Palgrave Handbook of International Trade. Palgrave Macmillan UK.

[314] Rutten, M., Shutes, L., & Meijerink, G. (2011). Sit down at the ball game: how trade barriers make the world less food secure. Food Policy, 38 (38), 1 – 10.

[315] Sandholtz W, Koetzle W. (2000) Accounting for Corruption: Economic Structure, Democracy, and Trade. International Studies Quarterly. 2000, 44: 31 – 50.

[316] Sen, S. (2010). International trade theory and policy: A review of the literature. SSRN Electronic Journal.

[317] Shitrit, L. B., Elad – Strenger, J. & Sivan H. H. (2017). Gender differences in support for direct and indirect political aggression in the context of protracted conflict. Journal of Peace Research, 54 (6): 733 – 747.

[318] Simmons, B. A. (2005). Rules over real estate: Trade, territorial conflict, and international borders as institution. Journal of Conflict Resolution, 49 (6): 823 – 848.

[319] Soeng, R., & Cuyvers, L.. (2018). Domestic institutions and export performance: evidence for Cambodia. The Journal of International Trade & Economic Development, 27 (4): 389 – 408.

[320] Solnick, S. J. (2001). Gender differences in the ultimatum game. Economic Inquiry, 39 (2), 189 – 200.

[321] Spencer, B. J. (1981). Tariffs and the extraction of foreign monopoly rents under potential entry. The Canadian Journal of Economics/Revue canadienne d\ "Economique, 14 (3): 371 – 389.

［322］Spilimbergo, A. (2009). Democracy and foreign education. American Economic Review, 99 (1), 528 – 543.

［323］Staiger, D. , & Stock, J. H. (1997). Instrumental variables regression with weak instruments. Econometrica, 65 (3), 557 – 586.

［324］Strange, A. M. , Dreher, A. , Fuchs, A. , Parks, B. , & Tierney, M. J. (2015). Tracking Underreported Financial Flows: China's Development Finance and the Aid – Conflict Nexus Revisited. Journal of Conflict Resolution, 61 (5), 935 – 963.

［325］Swinnen, J. F. M. , Gorter, H. d. , Rausser, G. C. , & Banerjee, A. N. (2000). The political economy of public research investment and commodity policies in agriculture: an empirical study. Agricultural Economics, 22 (2), 111 – 122.

［326］Thennakoon, J. (2015). Political economy of altering trade restrictions in response to commodity price spikes. Review of Development Economics, 19 (2), 434 – 447.

［327］Thennakoon, J. , & Anderson, K. (2015). Could the proposed WTO special safeguard mechanism protect farmers from low international prices? Food Policy, 50, 106 – 113.

［328］Tingley, D. . (2010). Donors and domestic politics: political influences on foreign aid effort. Quarterly Review of Economics and Finance, 50 (1), 40 – 49.

［329］Togeby, L. . (1994). The gender gap in foreign policy attitudes. Journal of Peace Research, 31 (4), 375 – 392.

［330］Tovar, P. (2009). The effects of loss aversion on trade policy: Theory and evidence. Journal of International Economics, 78 (1), 154 – 167.

［331］Trefler, & Daniel. (1993). International factor price differences: leontief was right! . Journal of Political Economy, 101 (6), 961 – 987.

［332］UNCTAD database. (2015). http://unctad.org/en/Pages/Statistics.aspx.

［333］Valeriani, E. , & Peluso, S. (2011). The impact of institutional quality on economic growth and development: an empirical study. Journal of Knowledge Management Economics & Information Technology, 1 (6), 25 – 25.

［334］Vergne, C. (2009). Democracy, elections and allocation of public expenditures in developing countries. European Journal of Political Economy, 25 (1), 63 - 77.

[335] Wei, S. J. (2010). Natural openness and good government. Policy Research Working Paper.

[336] William, A. K. & James D. G. (2007). Handbook on International Trade Policy [M]. Massachusetts: Edward Elgar Publishing.

[337] Wright, B. (2002). Storage and price stabilization. In B. Gardner & G. Rausser (Eds.), Handbook of agricultural economics (Vol. 1): Elsevier Science B. V.

[338] Wu, Z. (2009). Three essays on distance: examining the role of institutional distance on foreign firm entry, local isomorphism strategy and subsidiary performance. Dissertations & Theses – Gradworks (April).

[339] Yan, W. (2016). Geographic politics, loss aversion, and trade policy: The case of cotton and China. School of Economics Working Papers.

[340] Yan, W., & Deng, G. (2019). Origin of Production Shocks, Agricultural Price Spikes and Trade Policy. The Manchester School, 87 (1), 81 - 102.

[341] Yan. W. S. (2018). A premium effect of a relatively better government on exports. Mimeo.

[342] Yang, Y., Onderstal, S. & Schram, A. (2016). Inequity Aversion Revisited [J]. Journal of Economic Psychology, 54, 1 - 16.

[343] Ye, Q., Wu, Y., & Liu, J. (2018). Institutional preferences, demand shocks and the distress anomaly. British Accounting Review.

[344] Yu, M. (2010). Trade, democracy, and the gravity equation. Journal of Development Economics, 91 (2), 289 - 300.

[345] Zhang J, van Witteloostuijn, A, & Elhorst, J. P. (2011). China's politics and bilateral trade linkages. Asian Journal of Political Science, 19 (1): 25 - 47.

[346] Zissimos, B. (2017). A theory of trade policy under dictatorship and democratization. Journal of International Economics, 109, 85 - 101.

[347] Zwinkels, R. C. J., & Beugelsdijk, S.. (2010). Gravity equations: workhorse or trojan horse in explaining trade and fdi patterns across time and space?. International Business Review, 19 (1), 102 - 115.

后 记

当动手写后记时，就意味着本书稿的最终完成。2017年3月7日从澳大阿德莱德大学毕业，入职中南财经政法大学工商管理学院经贸系，到现在已经两年有余。两年的时光里，不管是家庭还是工作都经历了很多，"酸甜苦辣"四个字也只有经历了才明白其深沉的滋味。

很有幸在2017年9月能站在学校新入职教师大会上，代表一批优秀的海内外博士谈谈自己的一点想法。在入职发言中，我强调了中国的教育资源地区分配不均衡，尤其体现在城市和农村教育资源的分配不均上。斯坦福大学经济学家罗斯高教授通过调研发现：目前，中国仍有63%的农村孩子一天高中都没有上过。这样的教育现状直接决定着中国能不能跳出"中等收入陷阱"的魔咒。我们想，能考入我校的农村孩子是很不容易的。在大学教育中，教育资源应该是平等地被每一个学生所享有，这是他们的权利，更是我们的义务。近两年在对学生的培养中，自己不问学生背景，一视同仁，每天都努力地通过各种方式和学生探讨学术，倾注所有，这一点自己做得问心无愧。当然，我也是幸运的，每年都能遇到中南财经政法大学最优秀的学生。在此，对参与本书部分数据收集、数据处理和文章撰写的田冀霖、刘荣洋、马晓蕾、夏沁妤、曾月笙、曾婧容、张诗敏、胡晓艺、林金燕、尹涵、孙逸昕、周琪、潘春艳、蔡艳和贝永红表示真心的感谢！

西汉·戴圣《礼记·学记》讲到："玉不琢，不成器"。意思就是：要成为美玉，必须经过刻刀的雕琢，而教师就是"持刀"雕琢之人。在发达国家的教育体系下，对大学教育和研究生教育的要求是极其严格苛刻的。而教师的严厉"雕琢"起着重要的作用。以国际贸易研究领域为例，世界上有一个国际贸易学家家谱，有着完全类似于中国传统授业的模式：师父带徒弟制度。就算目前世界级贸易经济学家，其家谱里面的爸爸、叔父、爷爷或曾爷爷必是上一代的大师。随着信息的发展，教师在指导学生创新上的作用并没有丝毫的减弱。而我自己在培养学生时，以高标准严格要求学生，坚持学术认真的准则。个人认为，学生是有很大收获的。想对自己说的是：秉承真理、追求学术，以晓南湖畔波澜不惊的心态去享受思园绿荫下的琅琅书声！

最后，本专著由中南财经政法大学中央高校基本科研业务费（青年教师创新项目）（2722020JCT022）、国家自然科学基金青年项目（71903198）资助。限于学识，专著中的错漏概由作者承担，也恳请读者朋友们能够不吝指正。

闫文收

2019年7月31日于晓南湖